JN065980

一乗谷朝倉氏遺跡（福井県立一乗谷朝倉氏遺跡資料館提供）

越前朝倉氏五代の居館である．日本有数の戦国大名だった朝倉氏当主の館は，室町将軍邸を模して造られている．今なお多数の礎石（そせき）群が残り，当時を偲ぶことができる．

白山平泉寺（はくさんへいせんじ）白山神社境内

戦国期の武装宗教勢力として有名な白山平泉寺白山神社境内には，巨大な礎石が残る．さらに境内や周辺の山にも堀切（ほりきり）や砦（とりで）跡が確認されており，城郭化寺院であったことを物語る．

越前大野城本丸石垣

織田信長より大野郡の３分の２を与えられた金森長近(かなもりながちか)は，大野城を築き統治の拠点とする．本丸に残る石垣は後世の積み直しが多いが，天狗之間(てんぐのま)付近のみは石垣の普請の可能性が高い．

春日山城堀切

福井藩支藩の居城として知られる春日山城だが，堀切を多用するなど構造は中世城郭そのものである．しかも朝倉氏の特徴を残す縄張であり，朝倉氏研究必見の城である．

北庄（きたのしょう）城屋敷門発掘風景（福井県教育庁埋蔵文化財調査センター提供）

九層の天守があったとされる北庄城だが，実態は不明のままである．発掘による調査では，北庄城期の石垣や武家屋敷跡等が確認されている。今後の成果に期待したい．

白石山城石垣

白石山城は，保存良好な石垣を多く残しており，特に通路③付近の残りが良い．さらに喰違い（くいちがい）虎口（こぐち）や大型の櫓台（やぐらだい）も残っており，中世城郭ファン必見の城郭と言えよう．

金ヶ崎・天筒山城（航空撮影）

南北朝期の城郭として知られるが，戦国期には織田信長の攻撃を受けることになり，朝倉氏が大改修したとみられる．二重堀切と畝状空堀群の防御ラインは，必見である．

小浜城天守台石垣

京極氏が中世の後瀬山城を廃して，若狭一国統治の拠点として築いた城である．現在は本丸の一部を残すのみだが，天守台やそれに続く多聞櫓の石垣は良好に残る．

北陸の名城を歩く
福井編

山口 充・佐伯哲也［編］

吉川弘文館

刊行のことば

日本史の中でも群雄諸侯が割拠した戦国時代は、日本人にとって最も興味がある時代の一つで、時代小説から大河ドラマ、歴史ドキュメントなどの番組に繰り返し取り上げられています。中でも近年になって城ブームが起こり、日本百名城、続日本百名城に福井県内の城跡が選定されてからは、県内でも各地の城跡を訪れる人が急増しています。

戦国時代の福井県は、越前国、若狭国の二国からなり、越前では南北朝の内乱に越前守護斯波（しば）氏の被官として越前に入った朝倉氏が、応仁の乱の戦功で越前一国を手中に収め、戦国大名となって越前国内の支配を確かなものとしました。一乗谷初代の孝景（たかかげ）から五代義景（よしかげ）までの一〇〇年間安定した領国経営をしており、元亀争乱後の天正元年に織田信長に滅ぼされるまで周辺国に軍事干渉するなどの威勢を張っていました。

一方、若狭では、永享十二年（一四四〇）に安芸国分郡守護の武田信栄（のぶひで）が若狭守護一色義貫（よしつら）を謀殺して一色氏の領国であった若狭の守護となり、大永二年（一五二二）には五代元光（もとみつ）が小浜の後瀬（のちせ）山に居城を築きました。しかし、その後は跡目争いや重臣の反乱が相次ぎ国内が不安定となり、国内の被官たちを掌握することなく、最後の当主八代元明（もとあき）が縁戚朝倉氏の庇護を受けて越前に逃れる始末でした。

越前が朝倉氏の統制のもと各地に城郭が築かれたのに対し、若狭では武田氏入国後に被官となった有力土豪たちはそれぞれの居城を構えていました。

これまで福井県での城跡調査は、江戸時代の享保五年（一七二〇）に『越前国古城跡并館屋敷蹟』が編纂され、越前で三三二ヵ所、延宝年間には若狭郡県志に若狭八八ヵ所が登載されています。

遺跡全域を含む一乗谷地区一帯で土地改良事業が昭和四十四年（一九六九）から始められ、開発か保存かのはざまにあった一乗谷城跡と城下町は、昭和四十六年に一乗谷朝倉氏遺跡として国の特別史跡に指定され、翌昭和四十七年には一乗谷朝倉氏遺跡の研究拠点として研究所が設けられました。これを機に県内の中世城館研究の気運が一気に高まり、福井県教育委員会が市町村教育委員会および県内研究者の協力のもと中世城館分布調査を実施し、これまで文献資料等に登載されていた城館と新たに発見された城館合わせて五三二ヵ所を『福井県の中・近世城館跡』（昭和六十一年度刊）として報告されています。

その後も研究者による新たな城跡の発見が相次ぎ、城のネットワークが徐々に明らかにされてきました。

県内の城郭にも最近話題となっている赤色レーザー計測による測量技術が導入され、現在までに一乗谷城跡とその関連城郭、国吉城跡とその関連城郭、金ケ崎城跡とその関連城郭、石山城跡等の立体地図が作成されてきました。

息を切らして登り切った先の本丸に立って見える眺望は、そこを築城する場に占地した意図が手に取るように教えてくれます。

城は、築城の目的・時期・地形によってさまざまな姿をしています。同じ城であっても時代とともに目的の変化、築城技術の進歩によって形を変え、さまざまな表情を見せてくれます。

今回、県内外の研究者の方々が数度にわたる踏査を重ね、それぞれの視点から執筆をいただきました。

この本をガイドブックとして多く方が城郭を目指すことでしょうが、城跡のほとんどが私有地の山林にあること、危害をおよぼす野生生物が生息していることを念頭に安全に登城されることをお願いいたします。

令和四年四月

山口　充
佐伯哲也

目次

越前・若狭の城郭戦国史

佐伯哲也

【南北朝時代】　越前・若狭では、平安・鎌倉時代の伝承を持つ城郭も存在するが、ほとんど実態不明なので本書では扱わないことにする。とはいうものの、南北朝時代の城郭も、実態はよくわかっていない。軍忠状等にも登場する**金ヶ崎城**（敦賀市）は、建武三年（一三三六）新田義貞が南朝方として籠城した城として全国的にも有名な城郭で、国史跡にも指定されている。しかし現存の遺構（畝状空堀群・切岸・二重堀切がセットになった防御施設）は、明らかに一六世紀後半の遺構である。**金ヶ崎城**は発掘調査が実施されておらず、南北朝期の実態は不明のままである。

杣山城（南越前町）は、**金ヶ崎城**と同じく南朝方の城郭として知られている。発掘調査も実施され、山上遺構から一三〜一六世紀後半の遺物が出土し、南北朝時代に使用されていることが判明している。しかし南北朝期の遺構については詳らかにすることはできなかった。現存の遺構は、二重堀切や両竪堀等戦国期の様相を示す遺構が多く残る。ちなみに山麓の居館は遺物が一五世紀末で終了するのに対して、山上遺構からは一六世紀後半まで出土する。つまり山上遺構のみ戦国期まで使用されたのである。

【朝倉氏の登場】　**一乗谷に壮麗な館**を構え、日本有数の戦国大名に成長する朝倉氏は越前の在地領主ではなく、但馬国朝倉荘（兵庫県養父郡八鹿町）の出身とされている。越前朝倉氏の祖となる朝倉広景・高景父子が越前守護・斯波高経に従って但馬から越前に入国したのが延元二年（一三三七）であり、福井市中心部を所領として賜っている。このとき居住したのが三宅黒丸城（福井市黒丸）とされており、当初から一乗谷に居住したわけではない。

応仁の乱では主家斯波氏が西軍だったため初代朝倉孝景も西軍の部将として行動するが、将軍足利義政の誘いにより越前守護職という好餌によって東軍に寝返り、応仁二年（一四六八）越前に下向する。当初孝景は旗色を鮮明にせず、文明三年（一四七一）になってようやく東軍に寝返ったことを示す。これによって西軍である守護斯波氏やその家臣甲斐氏等から攻撃を受け、諸軍との戦いは文明十三年まで続けられる。孝景の病没にもかかわらず朝倉軍は二代氏景を中心に結束し、最終的な勝利を収めた。ここに朝倉氏は越前一国を平定するに至る。

一乗谷朝倉氏五代一〇〇年の居住地となった**一乗谷**に拠点を移したのは、一般的に文明三年（一四七一）とされている。しかし『流水集』によれば、朝倉家景（固山、越前朝倉氏六代　宝徳二年＝一四五〇年没）の居館が「越之前州一乗城の畔にありて」と記載されており、**一乗谷城**の麓に居館があったと述べている。したがって朝倉氏の一乗谷転居も一五世紀前半にさかのぼる可能性が高い。

【朝倉氏の一族および家臣の城郭】 越前一国を平定した朝倉氏は、一族および家臣達の城郭を配置している。その中で最も代表的なのが、郡司と呼ばれる地方行政長官を務めた大野朝倉氏の**戌山城**（大野市）であろう。最後の大野郡司朝倉景鏡は、朝倉氏五代当主義景の従兄にあたり、朝倉氏ナンバー2として権勢を振るった。数十本の巨大な畝状空堀群はそれを物語っており、**戌山城**の支城**茶臼山城**（大野市）にも同様の畝状空堀群が残る。

在地領主で朝倉一族でもあった波多野氏の居城**波多野城**（永平寺町）にも数十本の畝状空堀群を設け、さらに「保田殿」と呼ばれた在地領主で朝倉氏の重臣でもあった嶋田氏の居城**西光寺城**（勝山市）にも残る。二〜五本程度の畝状空堀群は越前全土に見られるが、数十本も残るのは、**一乗谷城**の他に、**戌山・茶臼山・波多野・西光寺城**のみである。いずれも天文〜永禄年間にかけて軍事的緊張が高くなった地域である。朝倉氏が直接関与して構築したという仮説が立てられよう。

【加賀・越前国境の城郭】　朝倉氏にとって加賀を本拠とする加賀一向一揆は、織田信長を除けば最大の敵であろう。朝倉氏は永正三年（一五〇六）大規模な一揆発生以降、加賀一向一揆との抗争により幾度となく加賀に出兵している。緒戦は大勝し加賀南部をほぼ制圧するが、次第に一揆軍に巻き返され、終わってみれば加賀国境付近の城郭を幾つか維持しているにすぎないという状態だった。これの繰り返しである。弘治元年（一五五五）・永禄七年（一五六四）・八・十年に大規模な加賀出兵を行っている。最大の危機は永禄十年で、加賀国境付近の土豪堀江氏が謀叛を起こし、加賀一向一揆と結託した時だった。このとき一揆軍は国境を越えて越前北部まで進攻してしまう。

このように朝倉氏は弘治〜永禄年間にかけて加賀一向一揆と一進一退の攻防を繰り広げており、国境付近の軍事的緊張はかなり高かったと思われる。この結果、国境付近の城郭や、越前北部の拠点城郭の強化・整備が進められたと考えられる。国境城郭の**神宮寺城**（あわら市）・**河上城**（坂井市）・**上野山城**（あわら市）は、この頃に築城・大改修されたと考えたい。ちなみに朝倉氏と加賀一向一揆は、足利義昭の仲介により、永禄十年十二月和睦し、戦闘は終結する。

【若狭の中世城郭】 若狭守護武田氏の居城**後瀬山城**（のちせやまじょう）（小浜市）は、五代元光（もとみつ）が大永二年（一五二二）に築城したとされている。以後、信豊（のぶとよ）・義統（よしむね）・元明（もとあき）と武田家当主が居城する。武田家滅亡後の**後瀬山城**は丹羽（にわ）氏・浅野氏・木下氏・京極氏へと引き継がれる。現存する石垣は織豊政権時代に構築されたのであろう。畝状空堀群は朝倉氏の可能性が高い。肝心の武田氏時代の遺構は、よくわからない。

武田氏はたび重なる在地領主の反乱に悩まされ、しかも自力で対処できず、縁戚ということもあって越前朝倉氏に助勢を依頼し、なんとか守護の体面を保っている有様だった。永禄四年砕導山城（さいちやまじょう）（高浜町）に本拠を置く逸見昌経（へんみまさつね）の反乱を平定するのも、朝倉氏の援軍一万一〇〇〇の軍勢をもって漸く鎮圧している有様だった。さらに昌経は永禄九年には七代守護義統の重要な戦力となっている。反逆者を許し、しかも頼らざるを得ないところに、武田氏の弱体ぶりが痛いほど伝わる。

在地領主の反乱で有名なのが、永禄六年から天正元年（一五七三）まで続けられた**国吉城**（くによしじょう）（美浜町）籠城戦である。国吉城主粟屋勝久（あわやかつひさ）が反乱を起こしたため、武田氏は朝倉氏に鎮圧を依頼する。朝倉氏は永禄六・七・八・九・十年と攻め込むが、遂に落とすことはできず、勝久は天正元年朝倉氏滅亡まで守り抜く。

国吉城は一〇年間の籠城に耐えたのであり、真の難攻不落の名城と言えよう。しかし年次や進攻回数についてはなお流動的であり、今後の研究成果が待たれる。

朝倉氏が**国吉城**攻めで築いた陣城に、**中山の付城**（なかやまのつけじろ）・**岩出山砦**（いわでやまとりで）・**狩倉山城**（かりくらやまじょう）・**駈倉山城**（かりくらやまじょう）（以上、美浜町）がある。築城年代についてはまだ流動的だが、ほぼ朝倉時代の遺構としてよいと思われる。数少ない戦国大名の陣城遺構として貴重であり、一見の価値はあろう。

守護として機能しなくなった武田宗家にかわって、その代行を掌っていたのが七代守護義統の弟で**新保山城**（小浜市）主の武田信方である。ただし信方は守護家に対して反抗的な態度を取り、元亀元年（一五七〇）越前に進攻した織田信長に対しても敵対し、朝倉方として行動する。信方の最後は詳らかにできないが、天正元年朝倉氏滅亡とともに没落したことは、ほぼ確実である。新保山城には内枡形虎口が残る。信方が構築したのであれば、若狭国衆の築城技術は相当高かったと推定されよう。

八代守護武田元明は武田家最後の当主で、永禄十一年朝倉氏の後瀬山城進攻によって越前に連行されてしまう。朝倉氏滅亡後は許されて京都にいたことが確認されている。天正十年本能寺の変後、明智光秀に加担したという罪で同年七月近江貝津で自害させられ、若狭武田家は滅亡する。

守護武田家を最後まで支えた重臣として、**賀羅ヶ岳城**（小浜市）山県氏、**白石山城**（高浜町）の粟屋氏（**国吉城**の粟屋氏とは別系統）がある。共に若狭武田家滅亡後、丹羽長秀の与力として生き残り、従来通り所領安堵・居城居住を許されていた。両城共に石垣で固めた内枡形虎口が残る。これをどの時代の構築とするのか、今後の重要な課題と言えるが、山県・粟屋氏が構築したのであれば、若狭国衆の築城技術は相当高かったと言えよう。

【元亀の争乱と朝倉氏の滅亡】　天下統一を目指す織田信長は、元亀元年（一五七〇）一月将軍足利義昭の名で近隣諸国の大名に上洛を命じる。当然の如く朝倉義景はこの命令を無視し、信長は将軍義昭の命に背いたとして朝倉討伐の軍を出動させる。こうして信長と義景が全面対決した元亀の争乱が始まる。

四月二十五日、織田軍は越前国入口の要衝**天筒山城**（敦賀市）を猛攻し、その日の内に落城させ、尾根続きに位置する**金ヶ崎城**（敦賀市）も翌二十六日開城させる。さらに近江との国境に位置する**疋壇城**（敦賀市）も開城させている。**金ヶ崎城**の現存遺構の大部分は、織田軍進攻に備えて朝倉氏が改修したと考えられる。また、**疋壇城**には高さ四メートルを越える高石垣が残されていることから、天正十一年以降の豊臣期の改修も考えられる。仮に築城が南北朝期でも、国境の要衝の城は、戦国末期まで使用される事例が多い。入口部を制圧した信長は、木ノ芽峠を越えて越前中央部に突入しようとしたその矢先に、浅井長政が信長の退路を塞いでしまうのは有名な話である。そして信長は四月二十八日退却し、木下秀吉は**金ヶ崎城**で殿軍を務める。脱出に成功した信長は、朽木越えで四月三十日無事京都に着く。

近江国において朝倉氏は元亀年間に幾つかの城郭を築城・改修している。長比城・上平寺城・大嶽城・田上山城・田部山城・福寿丸・山崎丸・丁野山城である。これらは同時代史料での朝倉氏の使用が確認でき、しかも使用期間の絞り込みも可能である。いずれの縄張も塁線に土塁を巡らし、要所に櫓台を設け、枡形虎口を使用している。元亀年間において朝倉氏が極めて高い築城技術を保有していたことを物語っており、朝倉氏・織田氏の縄張を再考する時期にきていると言えよう。

当初上洛するほどの勢いを見せていた朝倉・浅井連合軍だが、連戦の出兵で疲弊し、次第に追い込まれる。天正元年（一五七三）八月十日朝倉義景は、小谷城の浅井長政を救援すべく近江に出兵するが、大嶽城落城を知ると退却してしまう。退却する朝倉軍を織田軍は八月十三日に刀祢坂で追いつき、朝倉軍を完膚なきまでに叩きのめす。大打撃を受けた朝倉義景は、十五日一乗谷に帰陣するが、翌十六日朝倉景鏡の献策により、景鏡の領地大野郡に移り、さらに十九日同郡六坊賢松寺に移る。そこに魔の手が待っていた。最後の頼み景鏡が寝返ったのである。二十日景鏡は義景に切腹を強要し、同日酉刻（午後五時）に切腹して果てる。ここに越前朝倉氏は滅亡する。ちなみに織田軍は十八日に**一乗谷**に進攻し、**朝倉館**をはじめ寺社等ことごとく焼き払っている。

【越前一向一揆時代】 朝倉氏滅亡後、越前の支配を任されたのは、朝倉氏旧臣前波吉継（改名して桂田長俊）で、信長は吉継を越前守護代に任命し、吉継は一乗谷に居住する。

吉継はかつての同僚である朝倉旧臣に対して傍若無人に振る舞い、専横を極めたため国人の反発を招き、天正二年（一五七四）正月二十日富田長繁を中心とする朝倉旧臣・越前一向一揆軍に**一乗谷城**を攻められ敗死する。前波吉継・富田長繁はともに元亀三年（一五七二）八月織田信長に寝返った朝倉旧臣である。

長繁の政治も横暴を極め、なんのことはない、吉継が長繁に代わっただけである。わずか吉継戦死の四日後の正月二十四日、居城の**府中城**（越前市）に朝倉旧臣の魚住景固を招き謀殺している。

こんな長繁が長続きするはずがなく、越前一向一揆と敵対したことにより、翌二月十八日、一揆軍の小林吉隆に攻められ戦死する。わずか吉継戦死から四十日後の出来事である。

さらに裏切り者の死が続く。吉継・長繁の戦死により越前は一向一揆が支配するところとなり、次の攻撃目標は、対立関係にあった**平泉寺**（勝山市）に向けられる。当然**平泉寺**と同調していた朝倉景鏡（改名して土橋信鏡）も攻撃目標の対象とされた。そして四月十五日、一揆軍に攻められ**平泉寺**は焼亡、景鏡も戦死する。長繁の戦死からわずか二ヵ月後の出来事である。

越前から織田氏家臣や朝倉旧臣を一掃させた越前一向一揆は、一時的にせよ越前を支配する。一口に越前一向一揆と言っても実情は複雑で、しかも吉継打倒のために加賀一向一揆を引き入れたため、さらに複雑になってしまった。大坂本願寺から派遣された本願寺家臣、加賀一向一揆の金沢御堂衆、越前一向宗寺院、そして越前在地土豪である。これら四者がそれぞれ対立し、越前支配を巡って権力抗争を繰り広げる始末である。とても一枚岩とはいえないような実情の越前一向一揆だった。

それでも織田信長の越前討伐が現実味を帯びてきた天正二年（一五七四）八月、一揆軍は越前国境線に城郭を築き、織田軍進攻に備える。このとき一揆軍が築城・改修していることが一次史料で確認でき、しかも遺構も残しているのは、鉢伏山城・**西光寺丸城**・**虎杖城**（いたどりじょう）・河野新城・**燧ヶ城**（ひうちがじょう）（以上南越前町）・河野丸城（敦賀市）である。

かくして天正三年（一五七五）八月十五日、織田軍は陸・海の両方から一揆城郭に襲いかかる。鉄壁と思われていた国境城郭は、わずか一日の攻防であっけなく総崩れとなり、翌十六日には越前中央部の府中に織田軍は進攻する。ここからは、もはや戦闘ではなく、一方的に一揆軍を殺害する「屠殺」だった。八月十五日から始まった織田軍による越前掃討戦は、同月二十二日におおむね終了する。その間に殺害された一揆軍の数は『信長公記』によれば、三～四万に及んだと言う。

北袋（きたぶくろ）（勝山市中心部）の在地土豪嶋田将監正房（まさふさ）は、朝倉氏滅亡後、越前一向一揆とともに織田政権と戦った数少ない朝倉氏遺臣の一人である。嶋田将監のように、加賀に接する勝山市北部・大野市北部の在地土豪連合軍は、越前一向宗寺院と協力して、織田政権と徹底抗戦していた。

土豪連合軍の最初の攻撃目標は、織田政権に属した朝倉景鏡（改名して土橋信鏡）とそれに同調した**平泉寺**（勝山市）であった。天正二年四月十四日土豪連合軍が**平泉寺**攻めの陣城として築城したのが**村岡山城**（勝山市）である。もちろん築城主体の一人は嶋田将監である。**平泉寺**と信鏡は**村岡山城**を攻め落とそうとするが、逆に連合軍に反撃され、**平泉寺**は焼亡、信鏡も討死にしてしまう。

天正三年八月、越前一向一揆が壊滅すると、将監は天然の要害が期待できる**野津又城**（勝山市）に移る。**野津又城**は、織田（柴田）軍の加賀進攻を抑えるには必要不可欠の存在で、同年十一月に本願寺顕如も**野津又城**と将監に絶大な期待を寄せている。しかし孤立無援となった**野津又城**は長期籠城戦に耐えられるはずがなく、餓死するように落城したと考えられる。ただし落城期日は明確にできない。天正七年六月柴田軍が加賀に進攻しているので、これまでに落城したと考えられる。なお将監の最期は詳らかにできない。

【織豊政権時代】 天正三年九月、越前掃討戦を終えた信長は、越前八郡を柴田勝家、大野郡の三分の二を金森長近、府中近辺二郡を佐々成政・前田利家・不破光治（府中三人衆）に与え、府中三人衆を勝家の目付に定めた。ここに越前の領主が確定する。

彼らの居城で、織田政権時代の遺構を地表面に残しているのは、佐々成政の**小丸城**（越前市）と金森長近の**越前大野城**（大野市）のみである。柴田勝豊の**丸岡城**（坂井市）天守は天正四年建設とされてきたが、部材の測定から寛永年間（一六二四～四四）の建設であることが明らかとなった。その天守台も昭和二十三年におきた福井大震災後の積み直しであり、当時のものではなくなっている。

小丸城と**越前大野城**で注目したいのは、天守穴蔵の存在である。しかもその大きさは、五間×三～四間とほぼ同サイズとなっている。従ってほぼ同規格の天守（恐らく半地下式の二層三重）が単独で建っていたと考えられる。恐らく信長の貫徹された築城方針に従った天守建設なのであろう。従って延宝七年（一六七九）作成の**越前大野城**絵図に描かれた天守は複合天守となっているため、絵図の天守は天正十三年金森氏飛騨転封以後の天守を描いた絵図と推定したい。ちなみに金森長近が大野盆地防衛のために改修した**勝原城**（大野市）の石垣で構築された内枡形虎口は必見である。

賤ヶ嶽合戦（天正十一年）後、越前の支配は柴田勝家から丹羽長秀へと変わり、天正十三年（一五八五）四月長秀が病没すると、子の長重が跡を継ぐ。しかし長重は同年閏八月若狭一国に大減封される。丹羽家移転後、**北庄城**（福井市）に堀秀政、**東郷槇山城**（福井市）に長谷川秀一、**府中城**（越前市）に木村常陸介が入城し、分割統治となる。越前ほどの大国を一人による統治は危険だと判断したのである。

東郷槇山城は、豊臣期の遺構を残す数少ない城郭の一つである。後世の破壊も著しいが、残存する石垣の推定される高さは四・八メートルと四メートルを越え、天正十一年以降の構築であることを物語る。**東郷槇山城**で注目したいのは、石瓦の存在である。現在でも丸石瓦・平石瓦が大量に散布していることから、少なくとも主郭は総石瓦葺きだったと推定される。

一般的に越前の中世城郭には、広く石瓦が使用されていたとされるが、それは誤りである。現在も石瓦を葺く**丸岡城**天守は寛永年間（一六二四〜四四）の建設で、しかも創建当初は柿葺だったと考えられる。関ヶ原合戦以前の中世城郭において、屋根全体に石瓦を使用していたのは越前において、**東郷槇山城**と**北之庄城**のみである。極めて限定的な使用だったと言えよう。なぜ二城のみ使用したのか、それは石瓦の原石となる笏谷石を簡単に入手できたかどうか、に起因していたと考える。

とはいえ、**東郷槇山城**の遺構はほとんど残っていない。これは最後の城主丹羽長正が関ヶ原で西軍についたため、徹底的に破城された結果と考えられる。関ヶ原合戦は豊臣政権の終焉を告げる合戦だった。これにより越前はもとより全国で使用されていた中世城郭の多くは破却される。つまり関ヶ原合戦は、城郭の分野においても近世城郭に移行する新時代の到来を告げる合戦でもあったのである。

【参考文献】佐伯哲也『越前中世城郭図面集Ⅰ・Ⅱ』(桂書房、二〇一九・二〇二〇)、佐伯哲也『朝倉氏の城郭と合戦』(戎光祥出版、二〇二一)、河村昭一『若狭武田氏と家臣団』(戎光祥出版、二〇二一)、大森宏『戦国の若狭　人と城』(ヨシダ印刷、一九九六)

●福井県〈越前〉名城マップ

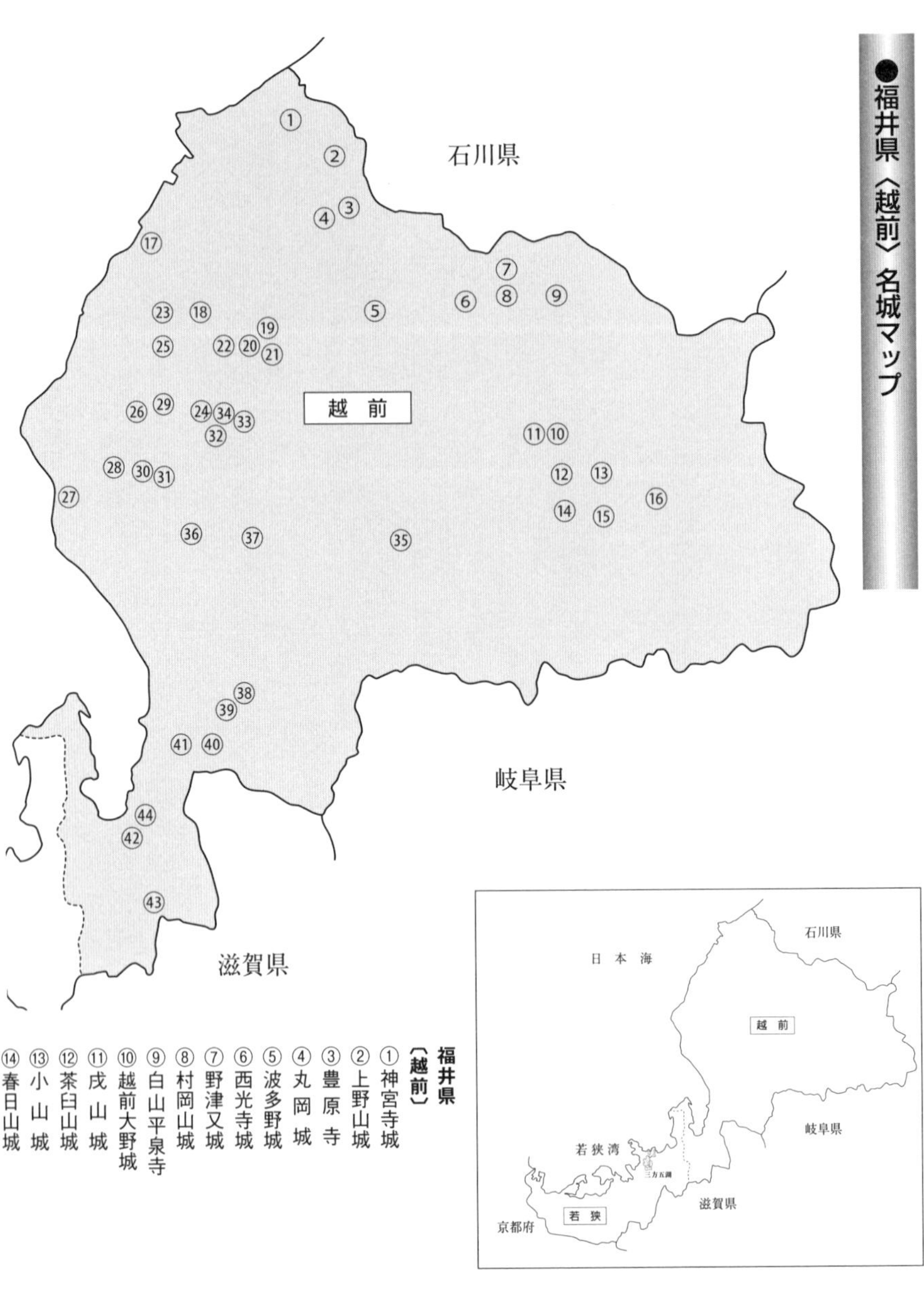

福井県
〈越前〉

①神宮寺城
②上野山城
③豊原寺
④丸岡城
⑤波多野城
⑥西光寺城
⑦野津又城
⑧村岡山城
⑨白山平泉寺
⑩越前大野城
⑪戌山城
⑫茶臼山城
⑬小山城
⑭春日山城
⑮松丸館
⑯勝原城
⑰朝倉山城
⑱北庄城(福井城)
⑲成願寺城
⑳一乗谷城
㉑一乗谷朝倉氏遺跡
㉒東郷槇山城(牧山城・東郷城)
㉓鎗噛山城
㉔文珠山城
㉕新光寺城
㉖大谷寺
㉗栗屋城
㉘織田城
㉙芝築地山城
㉚大窪鎌太屋敷
㉛御床ヶ嵩城
㉜天神山城
㉝三峯城
㉞丹波岳城
㉟ナットヶ岳城
㊱府中城・新善光寺城・龍門寺城
㊲小丸城
㊳杣山城
㊴燧ヶ城
㊵虎杖城
㊶木ノ芽峠城塞群
㊷敦賀城
㊸疋壇城
㊹金ヶ崎城・天筒山城

●福井県〈若狭〉名城マップ

〔若狭〕

㊺国吉城
㊻中山の付城
㊼岩出山砦
㊽狩倉山城
㊾駈倉山城
㊿堂谷山城
(51)大倉見城
(52)賀羅ヶ岳城
(53)後瀬山城
(54)新保山城
(55)大塩城
(56)小浜城
(57)小村城
(58)石山城
(59)白石山城

越前

天神山城摩崖仏（阿弥陀三尊）

南麓に位置する摩崖仏（まがいぶつ）で，天文15年（1546）の銘文が見られ，尼僧によって造立されたことが判明している．鯖江市唯一の摩崖仏で，市の文化財に指定されている．

●加越丘陵最大の山城

神宮寺城（じんぐうじじょう）

〔あわら市史跡〕

〔所在地〕あわら市金津町指中
〔比　高〕四〇メートル
〔分　類〕山城
〔年　代〕一六世紀
〔城　主〕朝倉氏か？
〔交通アクセス〕ＪＲ北陸本線「細呂木駅」下車後、徒歩約三〇分。または北陸自動車道「金津ＩＣ」から車で二五分。

【位置と環境】　神宮寺城は、福井県あわら市金津町指中に所在する。指中の集落は福井県と石川県の県境に連なる加越丘陵の谷あいに位置しており、神宮寺城は加越丘陵の一角、高応山（標高約五〇メートル）の山頂にある。規模は東西約二七〇メートル、南北約二五〇メートルを測り、加越丘陵では最大規模の山城である。

江戸時代に記された『越前国古城跡并（ならびに）館屋敷蹟』（以降、『城跡考』と略す）などの地誌類には、神宮寺城の名は記されておらず、築城主体、築城時期、築城契機など詳細は不明だが、地元では高応山山頂にある城跡を神宮寺城と呼び、城跡として周知されている。遺構の保存状態がよいことなどから、令和三年（二〇二一）四月五日にあわら市の指定文化財に指定された。

当地は加賀・越前国境付近に位置しており、天文～永禄年間は常に加賀一向一揆との軍事的緊張状態にあり、永禄十年（一五六七）三月十二日には、堀江氏および加賀一向一揆（いっこういっき）が国境付近の越前金津に侵攻している。このような状況の中、加賀の一向一揆に対する最前線の重要拠点として、神宮寺城が築かれたとみられる。

【城の構造】　高応山（標高約五〇メートル）の山頂に位置する曲輪Ａが主郭にあたるとみられ、周囲に横堀・竪堀（たてぼり）といった防御施設が設けられているものの、全体的に削平は甘く、自然地形が残る。

曲輪Ｂ～Ｄについても、曲輪Ａと同様に削平が甘く、自然

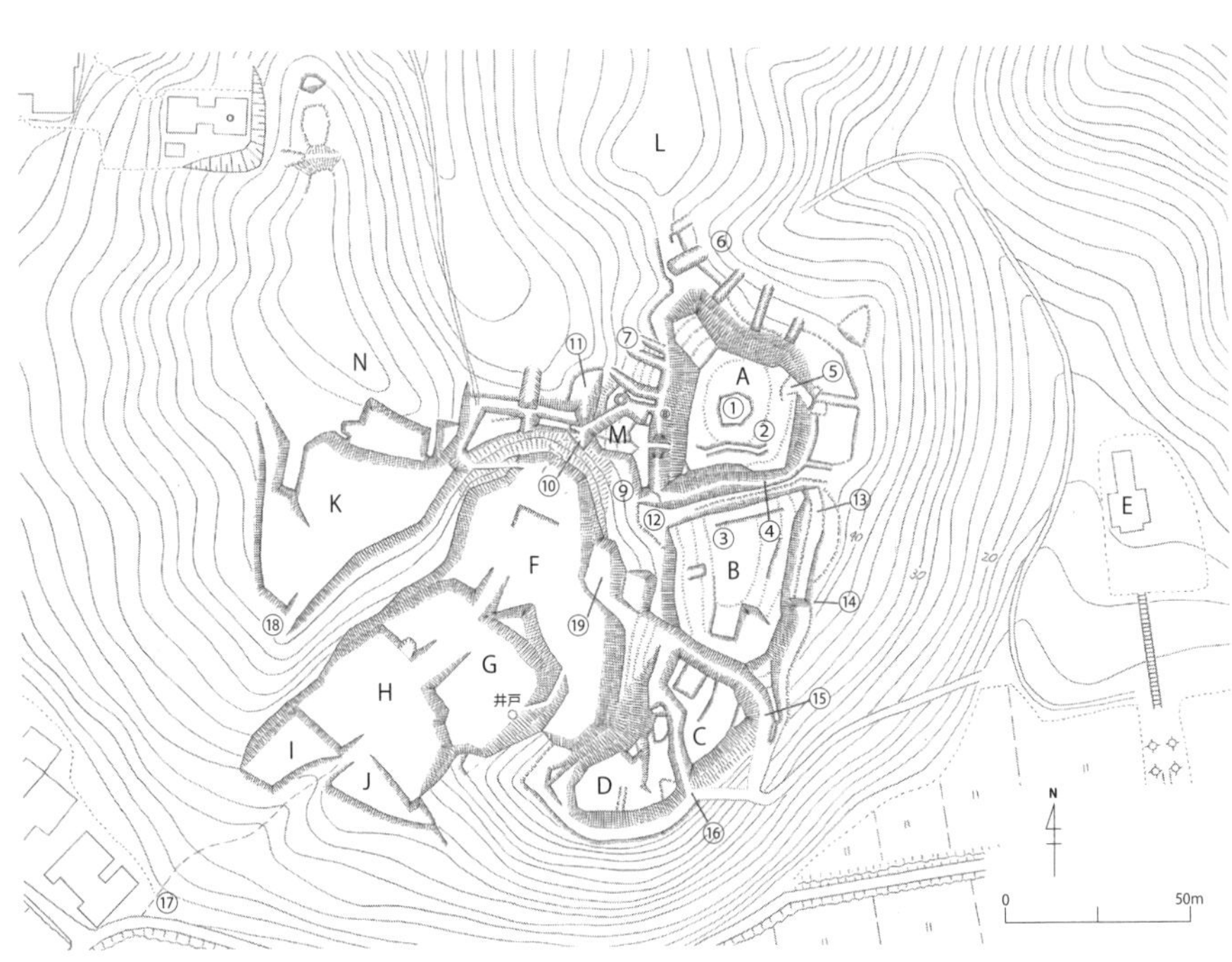

●—神宮寺城縄張（作図：佐伯哲也）

地形が残ることから、当該城郭が陣城として築城されたことがわかる。

曲輪Aは虎口が二ヵ所設けられている。虎口⑤は曲輪Aの内側を掘りくぼめて設けられており、内枡形状を呈している。そして、虎口⑤の対角に当たる位置に、もう一つの虎口があったとみられるが、虎口の痕跡は残っていない。しかし、その位置から横堀を隔てた対岸に、曲輪Aと長い土橋でつながる馬出状の曲輪Mが配されていることから、この場所が虎口として機能していたとみられる。曲輪Mから伸びる土橋と曲輪Aとに高低差があることから、木製の階段や梯子により曲輪Aへと進入していたと考えられる。

曲輪Mのような長い土橋を備えた馬出は、天文〜永禄年間に朝倉氏が築いた城郭に多く見られ、同じく越前・加賀国境に位置する河上城や若狭の狩倉山城にその類が確認される。ちなみに、神宮寺城や河上城は、加賀一向一揆に備え、また狩倉山城は国吉城攻めの付城として朝倉氏が築城したといわれている。

このように、曲輪Aには内枡形状の虎口⑤と虎口の前方に馬出状の曲輪Mを備えた虎口の二ヵ所の虎口が認められる。どちらかが大手なのか搦手なのかは判断しがたいが、周辺に横堀・畝状空堀群などが設けられ、また虎口前方に馬出

●—馬出

状の曲輪Mを備えた虎口が大手として機能していたのではなかろうか。

曲輪C・Dには、一四～一五世紀のものと考えられる五輪塔などの石塔類、また蔵骨器として使用されたとみられる越前焼などの陶器が散乱している。この状況から鑑みて、曲輪C・Dは一四～一五世紀頃に中世墓が営まれ、神宮寺城築城の際は、削平や墓石の整理などおこなわれず、そのままの地形を利用し、堀切などを構築するのみにとどまったとみられる。

●—主郭

いっぽう、曲輪F～Kはきれいに削平されている。集落から曲輪Fへと伸びる道⑰を中心に、谷地形を利用しつつ曲輪が左右に規則的に配置されている。曲輪の配置状況からこれらが神宮寺跡にあたるとみられる。神宮寺城に至る登り口付近は、古くは観音寺川を行き交う川船の発着地で、文明年間には神宮寺の大門が建っていたことから、「大門前」の小字が残る。

集落から伸びる道⑰が参道とみられ、この道は地元では「神宮寺坂」と呼ばれている。道幅は約三メートル（一間半）あり、昭和十年頃まで一〇間間隔に擬宝珠のついた石柱が道の両側一対で、計三ヵ所に建てられていたとのことである。ちなみに、この石柱は現在、春日神社の境内に移されている。

古井戸がある曲輪Gが本堂跡とされており、古井戸の裏手あたりが、鐘楼跡とされている。また、曲輪Fは奥の院にあたり、現在も墓地で江戸期の墓石が並ぶ。曲輪H～Kには子坊等が存在していたと推測される。

●—中世墓

【まとめ】 神宮寺城として機能していたのは曲輪A～Dの範囲とみられ、縄張構造から、天文～永禄年間に加賀一向一揆に対する最前線の重要拠点として、朝倉氏が築城した可能性が考えられる。曲輪A～Dは、全体的に削平が甘いことから短期間で築城されたとみられ、築城時期は一向一揆が越前国内に侵攻した永禄十年三月頃から、加賀一向一揆と和睦が成立する同年十二月の間に築城された可能性が推測される。使用期間が数ヵ月であったことから、廃城後は人々の記憶から薄れていったため、文献史料等の記録に残らなかったのだろう。

また、曲輪F～Kについては神宮寺跡とみられ、中央道の左右に塔頭（たっちゅう）を配する形は中世山岳寺院に多く見られる形態である。曲輪C・Dに中世墓が設けられていることから考えて、少なくともその時期には神宮寺が存在しており、戦国期に入ると、寺域の一部を朝倉氏によって陣城に改修されたと考えられる。ちなみに、神宮寺は明治まで存続し、神宮寺の廃止後、建物は一時期寺子屋として使用された。そして、明治六年から明治七年までの間は、沢小学校の仮校舎として使用され、その後、建物は売り払われたとのことである。

【参考文献】 坂本豊編『細呂木村誌』（細呂木村誌委員会、一九六三）、南洋一郎『一乗谷城の基礎的研究—中世山城の構造と変遷—』（河和田屋印刷、二〇一六）、佐伯哲也『越前中世城郭図面集1 越前北部編（あわら市・坂井市・勝山市・大野市・永平寺町）』（桂書房、二〇一九）、佐伯哲也『朝倉氏の城郭と合戦（図説　日本の城郭シリーズ一五）』（戎光祥出版、二〇二一）

（石田雄士）

●三重の横堀をもつ国境警備の城

上野山城（うえのやまじょう）

〔所在地〕あわら市金津町東山
〔比　高〕一六〇メートル
〔分　類〕山城
〔年　代〕一六世紀
〔城　主〕朝倉氏？
〔交通アクセス〕ＪＲ城端線「福光駅」下車。タクシーにて三〇分、徒歩六〇分。

【国境城郭としては異例】　旧北陸街道が西麓を通る交通の要衝である。城跡に立てば、街道の往来や麓の東山集落の様相が手に取るようにわかったはずである。このようなことが築城の要因になったと考えられる。三重の横堀を持つ国境の城郭は、極めて異例である。そこには朝倉氏の関与が強く感じられると言えよう。

【歴　史】　上野山城に関する一次史料は存在しない。享保五年（一七二〇）福井藩主松平吉邦（よしくに）の命によって編纂された『城跡考』によれば城主を木曾義仲としているが、にわかには信じがたい。仮に義仲が当地に布陣したとしても、現存する遺構は戦国期のものである。

【周辺城跡との位置関係】　城跡は、深町氏の本拠・後山地区の背後に位置する。ここには深町氏が立て籠もったと推定される椚山城・瓜生城・後山城が、それぞれ一・二キロの距離で存在し、城郭が密集する地域となっている。上野山城と後山城との距離も一・八キロしかなく、密集地域をさらに密集させている。

深町氏との親密性を感じさせる一方、椚山城・瓜生城・後山城の標高が一三〇メートルなのに対して、上野山城の標高は二〇九メートルもあり、椚山城・瓜生城・後山城を見下ろす。縄張も横堀を多用するなど、在地土豪の城郭とは明らかに違った様相を示している。在地土豪よりも格上の勢力により築城されたことを暗示させている。

城跡は整備されておらず、薮が繁栄している。城跡への道

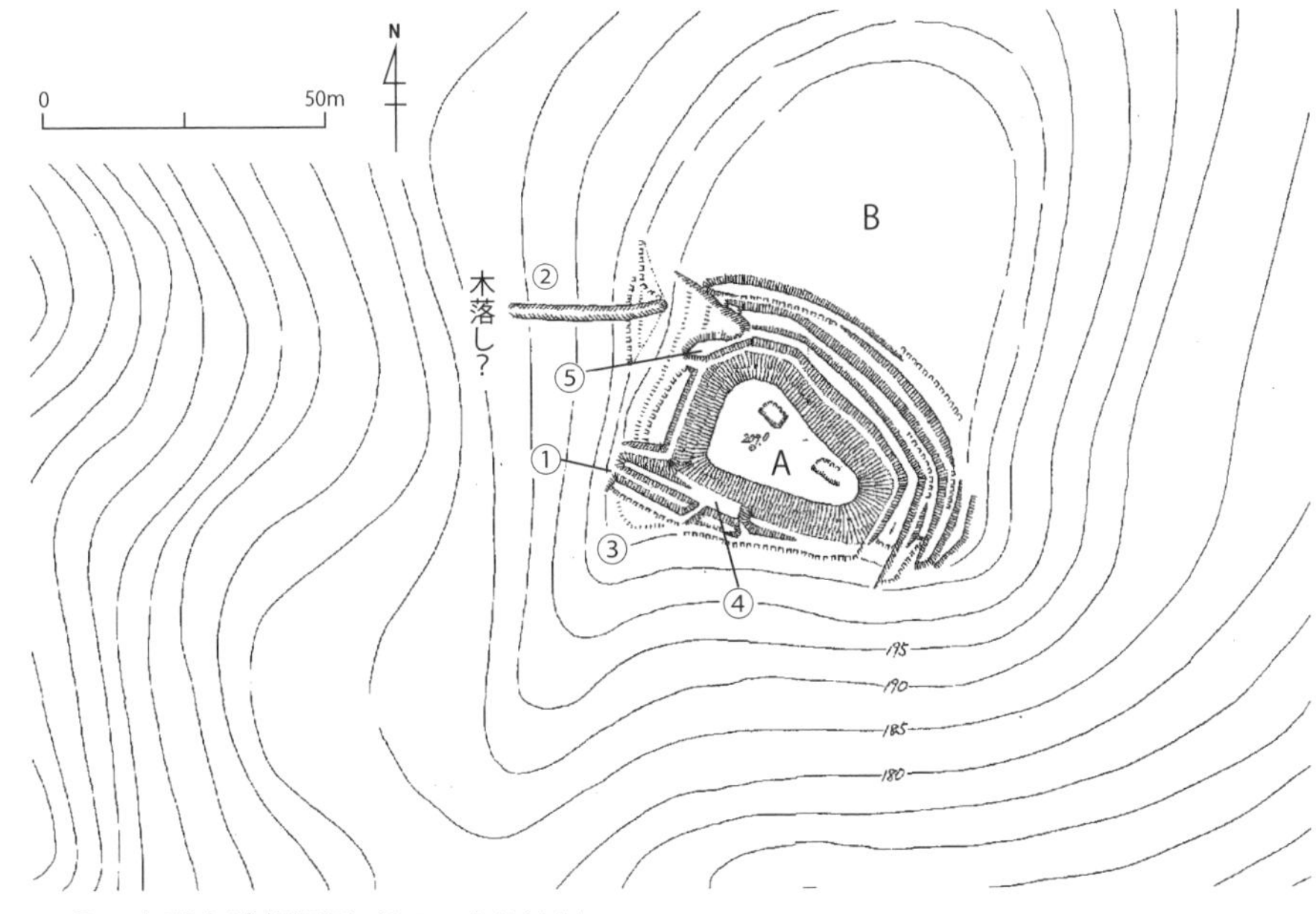

●—上野山城縄張図（作図：佐伯哲也）

もなく、もちろん案内板・説明板も設置されていない。訪城にあたっては、事前に周到な準備をして訪城していただきたい。

【城跡の現状】　主郭は城内最高所のA。均一に削平されておらず、二ヵ所の窪地が残る。このような窪地があれば大型の建造物は建てにくく、小屋程度の建物の存在が推定される。したがって上野山城は、居住よりも軍事を重視した城と言えよう。なお、平坦面には土塁や櫓台・虎口等の防御施設は設置されていない。

B地点は、

●—主郭Aを取り巻く切岸　敵兵の侵入を遮断する

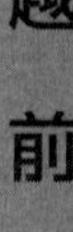

広々とした平坦な自然地形。あるいは下級武士達の駐屯地だったかもしれない。主郭Aと駐屯地Bとの間には、二重（一部三重）の横堀がめぐっており、両者を完全に遮断している。どのように両者を繋いでいたか判然としない。敵軍に直撃されないために、西斜面を廻り込み、⑤地点から木橋を掛けて主郭Aへと入ったと推定されるが、仮説の範疇としたい。

●—主郭Ａを取り巻く二重横堀（内側）

●—主郭Ａを取り巻く二重横堀（外側）

【見事な二重横堀】 上野山城の縄張の特徴は、なんといっても周囲を取り巻く二重横堀である。上野山城は平坦な山頂の南端に位置しているため、北側を警戒する縄張となっている。したがって主郭Aを取り巻く二重横堀は北・東側をめぐっている。特に東側は一部三重の横堀となっており、極めて厳重な遮断線といえる。

福井県において三重の横堀を持つ城郭は上野山城しかなく、これだけでも上野山城は重要な遺構といえる。北側の尾根続きは、遮蔽物がまったく存在しない、広々とした自然地形であり、上野山城最大の弱点部である。この弱点部を克服するために、二重の横堀を設けたのであろう。

【山麓方面の防御構造】 いっぽう、東山集落の南端から登る尾根続きには、一部横堀を設けているものの、完全に遮断していない。横堀状の連続竪堀①は、敵軍が西側斜面を横移動するのを阻止する防御施設である。②は、城域全体の縄張と連動しておらず、防御施設とは言い難い。伐採した木を東山集落に落とす、木落し（スベリ溝）かもしれない。

【山麓からの登城ルート】　尾根から登ってきた城兵達は、まず③地点に到達するはずである。そこからは両側に竪堀・横堀があるため、土橋を渡って④地点に行くことになる。ここは袋小路のような地点で、どこへも進路は続いていない。これは憶測にすぎないが、④地点から切岸に階段等を設けて主郭Aと連絡していたのではなかろうか。だからこそ③から④へ計画的な通路を設定しているのであろう。しかし主郭Aに虎口の形跡がまったく見当たらないので、仮説の範疇としたい。主郭Aには、高さ五メートルの切岸が取り巻いており、現状では虎口が確認できない。上野山城の特徴の一つである。

【築城者を推定する】　以上述べたように上野山城の縄張は、深町氏の杣山城・瓜生城・後山城とはまったく違っている。さらにその選地は、深町氏より上位者の選地である。また伝承もほとんど残らず、平坦面の削平状況から、短期間しか使用されない臨時城郭のように思われる。築城期は横堀と竪堀の連動性、そして三重の横堀の存在から、一六世紀と推定してよい。

いっぽう、虎口や櫓台、土塁等の防御施設は確認できない。したがって築城の下限は、一六世紀末まで下らないことを示唆している。

これだけの根拠だけでの即断は禁物だが、三重の横堀は朝倉氏によって構築されたと推定される。天文～永禄年間は、加賀・越前の国境で加賀一向一揆と朝倉氏の激闘が繰り広げられた。このとき神宮寺城や河上城が国境線を固めるために朝倉氏によって構築され、そのとき上野山城も朝倉氏が築城した臨時城郭と考えられよう。

上野山城は、天文～永禄年間に朝倉氏が築城したと推定した。しかし、築城者の推定は、在地土豪深町氏より上位者ということでしかない。縄張的に上野山城は朝倉氏の特徴をなんら示していない。

決め手は③地点にある。ここが馬出曲輪ということが確認できれば、前述の神宮寺城や河上城との関連性が出てくる。今後発掘調査によって確認することが、重要な課題の一つと言えよう。

【参考文献】　佐伯哲也『越前中世城郭図面集Ⅰ』（桂書房、二〇一九）

（佐伯哲也）

●平泉寺と並ぶ越前の中世有力寺院

豊原寺

〔坂井市史跡〕

〔所在地〕坂井市丸岡町豊原
〔比　高〕一八〇メートル（※雨乞山城）
〔分　類〕山城
〔年　代〕平安時代末～江戸時代
〔交通アクセス〕JR北陸本線「福井駅」下車、京福バス丸岡城行き「丸岡城」下車。徒歩約三〇分。または北陸自動車道「丸岡IC」から車で約七分。

【越前の有力寺院】　豊原寺は越前の北東山間部に位置した寺院で、平泉寺や大谷寺などと並び、越前における白山信仰の拠点として栄えた。その成立は、寺の縁起である『白山豊原寺縁起』（豊原春雄家文書）によると、大宝二年（七〇二）、僧の泰澄が山の麓から上がる紫雲の中に天女を感得し、白山を勧請し、薬師如来を彫り講堂に祀ったのを始まりとする。一時廃れたが、天長元年（八二四）に昌瀧が深沙大将の霊像を顕徳して再興。藤原利仁が帰依し、天治元年（一一二四）に越前押領使の藤原以成も多くの坊舎を建立、寺田も寄進したという。白山三所権現が祀られたことから、山号を「白山」とする。

寺の成り立ちを伝える一次史料は現存しない。平泉寺や大谷寺など、他の白山系寺院が、平安時代末頃に寺基ができたように、遅くとも同時期には成立していたのであろう。また治承・寿永の内乱では木曾義仲の挙兵に参じた功により寺領を寄進されたと『白山豊原寺縁起』にあり、南北朝争乱では、豊原寺衆徒が平泉寺衆徒とともに南朝方に集ったことが『太平記』にあるなど、武家の争乱に積極的に関与する姿がみられ、ある程度の軍事力を有していたことがうかがえる。

中世に、越前北部（坂北郡・坂南郡）に広がっていた興福寺・春日大社領荘園の河口・坪江荘には、白山系寺社への免田（年貢等が免除され、特定の寺社等にその分を納めることが定められた土地）が多く散在していた。弘安六年（一二八三）、「坪江郷」の「本仏神田」のうち三三町二段が除地（免田）であり、その内訳は平泉寺が五町五段、豊原寺が一四町二段一二〇歩、横山社は八町八段一八〇歩、千手寺は四町六段六〇歩と、白山系寺社、特に豊原寺分がもっとも多かった（大乗院文書「河口庄綿目等」）。河口・坪江荘内には、多くの豊原寺領が包括されていたと考えられる。

文安二年（一四四五）に東寺修造費用の奉加が求められた際の修造料足と奉加人数の注進状（東寺百合文書）によると、越前で五六ヵ寺が応じ、奉加人数計一〇六六名、奉加金計一二三貫一〇〇文のうち、豊原寺の奉加人数は二四七人、奉加金は三五貫九〇〇文と、五六ヵ寺のうち最多（約四分の一）を占めている。豊原寺が当時の越前における天台・真言系諸寺院の中でも最大の勢力で、突出した存在だったことがうかがえる。

また文明年間に越前吉崎を拠点に、北陸に真宗を布教させた蓮如が、旧来信仰されてきた諸仏を軽視することを信徒たちに戒めた御文（御文章）がある。その中で、旧来の諸仏として、越中の立山や加賀の白山と並べ「越前ナラハ平泉寺・豊原寺等ナリ」と挙げており、豊原寺は古来の仏教勢力の両巨頭のひとつとされていたことがわかる。

興福寺大乗院門跡の尋尊らの日記『大乗院寺社雑事記』に、室町期の豊原寺の動向がみられる。それによると豊原寺は当初は平泉寺とともに朝倉氏に敵対する勢力のひとつだったが、朝倉氏が越前をほぼ掌握すると、文明十二年（一四八〇）から十三年頃までには平泉寺とともに朝倉方になびいていったようだ。以後、豊原寺は朝倉氏に与する。永正三年（一五六〇）、加賀から一向一揆勢などが越前に侵攻した際、豊原寺を攻略して九頭竜川以北を支配しようとする加賀勢に対し、豊原寺から「西谷ノ明王院、同玉養坊・円鏡坊、華蔵院ノ荒三位、西方院ノ天狗二位・行泉坊・大染院ノ鬼式部・同円了坊、中方・山伏、其外扈従小法師」らが朝倉方に合力したといい（『朝倉始末記』）、その寺域が戦場にもなった（『当国御陣之次第』）。なお室町時代は、豊原は美酒の名産地として知られた（『尺素往来』）ほか、連歌師の宗祇・兼載・宗長の句集に豊原寺での連歌会の詞書がみられる。

天正元年（一五七三）に朝倉氏が滅亡し、翌二年に越前で大規模な一向一揆が起こるが、豊原寺は一揆方の本拠となり、また西方院などの院家が積極的に一揆方に与し、共に平泉寺を攻め落とす。同三年に織田信長による越前再出陣と一揆鎮圧にともない、豊原寺は信長に焼き払われ、焼亡した。

信長はその後、越前の大部分の支配を重臣の柴田勝家に任せるが、この時に勝家の養子（甥とも）勝豊に豊原の地が与えられた（『越前国相越記』）。勝豊はその後、天正四年から九

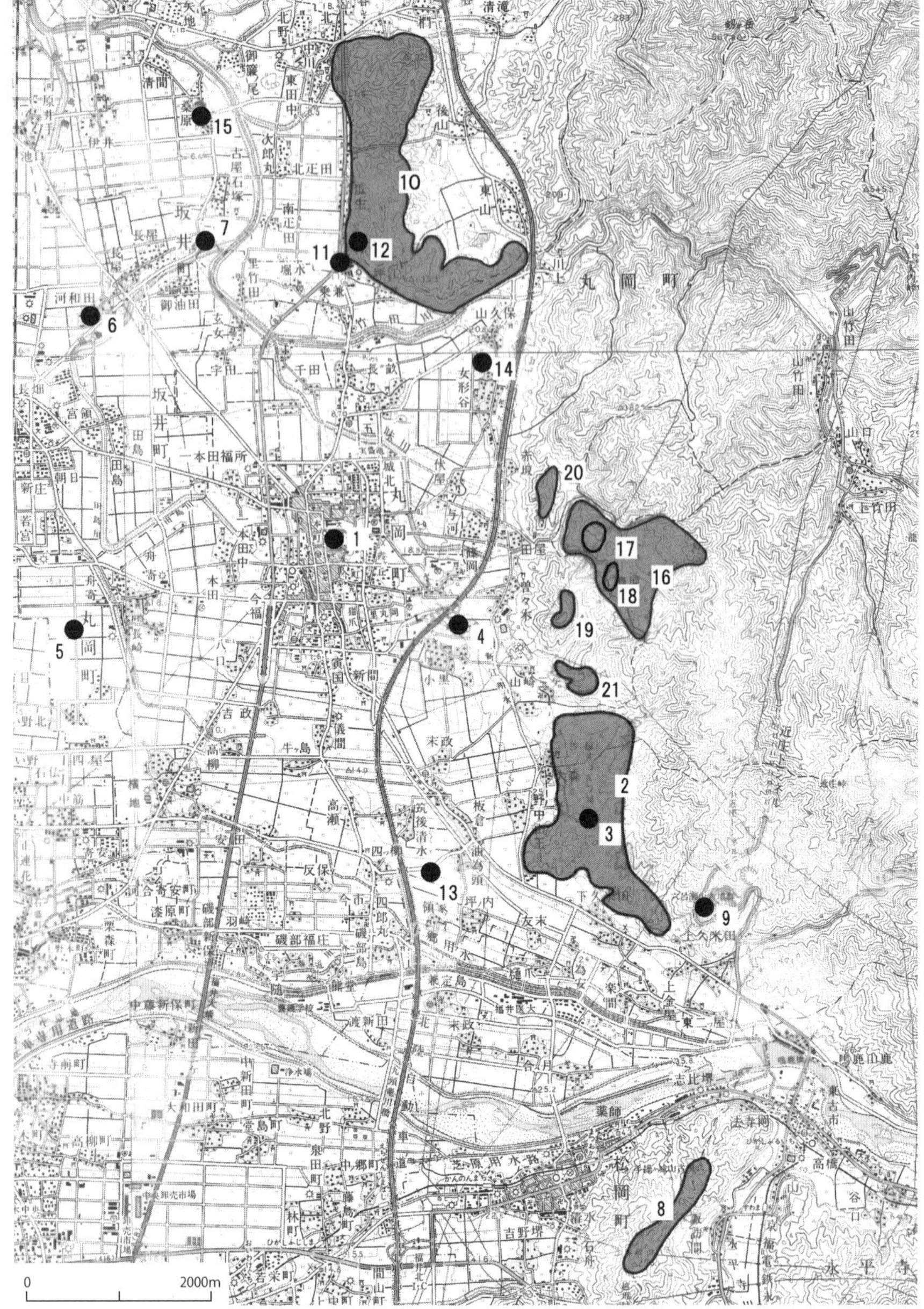

●—豊原寺および丸岡城周辺の主な遺跡分布図（『丸岡城天守学術調査報告書』〈仁科章 執筆分〉より転載）

1 丸岡城　2 丸岡古墳群　3 上銭瓶支群　4 東向野遺跡　5 舟寄遺　6 河和田遺跡　7 長屋遺跡
8 松岡古墳群　9 六呂瀬山古墳群　10 横山古墳群　11 椀貸山古墳 12 神奈備山古墳　13 高向神社
14 てんのう堂　15 桑原荘跡　16 豊原寺　17 三上山城　18 西宮城　19 雨乞山城
20 赤坂山城　21 山崎三ケ城　22 椚古墳

年の間に、豊原から居所を西に移し城（丸岡城）を築く。『越前国名勝志』『越前国名蹟考』はじめ越前の地誌類や『柴田勝家公始末記』は、その移動と築城時期を天正四年とする。当初は、北庄城と豊原を拠点に越前国内の一向一揆に対する構えであったが、国内の一揆の脅威が弱まると、山下の坂井平野を望む丸岡城が、加賀の一向一揆に対する防衛と攻撃の拠点として重要になったとされる。以後、当地の政治・軍事の中心地は丸岡城に移った。

【復興から廃寺まで】　焼亡後の豊原寺について、『越前地理指南』には、文禄年中（一五九二～九六）までに二七〇ほどの坊舎があったとするが、それを示す同時代史料や考古学的成果はない。慶長三年（一五九八）八月五日付け青山宗勝（丸岡城主）宛て「豊臣秀吉知行方目録」（名古屋市博物館所蔵文書）によると、宗勝の知行地の中に「五拾石八斗九升山共豊原寺」とあり、寺として多少の復興もうかがえるが、詳細は不明である。

江戸時代に結城秀康によって再興され、越前松平家（福井藩）の寄進と保護を受けた。福井藩主による禁制や寺領寄進状が現存する（豊原春雄家文書）が、寺領寄進状の宛名は「来迎院」であり、始めは来迎院が、やがて華蔵院が中心院家になったと考えられる。また江戸時代には、「本社」「別山」「大己貴」「火宮」「新宮」「八幡」「深蛇王」「西宮」あわせて「豊原八社権現」があったようで（『越前地理指南』）、最盛期の中世もこれらの諸社が存在したとうかがえる。

なお丸岡城の天守台に豊原寺の石材が用いられた可能性が指摘されており、旧丸岡城下町には豊原の旧地にちなんだ町名がみられる。さらに旧城下町やその周辺には、宗派を問わず、かつて豊原寺の坊中から移転・派生したという寺が多く点在する。丸岡城とその城下町は豊原寺にルーツがあると言える。

明治時代の神仏分離令によって、華蔵院と白山神社に分かれ、明治二年（一八六九）に華蔵院は火事で焼失した。寺そのものは廃絶し、現在は跡地（坂井市史跡）のみが残る。

【寺跡と城跡】　豊原寺の発掘調査はこれまで、丸岡町によって昭和五十四年（一九七九）から五十九年まで華蔵院や伝講堂跡などで行われ、また平成二十二年（二〇一〇）には坂井市によって白山神社の調査が行われた。遺構や出土遺物からも豊原寺の往時をうかがうことができる。

なお寺域内で確認できる城跡として「三上山城」「西宮城」「雨乞山城」が、さらにその周辺にあるものとして「田屋赤坂城」「山崎三ケ城」が挙げられる。江戸時代に編纂された『越前国古城跡幷館屋敷蹟』にも「三上山城跡」と「雨乞山

●—豊原寺跡（講堂跡）（坂井市教育委員会提供）

城跡」の記載がある。

中でも豊原寺の南西側に位置する「雨乞山城」は、連郭式山城の遺構が集中して続き、土塁と竪堀で構築された喰違い状の虎口を持っており、織豊系の城の特色を持つという。おそらく信長から豊原を与えられた柴田勝豊が、丸岡城に移る前に在番していたのが、この城と思われる。

【現　在】　華蔵院の院家の末裔である豊原家により、平成二十二年に「豊原三千坊史料館」が開設され、伝来資料が展示されている。また地元の保存会やまちづくり団体により、史跡の散策や普及活動なども行われている。

豊原寺については、もとより史料が断片的にしか残存していないが、遺構の全容解明、また地域社会での位置づけや他の白山系寺社との比較など、残された課題は多い。今後、史跡の発掘による新たな考古学的成果や、さらなる関連資料の渉猟、既存資料の再考察、豊原寺を起源とした関連寺院の調査などによる、研究の深化や実態の解明が期待される。

【主要参考文献】　丸岡町教育委員会『豊原寺跡Ⅰ　華蔵院跡第一次発掘調査概報』（一九八〇）、『豊原寺跡Ⅱ　華蔵院跡第二次発掘調査概報』（一九八一）、『豊原寺跡Ⅲ（伝）講堂跡第一次発掘調査概報』（一九八二）、『豊原寺跡Ⅳ　豊原第21字下屋敷地係第1次発掘調査概報』（一九八三）、『豊原寺跡Ⅴ（推定）僧房跡発掘調査概報』（一九八四）、『豊原寺跡Ⅵ　山城山地係中世墓地跡発掘調査概報』（一九八五）、『福井県史　通史編二』（福井県、一九九四）、角明浩「中世越前における豊原寺の再考察―一次史料からのアプローチを中心に―」『山岳修験』四八（二〇一一）、角明浩「豊原寺の復興と越前松平家―その関連史料の紹介とともに―」『北陸都市史学会誌』二〇（二〇一四）、南洋一郎『一乗谷城の基礎的研究―中世山城の構造と変遷―』（二〇一六）、『豊原寺・東尋坊と白山へのまなざし』（みくに龍翔館、二〇一七）、坂井市教育委員会『丸岡城天守学術調査報告書』（二〇一九）、佐伯哲也『越前中世城郭図面集Ⅰ』（桂書房、二〇一九）

（角　明浩）

●現存唯一の石瓦葺き天守が残る

丸岡城

〔国重要文化財（天守）〕

〔所在地〕坂井市丸岡町霞
〔比　高〕一七メートル
〔分　類〕平山城
〔年　代〕一五七六年築城　一八五六年廃城
〔城　主〕柴田氏、本多氏、有馬氏
〔交通アクセス〕JR北陸本線「福井駅」下車、京福バス丸岡城行き「丸岡城」停留所下車すぐ。または北陸自動車道「丸岡IC」から車で五分。

【城の歴史】　丸岡城は坂井平野の東、南北約一二〇メートルの独立丘陵を中心に築かれた平山城である。平野の南北は竹田川と九頭竜川が流れ、北は加越山地を挟んで加賀と接し、加賀一向一揆の備えとして築かれた。天正三年（一五七五）、豊原寺を拠点としていた越前一向一揆を滅ぼした織田信長は、重臣の柴田勝家に治めさせた。勝家は甥の勝豊に豊原に城を築かせたが、勝豊は一年足らずで現在の場所に城を移したとされる。勝豊は城を移すにあたって豊原の職人や寺を移して城下町に住まわせた。現在も豊原から移った寺の一部、移住した職人の家系が残っている。実際に豊原に築いたのは、城というよりも出城のような簡易なものか、軍事拠点としての「城」であったと考えるのが妥当であろう。

その後勝豊は長浜に移り、城代として安井左近家清を置いたが、柴田家滅亡にともない青山氏が城主となった。青山氏は関ヶ原の戦いを境に城を去ることになり、代わって越前を治めることとなった結城（松平）秀康の家臣・今村盛次が城主となった。その今村氏も失脚し、慶長十八年に本多成重が城主となった。成重の時代に越前藩主・松平忠直の配流に端を発して丸岡藩が成立した。『古今類聚越前国誌』によれば、「重能に至て城池全く成る」としており、本多家二代の正保頃に城郭が整ったと記録されている。しかし、本多家も四代でお家騒動が発生し、改易となった。代わって延岡藩主であった有馬氏が糸魚川を経て入封し、幕末を迎える。

明治以降、廃城令によって土地建物はすべて売却され、内

●―丸岡城天守

堀も埋め立てられて宅地となった。いくつかの城門の遺構は移築されて残っている。唯一解体を免れた天守は、その後有志により町に寄付され、昭和九年（一九三四）に国の文化財（指定当時は国宝、現行法で重要文化財）として指定された。天守は昭和二十三年に発生した福井地震で倒壊したものの、古材を最大限利用して修復され、現在に至っている。

【城の構造】　城郭は北東―南西に長い瓢簞型の城山を中心として、北東から北西側に二の丸が配置され、周囲を内堀が囲んでいる。内堀は最大幅九〇メートルあったとされるが、現在はすべて埋め立てられている。「正保城絵図」のうち、「越前国丸岡城之絵図」によると、城山の北西に大手門を設け、搦手口を東側に設けて東から南側、西にかけて大きく水をたたえた内堀を巡らせていた。内堀の形状は現在の道路の形状とほぼ一致しており、城山西側では調査によって内堀外側の石垣と排水施設と思われる遺構が検出されている。城山の北側、現在小学校があるあたりが二の丸にあたり、正門付近に追手門、グラウンド付近に二の丸御殿、東西端に北櫓と庭先櫓があったとされる。さらに城山と二の丸の間にも東西に隠居曲輪があり、武具小屋の記述がみられる。

現在も隠居曲輪にあたる部分の一部は周囲よりも一段高くなっており、近年実施した発掘調査では石垣が検出されている。明治以降にも石垣が露頭していたことは古写真でも確認でき、積み直しを受けているが縄張は江戸時代のものを残していると思われ、下層からは古い石垣も確認できた。二の丸の東側は東の丸で、北東角には花畑櫓があった。城山と隠居曲輪の間には空堀があり、石橋、石橋門を通って入り、西側から回り込んで本丸に至ったと思われる。城山の中ほどで北と南を隔てるように豊原門があり、北東の松の丸に至る。松の丸から天守のある本丸の間には埋門があった。松の丸

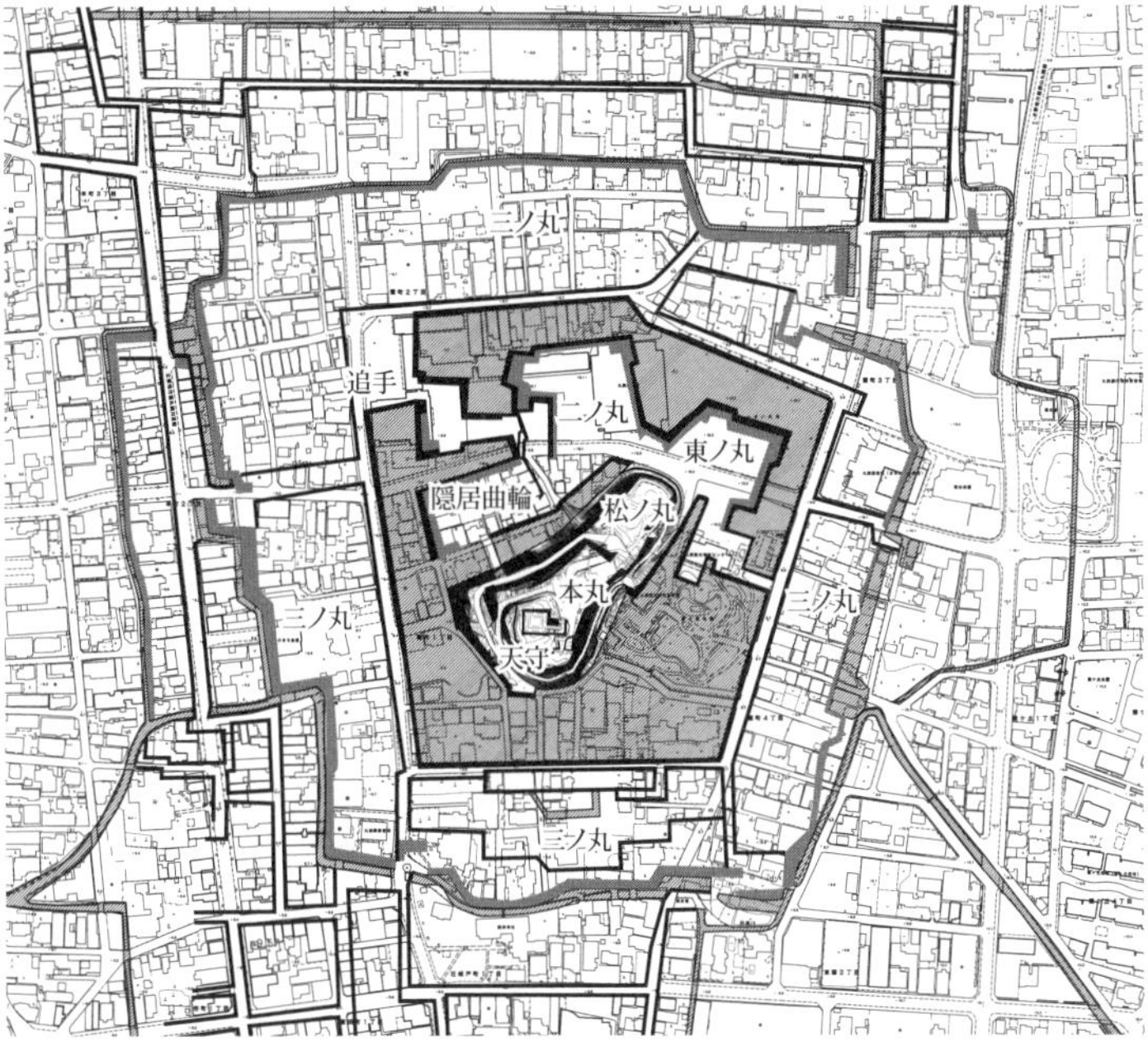

の東に不明門があり、城山を降りた東に搦手・裏門があった。本丸には二重三階の独立式望楼型天守が現存する。天守の入り口の直線階段は明治三十四年に現在の形に改修されたもので、本来は「くの字」に曲がっていて北から入ったとされる。

●—丸岡城縄張図（『丸岡城跡（2022・坂井市）』発掘調査報告書より，掲載図から筆者作成）

天守は木造三階建ての小ぶりで、外壁は漆喰塗籠とせず下見板張で軒裏など木部を露出させている。最大の特徴は石製本瓦葺きであることで、福井市足羽山から産出する笏谷石で作られていた。柴田勝家の北庄城も、笏谷石製本瓦葺きであったことが知られている。なお、現在の屋根は昭和の修理時に大半を滝ケ原石製に交換されている。天守台も修理にあたって積み直されたが、天守台内部に鉄筋コンクリート製基礎を施工しており、在来工法での修復ではない。震災前の修理時に撮影された写真から、石垣は矢穴技法を用いない野面積みであることがわかっている。また、震災前の天守台は南面に控えのような石垣が存在したが、地震後の修理では復元されなかった。近年の発掘調査で後世追加された石垣であることがわかったが、これとは別に、さらに外側に石垣があったことが確認され、こちらは天守台の石垣と噛み合っていたことから、天守台構築当初にさかのぼる可能性がある。つまり、現在の天守台はいつの時点かで改修されたもので、当初の形状とは異なる可能性がある。

【江戸期の丸岡城と江戸以前の丸岡城】　近年の調査によって、現在の天守は寛永年間（一六二四～四四）に整備されたことがわかった。これまでは野面積みの天守台や古い建築様

●—南三ノ丸に残る曲線的な外堀

式から、柴田勝豊の天正四年天守建造説を完全に否定できていなかったが、自然科学的な検証などを加えた結果として、現在の天守が寛永期のものであることがわかったのである。

しかしながら、天守台は矢穴技法を用いない野面積みで、関ヶ原合戦以前の構築を否定できず、作事と普請に時期のギャップが生じるのである。ここでいったん天守から離れて、外堀の形状に着目したい。すべて埋め立てられた内堀に対し、外堀はその一部が水路として残っている。城の南東から南、南西にかけて、外堀が水路としてその形状をうかがい知ることができる。絵図を見ると、堀のほとんどは直線と角を基調として配置されているが、城の南側、現在の国神神社のあたりだけ曲線の外堀となっている。

さらに絵図によると、曲線の外堀の内側にL型の堀が描かれている。吉田純一は、この部分がかつては外枡形、馬出だったのではないかと指摘し、より古い縄張では南が正面であった可能性を述べている。先に述べたように、近年の発掘調査で天守台の形状は改変されたもので、南側の形状が変更されたことがわかった。また、天守入口の南東には門の跡のような石垣を通って一段下の曲輪につながっている。成重以前まで遡りうる遺構は、南側を正面と意識して配置されていた可能性を考えることができる。

現在広く知られている丸岡城の縄張は丸岡藩成立以降のものと言ってよい。いっぽうで近年の調査成果で丸岡藩成立以前の様相も少しずつ明らかになってきている。今後の調査でさらに明らかになることを期待したい。

【参考文献】坂井市教育委員会『丸岡城天守学術調査報告書』（二〇一九）、坂井市教育委員会『丸岡城学術調査資料集一』（二〇二〇）、吉田純一『ここまでわかった！お天守の新しい知見と謎』（坂井市教育委員会、二〇二〇）、坂井氏教育委員会『丸岡城跡』（二〇二一）

（堤　徹也）

●魅了する畝状竪堀群

波多野城

〔福井県史跡〕

〔所在地〕永平寺町花谷・光明寺・荒谷
〔比　高〕約四二〇メートル
〔分　類〕山城
〔年　代〕一四～一六世紀後半
〔城　主〕波多野氏
〔交通アクセス〕えちぜん鉄道勝山永平寺線「光明寺駅」下車、城山登山口「花谷友遊広場」まで徒歩四分。駐車場有。頂上まで約二・四キロ。

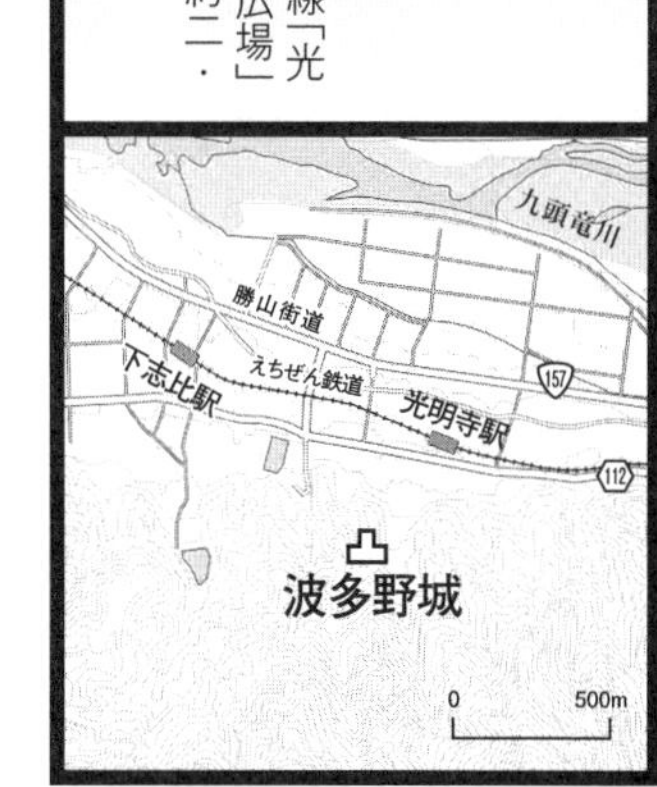

【波多野氏が築いた山城・館】 波多野城は、永平寺町花谷集落の南側城山山頂部（標高四七三・七メートル）とそこから派生する尾根上に所在する。

越前で最初に作成された地誌『越前国地理指南』（貞享二年〈一六八五〉）には、花谷村の項で「南ニ城跡アリ。」、また『越前国名蹟考』（文化十二年〈一八〇五〉）には、「……波多野氏数代ノ居城ナリ。……名勝志」と記されている。

波多野氏は、平安時代末期から鎌倉時代にかけて相模国波多野荘（現神奈川県秦野市）を本領とした豪族で承久の乱後西遷御家人として越前国志比荘に所領を与えられた。波多野義重（越前波多野氏の祖）は地頭となり、京都六派羅で検断頭人や評定衆を歴任する。特に曹洞宗開祖の道元禅師を越前に招き、所領の志比荘に寺院（大仏寺、のちの永平寺）を建立するなど永平寺の大壇越としても知られる。

南北朝時代には、自領内近辺において山城での戦いがあり南朝方の武将畑時能が伊知地山城で討死すると『太平記』は伝えている。この時代背景からも領内最高所の山に城を築いたと思われる。戦国期になると、朝倉貞景の五男道郷が波多野の家督を継承し姻戚関係を通じて朝倉氏家臣団の同名衆として組み込まれたことから、波多野城は朝倉氏の本城である一乗谷城の支城として重要な役割を担っていた。また、城主の住む波多野館は山城から北西方一・六キロ離れた谷口集落の南側山麓（標高六三メートル）にあり、堀がめぐる一辺一〇〇メートルの方形館（地籍図・明治十八年作成から復元）で朝倉館と同様に

●―北からの遠景

山城と館との組み合わせが見て取れる。現在も館跡には波多野氏の子孫が住んでいる。

【規模と構造】　山城を形成する尾根は、ほぼ「エ」の字形をした南北二五〇メートル、東西二五〇メートルの城域を設定する。城中には曲輪、堀切、竪堀、畝状竪堀、喰違い虎口、小土塁、石積、水場が良好に残存する。これら遺構は大きく三地区に分けられ最高所に主郭をもつ北曲輪群、石積のある南曲輪群、登城路の西曲輪群から成る。北曲輪群は連郭式で最高所からの眺望は素晴らしく、東方の霊峰白山や村岡山城、眼下には西流する九頭竜川、波多野館跡、福井平野北方を一望できる。北方の尾根筋には大小二本の堀切を設けており上部の堀切は両側の谷に向って竪堀となる。東面では二本の竪堀と並ぶことで尾根からの斜面移動を強固に阻止している。最高地点北側は過去の試掘調査から人為的な一〇センチ未満の集石遺構が見つかりその位置から隅櫓や物見台などの構築物の存在が考えられている。西側曲輪端部は、北に向かって三〇メートルの低土塁が確認できる。

南曲輪群は梯郭式で曲輪数も多い。永平寺方面の南東側には峠道があり、その尾根筋から攻め入る敵を連続する二重堀切で遮断する。両側急斜面には横移動防止目的で曲輪下に畝状竪堀を上部からの斜距離を意識して四本ずつ規則的に造

●—波多野城跡現況図
（永平寺町文化財調査報告書第３集「越前波多野城跡」より転載 一部改変）

●—畝状竪堀群横断図（実測・作図：加藤茂森）

る。当曲輪群中の最高所には、人頭大の山石が積石遺構（直径約七メートル、高さ約〇・七メートル、塚状）として残る。遺構が白山遥拝地の経塚（きょうづか）か投石目的に集石されたかは不明である。南西方向の尾根上には深さ三メートルを測る城中最大の堀切が待ち構える。

これらの曲輪群を繋ぐ土橋（どばし）状曲輪は長さ三八メートル、幅二メートルで東下辺には意識して高低差をつけた腰（こし）曲輪が南北に並ぶ。西側下辺はほぼ平坦地で帯曲輪状の地形を潰し一一本もの畝状竪堀が四一メートルに渡り谷に向って並列する。その景観は城中最大の見所である。現状の堀の深さは〇・二～〇・八メートルを測る。築城時当然堀は今以上に深く掘られており、地表面観察からは薬研堀か箱堀かはわからない。東側の斜面は切岸となり高さ約六メートル、傾斜角は四〇度でその場に立つと壁が目前に迫り登ることをあきらめる。

西曲輪群は連郭式で主郭より西に延びる主尾根と南西尾根上に造られる。主尾根は登城路のため突破されないよう尾根幅を極端に狭めたり、二重の堀切で喰違い虎口を設け連接する南側腰曲輪を武者隠しにするなど上部からの攻撃を容易にしている。南西尾根は小さな谷（緩斜面）を形成し二本の枝尾根が谷側に延びる。いずれも堀切で遮断し竪堀を付加することで緩斜面への廻り込みを防ぐ。扇形の緩斜面には六本の畝状竪堀を入れ斜面移動を阻害し尾根上部や側面からの攻撃を図る。参考数値として西側堀切からの谷幅は三三・四メートル、堀切から畝状竪堀底との高低差は一・六～一・八メートル、堀の深さは〇・一～〇・八メートル、竪堀の最大斜距離三〇・七メートル、傾斜角二一度である。水場は堀切を越えた南西側の谷間にあり、両尾根から守られる位置にある。

【波多野城の魅力と改修時期】 当城は眺望に優れた立地から街道や河川交通を監視する見張り所的性格を有し、館とのセット関係など有事の際に城兵が小人数でも戦える縄張を打つ詰城である。城中遺構の大半は一定の標高から計画的に企画性を持って帯を巻くように配置されている。畝状竪堀群はまさに好例で急斜面、緩斜面、平坦面に造られ堀切連接となる。来訪者にとって横断図の畝状竪堀群は視界良好で堀切から竪堀の高低差を体感できる好条件の遺構である。山城の魅力を是非味わっていただきたい。

さて、この畝状竪堀がいつ頃越前の山城に構築されたのかさまざまな資料からは見えてこないが、現況図からは帯曲輪状地形を潰して畝状竪堀群を設けたり、多数の曲輪を確保せず各尾根筋に堀切を入れるさまは、一〇〇本以上を有する一乗谷城と酷似する。越前では朝倉氏が対織田信長戦を想定した頃や、朝倉氏滅亡後旧家臣達が各地の山城で戦ったことから永禄～天正年間（一五五八～一五九二）の使用と考えたい。波多野城も切迫した状況下で彼らの手によって改修されたと推定する。

【参考文献】永平寺町教育委員会『永平寺町文化財調査報告書第三集　越前波多野城跡』（一九九〇）

（加藤茂森）

●織田政権に立ち向かった朝倉旧臣の城

西光寺城（さいこうじじょう）

〈所在地〉勝山市鹿谷町西光寺
〈比　高〉一二〇メートル
〈分　類〉山城
〈年　代〉一六世紀
〈城　主〉嶋田氏
〈交通アクセス〉えちぜん鉄道勝山永平寺線「保田駅」下車。タクシーにて三〇分、徒歩三〇分。

九頭竜川
えちぜん鉄道
勝山永平寺線
168
保田駅
勝山IC
中部縦貫自動車道
西光寺城
0
1000m

【見事な畝状空堀群】　朝倉氏城郭には、畝状空堀群（うねじょうからぼりぐん）を持つ城郭が多いとされているが、そのほとんどは一〇本以下の、しかも部分的な使用に止まっている。西光寺城のように三〇本・面的使用している畝状空堀群は非常に珍しいと言える。朝倉氏本拠一乗谷城との関連性を窺うことができる。

【朝倉氏重臣・嶋田氏の居城】　当城に関する一次史料は、残念ながら存在しない。一般的に朝倉氏重臣・嶋田将監正房（しょうげんまさふさ）の城とされている。嶋田氏は北袋（現在の勝山市付近）本貫（ほんがん）地（ち）とする在地土豪で、朝倉氏が越前を支配するに及んでその被官となったと推定される。一方、地元の伝承では朝倉景（かげ）鏡（あきら）の城とされている。大野郡司だった景鏡の居城は、やはり大野郡の中だった戌山城と考えられる。嶋田氏が大野朝倉氏の支配下にあったということが、城主として承される原因なのであろう。

いずれにせよ信憑性に欠けており、断定はできない。ただし広範囲に畝状空堀群を使用しているため、強く朝倉氏が関与した城郭と推定できる。なお、『城跡考』では「城跡、時代不知」と簡単に述べるにとどめている。

【織田政権に立ち向かう】　嶋田正房は朝倉氏滅亡後も生き残り、越前一向一揆（いっこういっき）とともに織田政権に立ち向かった数少ない朝倉家臣の一人である。正房は、要害性の弱い西光寺城では織田軍の攻撃に対抗できぬと悟ったのか、より屈強な天然の要害を頼りにできる野津又城等に籠城する。正房の野津又築城は、織田軍が越前に進攻する天正三年（一五七五）と推定

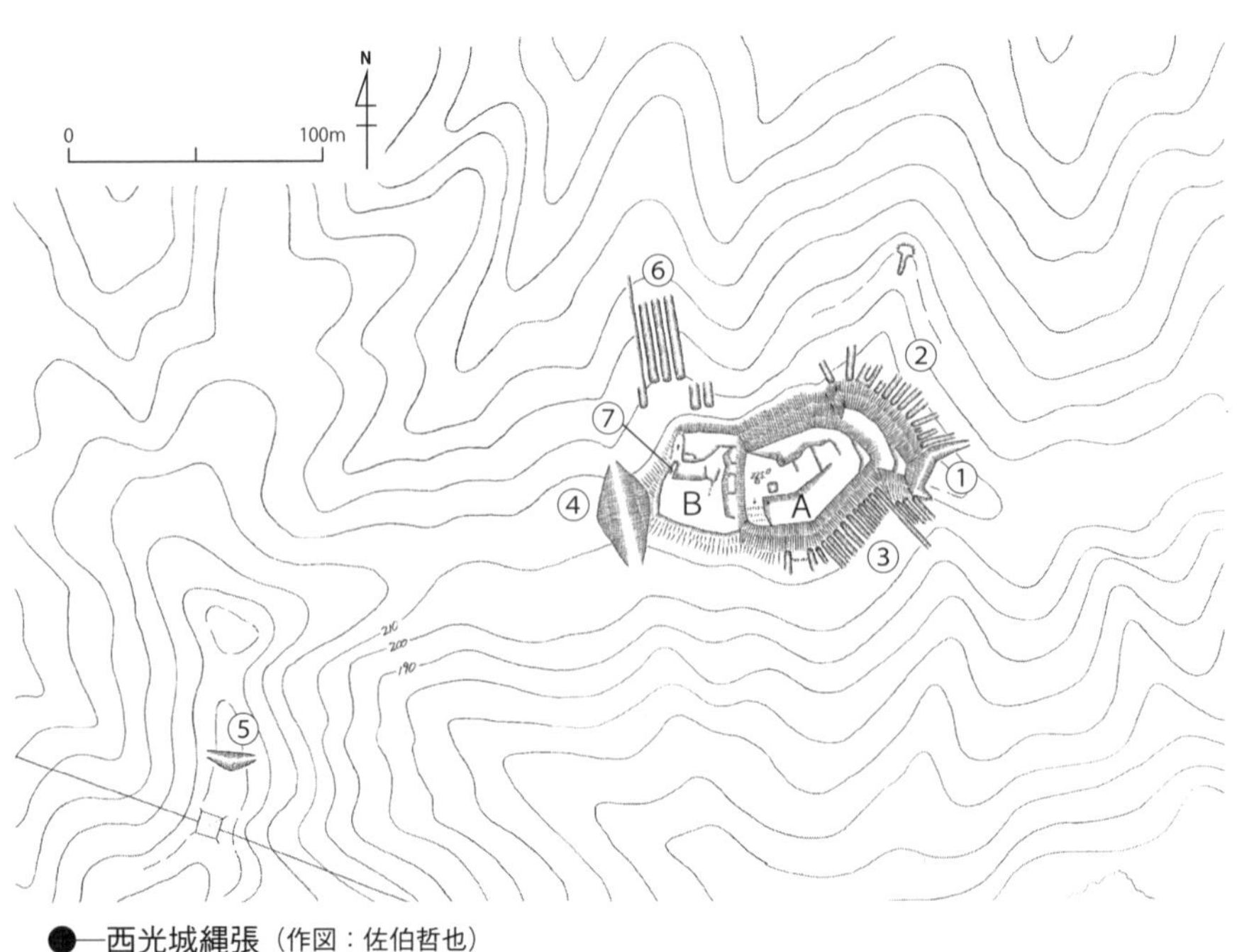

●―西光城縄張（作図：佐伯哲也）

され、天正七年まで籠城し続けたと推定される。

【在地土豪から見放された朝倉旧臣たち】　越前の在地土豪から見放されたのは、むしろ朝倉氏を裏切って生き続けた朝倉氏旧臣達である。朝倉景鏡・前波吉継（桂田長俊）・富田長繁といった朝倉一族・重臣達は、越前一向一揆や在地土豪から攻撃され、朝倉滅亡の翌年（天正二年）にはすべて無残な戦死を遂げている。

このようなことを考えれば、必ずしも裏切り者が栄え、生き続けるわけではなかったのである。大勢力に立ち向かった正房の生きざまは、多くの人々の共感を呼んだ。だからこそ周辺住民の協力を得て、天正七年まで籠城を続けることができたのであろう

城跡へのルートは山麓に大きな看板があり、遠くからでも登城口を見つけることができる。ただし専用の駐車場はないので、自己責任で駐車してほしい。登城口からも案内板は豊富で、遊歩道や説明板も整備され、道に迷うことはない。

【城跡の概要】　主郭は城内最高所のA曲輪。長めの堀切を隔てた西側にB曲輪が付属し、主郭を防御する。さらに大規模な堀切④で完全に尾根続きを遮断する。それでも不安だったのか、堀切⑤を設けている。

西側尾根続きの厳重な遮断方法に対して、東側は堀切①で

●—西光寺城登城口．遠くからでも見つけることができる

●—堀切④．完全に尾根を遮断している

遮断しているのみである。主郭はむき出しになっており、ほぼ無防備となっている。地表面で確認できる虎口（こぐち）が存在しないため、どのようにして入ったか判然としないが、東側の尾根続き大手方向と考えられよう。階段状に配置された小曲輪を通路として入ったのかもしれない。

【主郭を防御する畝状空堀群】　主郭直下の北・南側に畝状空堀群②・③を配置し、主郭を防御している。部分的な使用ではなく、三〇本も用いて面的に防御している。恐らく東尾根に大手道が通っていたので、大規模な堀切で完全に遮断するわけにいかなかったのであろう。その結果、不足する防御力を畝状空堀群を設けて補ったのであ

●―西光寺城主郭A現況

る。

尾根を西進する敵軍は、左右に迂回しようとするが、畝状空堀群②・③によって敵軍の進攻速度は著しく鈍ってしまう。動きが鈍った敵軍は、主郭から放たれた弓矢の好餌となったことであろう。主郭とセットになった防御施設と理解できよう。

北側の尾根続きにも畝状空堀群⑥が残る。この設置目的については詳らかにできない。一つの推測として、B曲輪には下に降りる通路⑦が存在する。従って尾根には城道が存在し、敵軍が大人数で城道を通過しにくくするために設けたという仮説を提唱することができよう。

【周辺の城郭にも畝状空堀群が存在】　西光寺城周辺の村岡山城や野津又城にも畝状空堀群が存在し、しかもすべて嶋田正房が関与した城郭である。伝承通り嶋田氏の城郭としてよいであろう。面的な使用により、嶋田氏は朝倉氏の重臣で、朝倉氏が強く関与していると言ってよい。

西光寺城には虎口は存在しないが、野津又城には見事な内（うち）枡形（ますがた）虎口（こぐち）が存在する。野津又城の築城が天正三年なら、西光寺城はそれ以前の築城と考えられよう。

面的な畝状空堀群の存在から、嶋田氏、あるいは朝倉氏が強く関与した城郭ということがほぼ確定的となった。また、野津又城との比較検討から、築城は天正三年以前、恐らく朝倉氏が畝状空堀群を多用した天文～永禄年間と推定される。朝倉氏重臣の城郭の好例と言えよう。

【参考文献】佐伯哲也『朝倉氏の城郭と合戦』（戎光祥出版、二〇二一）、佐伯哲也『越前中世城郭図面集Ⅰ　越前北部編』（桂書房、二〇一九）

（佐伯哲也）

●加賀一向一揆の越前側の重要な出城

野津又城（のつまたじょう）

〔所在地〕勝山市野向町深谷・北野津又
〔比　高〕約三四〇メートル
〔分　類〕山城
〔年　代〕一五七四～一五八〇
〔城　主〕勝山地域の一向一揆の大将　嶋田将監
〔交通アクセス〕中部縦貫自動車道「勝山IC」から自動車で約二〇分。深谷地区の梅本神社南側に数台分の駐車スペース有。

【城の位置】　勝山市域から加賀方面への主要な峠道は二つある。一つは大日峠（だいにちとうげ）（標高約九三〇メートル）や新又峠（標高約九二〇メートル）を越える加賀新保道（かがしんぼみち）（国道四一六号線）、もう一つは谷峠（標高約九一〇メートル）を越える牛首道（うしくびみち）（国道一五七号線とほぼ重なる）である。加賀新保道を見下ろす位置にあるのが野津又城で、牛首道を押える位置にあるのが谷城である。ともに一向（いっこう）一揆（いっき）の砦として知られる。

野津又城の背後にある北野津又地区には、中世に本願寺の直参（じきさん）寺院として知られた長勝寺があった。さらにその奥には平泉寺（へいせんじ）を焼き討ちした越前白山麓の一向一揆勢の集落である七山家（木根橋、小原、河合、横倉、杉山、谷、中野俣）の一つ、横倉地区がある。横倉地区から大日峠を越えれば、加賀一向一揆最後の拠点として知られる鳥越城まで川伝いに約二五キロとなる。

このように加賀の一向一揆にとって、越前側の出城といえるのが野津又城である。山城は勝山の平地部が一望できる高尾岳山頂にあり、姿のよいことから地元では「野向富士（のむきふじ）」とも呼ばれている。

【城の歴史】　野津又城に関する記録としては、勝山市西念寺（さいねんじ）所蔵の天正三年（一五七五）以降と考えられる文書に、城に立て籠る嶋田将監（しょうげん）（正房）に宛てた「本願寺顕如（けんにょ）書状」があり、「野津又ハ加刕打越之由、殊ニ太切ニ候」とある。また、北野津又地区から大野市に移転したとされる長勝寺に伝わる「野津又在城衆中にあてた顕如書状」には、兵糧が尽き

●—野向富士と呼ばれる高尾岳山頂の野津又城

ても籠城を続ける事に対するお礼と、「此山中敵の手二入候ハヽ、加州までも大事二候」といった内容の書状が残る。このことから、野津又城は、加賀への重要な通路を押さえる位置にあったことがわかる。

では、野津又城はいつ築かれたのであろうか。天正元年（一五七三）、越前の戦国大名朝倉義景(よしかげ)が織田信長により滅亡させられた後、信長の越前支配が十分でなかったことから越前国も加賀の一向一揆の支配する国となった。一向一揆の掃討にやってきた織田信長は、徹底した壊滅作戦を展開し、越前国には家臣の柴田勝家を置き、勝山地域にはその一族の柴田義宣(よしのぶ)を配置した。このような状況に対して一向一揆勢が築いたのが野津又城である。戦いは加賀の一向一揆が柴田勝家によってほぼ平定された天正八年（一五八〇）まで続いた。

野津又城に立て籠もった嶋田将監については、勝山市の賢勝寺(けんしょうじ)に伝わる「嶋田家系譜」によれば、もと朝倉氏の家臣であり、朝倉氏滅亡後に一向一揆の大将となり、村岡山城や壇ヶ城を築いた。野津又城には、嶋田将監とその子正良が立て籠ったと記すが、この父子は柴田義宣の養子、勝安(かつやす)に攻められて天正八年春、野津又城から退去したとある。

【城の構造】 砦跡は、標高五二七・五メートルの高尾岳山頂部分に存在する。特に大規模な造作は行われておらず、中心とな

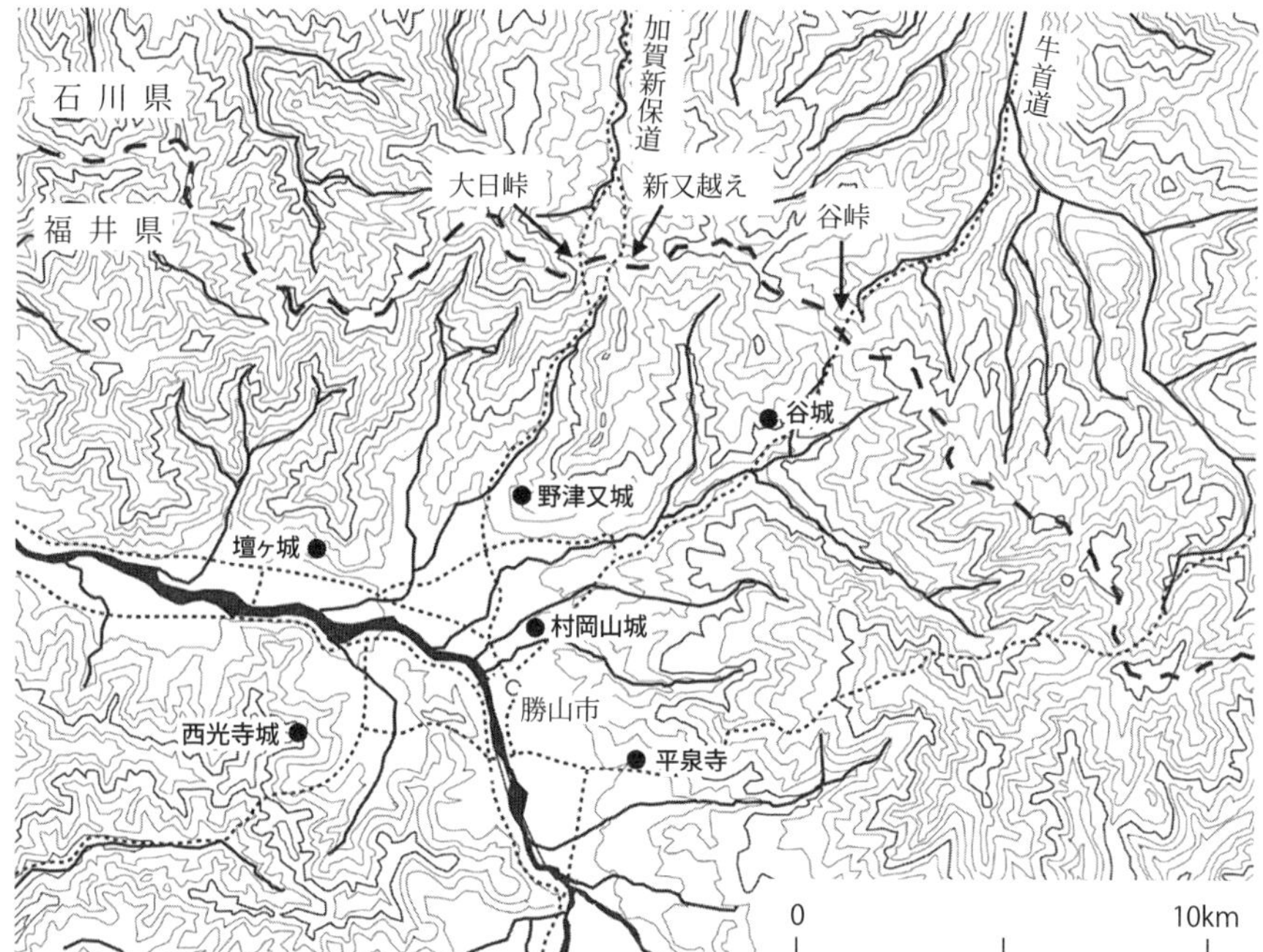

●—勝山市域の山城等

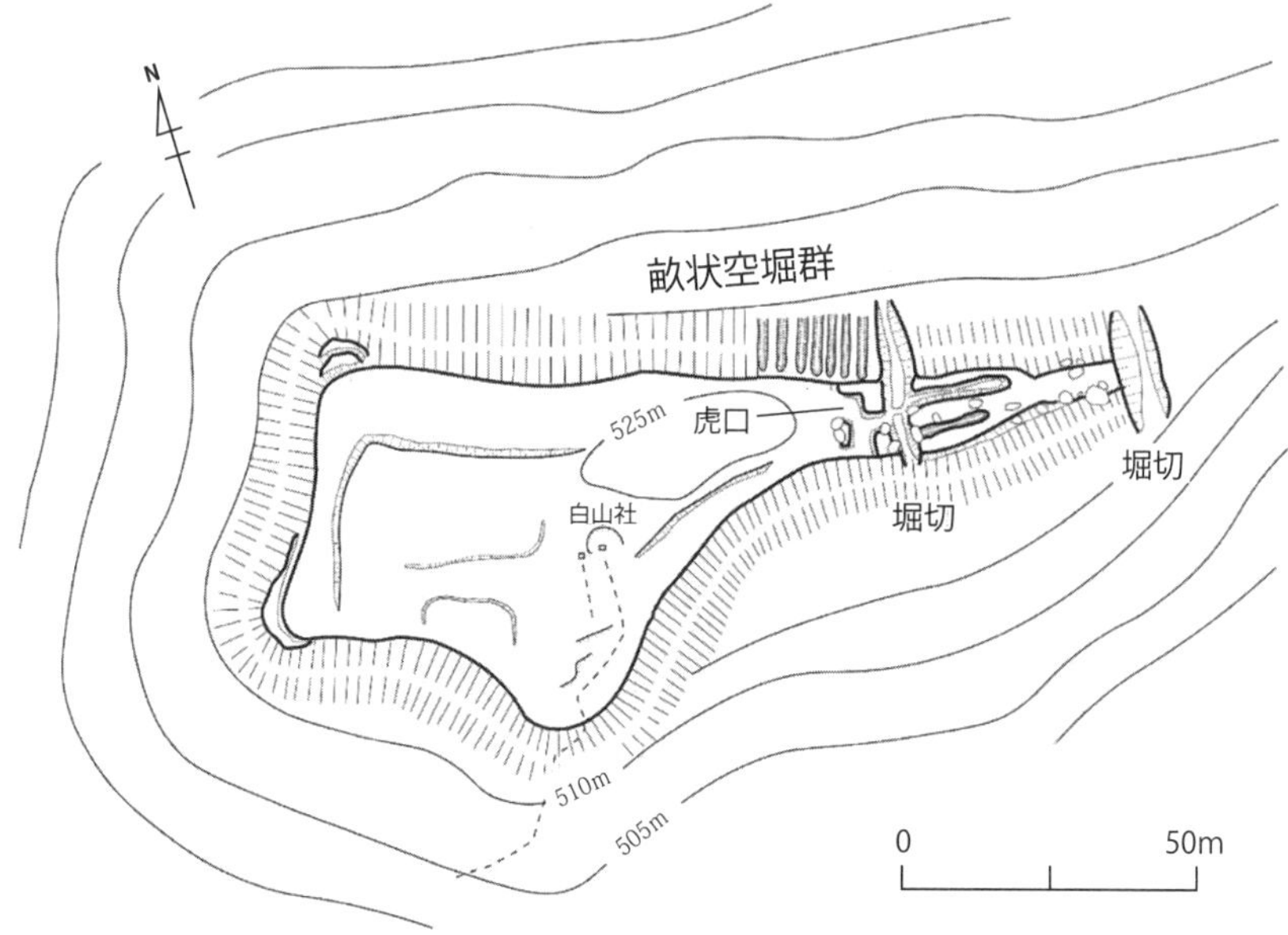

●—野津又城縄張図（「勝山市史通史篇 第２巻」掲載図面を一部修正）

●—野津又城頂上部

る郭と堀切、畝状空堀群、虎口が存在する程度である。山頂部は自然地形を利用した東西約一五〇メートル、南北約五〇メートルにわたる平坦地となっている。一部、建物が建っていたと考えられる人工的な平坦地もある。

城の南側、西側、北側は急斜面となっており、一部、切岸も確認できる。唯一、東側の尾根続きが緩やかになっていることから、尾根筋を遮断する大規模な堀切を設けている。その堀切の手前には二本の横堀をもつ細長い平坦地があり、土留めに大きな石を使っている。そこから城の中心部に入るには、もう一つの堀切を越え、虎口を通過することになる。虎口の北側斜面には、横方向の移動を防ぐ畝状空堀群が七本確認されている。このように城の北東側の斜面は若干緩やかであるため防御施設を設置しているが、地形をみると古くから北野津又地区や横倉地区から城に至る道が存在していたと考えられる。

【山頂の白山神社】 現在、山頂には深谷白山神社の小さな祠がある。例年四月二十九日には、南側斜面の下にある深谷地区の祭礼「団子まつり」が行われる。これは、江戸時代に雪崩に悩まされたことから山頂に白山社をまつり、団子を供えたことに由来するという。このまつりに先立ち、野津又城の登山道が整備される。登山口は野向町深谷地区の北東側に鎮座する梅木神社境内を起点とするが、近年、登山道がかなり荒れており、そのルートがわかりにくいため登山する場合は事前に確認しておく必要がある。

【参考文献】「嶋田家系譜」賢勝寺文書『勝山市史資料篇第四巻 宗教武家等』（勝山市、二〇〇〇）、「本願寺顕如書状（長勝寺文書）」「西念寺文書」福井県史資料編七 中近世五（一九九二）、松浦義則「戦国争乱期の白山麓地域」『勝山市史通史篇第二巻 原始～近世』（勝山市、二〇〇六）

（寳珍伸一郎）

●勝山の名の起こりとなった山城

村岡山城（むろこやまじょう）

〔勝山市史跡〕

〔所在地〕勝山市村岡町寺尾、村岡町浄土寺、郡町二丁目
〔比　高〕東側の寺尾側で一一五メートル　西側の郡側で一五〇メートル
〔分　類〕山城
〔年　代〕一五七四〜一五八〇
〔城　主〕越前一向一揆、柴田義宣・勝安
〔交通アクセス〕えちぜん鉄道勝山永平寺線「勝山駅」下車、コミュニティバスぐるりん中部方面「寺尾」停留所下車。徒歩一分。

【城の由来】　村岡山城は、野津又城の南側、約二・五キロに位置し、平泉寺（へいせんじ）と戦った一向一揆（いっこういっき）の砦跡として知られる。天正二年（一五七四）、平泉寺との戦いに勝利したことから、一向一揆が拠点としたこの山を「かち山」と呼び、勝山の地名につながったとされる。

村岡山は標高三〇一メートル、東西約〇・九キロ、南北約〇・五キロの独立峰である。地図上では「御立山」と表記されるが、これは江戸時代に勝山藩の所有地となったからである。

村岡山城は、七年間という短期間に使用された山城であるが、城主が大きく代わっている。一つは、七山家を中心とする一向一揆勢が平泉寺と戦うために立て籠った。その後、一向一揆を追い払うために越前に入ってきた柴田義宣（よしのぶ）とその養子の勝安（かつやす）が城を改修した。

【築城の経緯】　天正元年（一五七三）八月、戦国大名朝倉義景（よしかげ）は織田信長との戦いに敗れ、従弟で大野郡司を務めた朝倉景鏡（かげあきら）（土橋信鏡）の誘いにのり大野まで落ち延び、そこで自刃した。越前に進攻した信長は、旧朝倉家臣の前波吉継（まえばよしつぐ）に守護代として越前の支配を任せたが、本願寺派遣の坊官や越前本願寺派の大坊主の指揮する一揆により越前国をうばわれてしまう。天正二年（一五七四）二月、一揆勢は平泉寺と、そこに逃げ込んでいた朝倉景鏡に対する攻撃を開始した。しかしこの攻撃では一揆勢は大敗し、しばらく膠着状態が続く。『朝倉始末記』によると、天正二年四月十四日、勝山市北部の七山家衆は、平泉寺が村岡山に城を築くと、「此山中ノ田

●—村岡山城と野津又城

畠、悉カリ田〔刈〕トナルベシ、左様ナラバ、山中ノ難儀ナリ」ということで、先手を打って堀を掘り、逆茂木を設置し、立て籠った。それを見た平泉寺は、朝倉景鏡とともに村岡山を攻めたが、一揆勢は強く、平泉寺側に多くの戦死者が出た。さらに本覚寺の率いる支援軍が直接平泉寺を攻撃したため、全山焼亡することになったと記す。

その後、天正三年（一五七五）、織田信長が再度越前に進軍し、一向一揆の徹底的な壊滅作戦を行った。越前には柴田勝家を配置し、勝山方面には一族の柴田義宣を置いた。義宣は村岡山を一向一揆勢から奪い取り、谷城辺りまで追い詰めた。しかし、天正五年十一月、谷城を攻撃中に鉄砲にあたり戦死してしまう。その後を継いだ柴田勝安は、勝家とともに白山麓と加賀の一向一揆勢を追い詰めていく。天正八年（一五八〇）、柴田勝家が加賀の一向一揆をほぼ平定すると、勝安は拠点を村岡山から九頭竜川右岸の河岸段丘上に移し、勝山城を築いた。このように村岡山が利用されたのは、天正二年から八年までの七年間であった。

【城の構造】 遺構は、村岡山の山頂部分、長さ約三〇〇メートル、幅約一〇〇メートルにわたり広がる。城の大手は、比較的緩やかな東側の寺尾方面である。頂上手前の斜面には約二〇本の畝状竪堀群をめぐらせ、敵の侵入を防ぐ。さらに畝状竪堀群

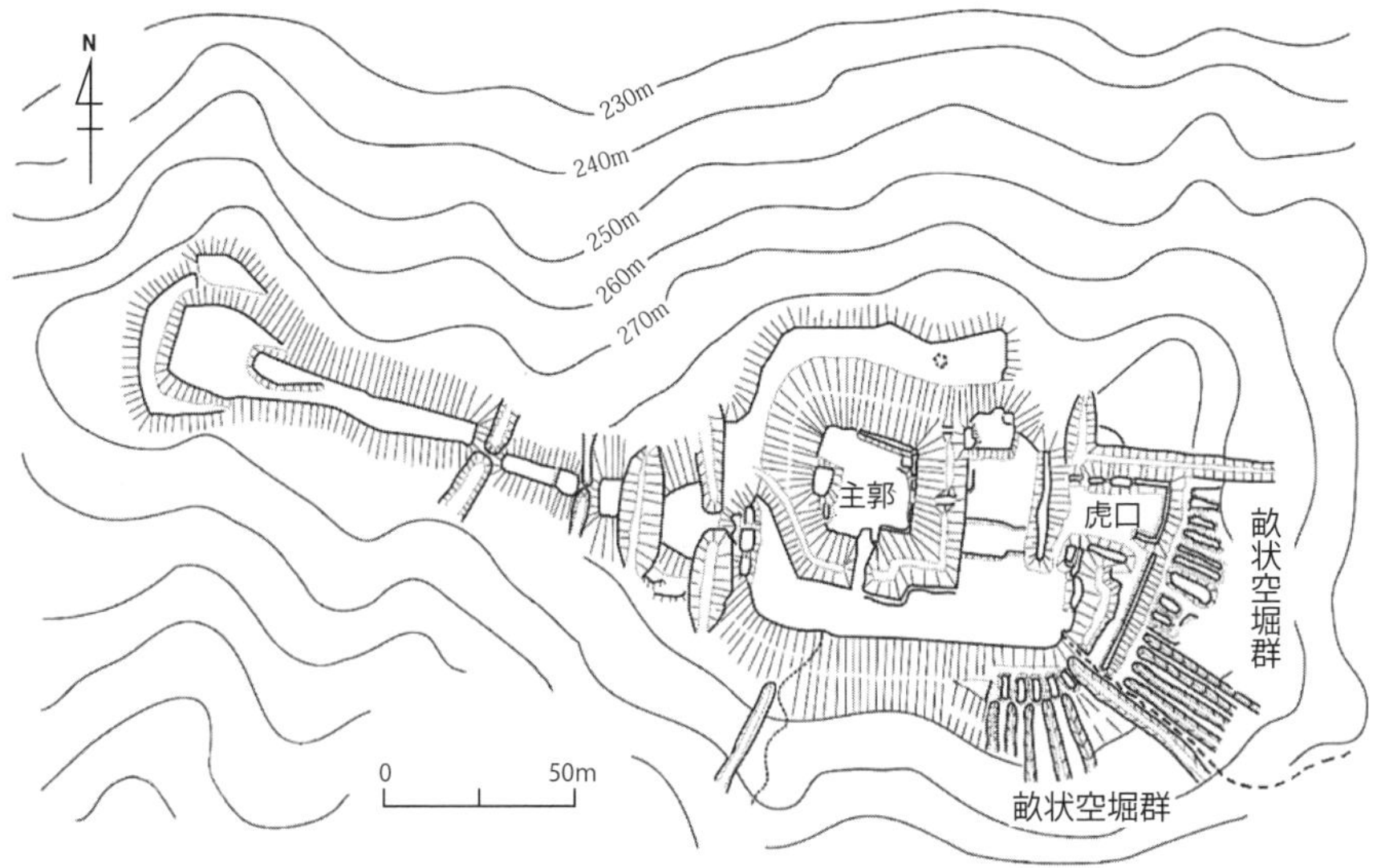

●—村岡山城縄張図（「勝山市史通史篇 第２巻」掲載図面を一部修正）

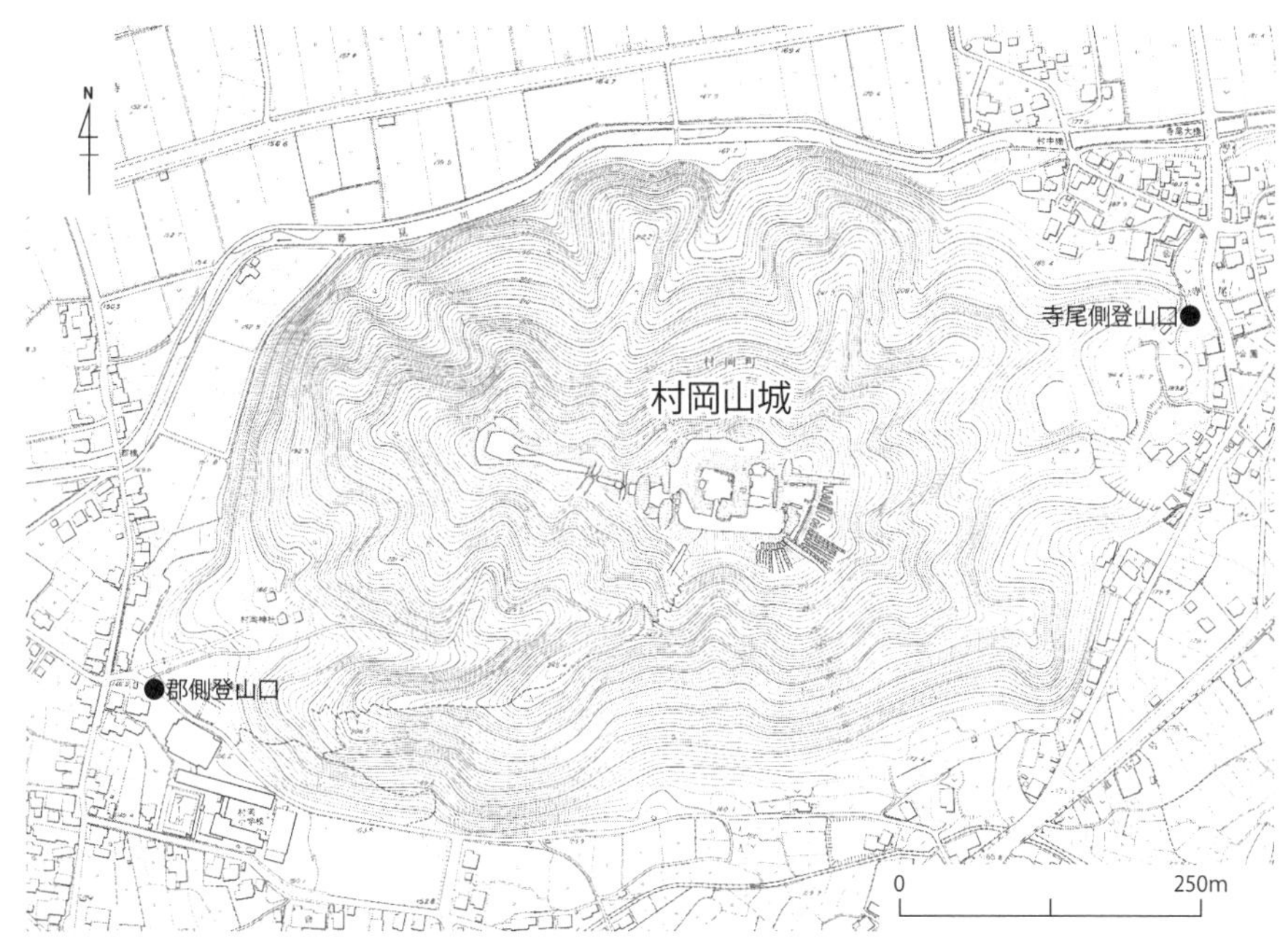

●—村岡山全体図

●—村岡山城の主郭

の上部には横堀を巡らせ、城内への侵入を限定させる。その奥には内枡形の虎口が存在する。虎口は南側から入り、「コ」の字形に折れ曲がり内部に入る。

城の中央部には主郭を配置し、周囲を空堀がめぐる。主郭は横堀も含めて約六〇メートル四方となる。主郭の南西角には櫓台跡があり、南東側には横矢掛りを設ける。この主郭は柴田勝安の構築したものと考えられる。城の西側は、四本の堀切により尾根続きを遮断する。

村岡山城は、市内では最大規模の山城であり、全体的に草刈りも行われており、よく手入れのされた山城である。山頂からは、三六〇度の眺望が楽しめる。

【参考文献】上田三平「村岡山城址」『若狭及越前に於ける奈良朝以後の主なる史蹟』福井県史蹟勝地調査報告 第二冊（一九二二）、青木豊昭「村岡山城（勝山市）の新知見」『若越の城館　創刊号』（一九八八）、勝山市史通史篇第二巻『原始〜近世』（勝山市、二〇〇六）、佐伯哲也『越前中世城郭図面集Ⅰ—越前北部編（あわら市、坂井市、勝山市、大野市、永平寺町）—』（桂書房、二〇一九）、藤居正規『朝倉始末記』（勉誠社、一九九四）

（寶珍伸一郎）

●砦や堀切をもつ中世の山岳寺院

白山平泉寺（はくさんへいせんじ）

〔国史跡〕

〔所在地〕勝山市平泉寺町平泉寺
〔比　高〕西側で一〇〇メートル
〔年　代〕九世紀～一六世紀後半
〔城　主〕平泉寺
〔交通アクセス〕えちぜん鉄道勝山永平寺線「勝山駅」下車、市内観光バスダイナゴン（平泉寺方面／休日限定※一二月～三月中旬運休）「平泉寺白山神社前」停留所下車。または、中部縦貫自動車道「勝山IC」から自動車で約一五分、駐車場有。

【平泉寺の由来】　平泉寺は養老元年（七一七）に開かれた白山信仰の拠点寺院である。古代から中世にかけては比叡山延暦寺末となり強大な宗教勢力に成長した。最盛期の戦国時代には、境内に四八社、三六堂、六〇〇〇坊が建ち並び、寺領は九万石・九万貫、僧兵は八〇〇〇を数えたという。しかし、天正二年（一五七四）一向一揆（いっこういっき）の攻撃を受けて全山焼亡する。九年後には再興に向かうが、境内は一〇分の一程に縮小し、六〇〇〇坊と呼ばれた僧坊は六坊二ヵ寺しか再興されなかった。また、九万石・九万貫を誇った寺領は四三〇石に留まった。さらに明治の神仏分離令により、寺号を廃して白山神社となり現在に至る。

平泉寺は南北朝時代に南朝の拠点となっていたことから、昭和十年（一九三五）「白山平泉寺城跡」として国の文化財指定を受けた。昭和五十年頃から平泉寺地区内で開発工事が増加し、各所で遺構が確認されたことから、平成元年（一九八九）度から五ヵ年計画で遺跡の広がりを確認する発掘調査が行われた。その結果、中世の平泉寺境内は、東西一・二キロ、南北一キロの広範囲に広がり、石畳道や石垣を多用した石造りの宗教都市と考えられるようになってきた。この発掘調査により、史跡の範囲は二〇〇ヘクタルに拡大され、史跡の名称も「白山平泉寺旧境内」というように、城跡から社寺の旧境内に変更された。

【平泉寺の構造】　平泉寺は平地部から標高で約一〇〇メートル、距離にして約一キロ山中に入った場所にある。平泉寺の中心伽藍

●—平泉寺白山神社境内

は、東から西にかけてのびる主尾根上に存在し、両側の谷には、六〇〇〇坊と称された多数の僧坊（坊院）が存在した。南谷には三六〇〇、北谷には二四〇〇の僧坊が存在したという。平泉寺境内は、自然地形を巧みに利用し造られているといえる。境内の北側は三ツ頭山から大師山方向にのびる尾根によって仕切られ、境内の南端は比高差五〇メートルの崖で仕切られる。この崖の所々には、腰郭状の平坦地が造られている。また、崖下には川幅二〇メートルの女神川が流れ、城でいう堀と土手の役割を果たしている。寺の正面である西側は、平地部に向かって緩やかな斜面がつづくが、この寺域を区画する所には、幅一〇メートルを越える大規模な堀切を設けている。

【各種城郭化遺構】

・平泉寺正面の堀切

平泉寺の正面、南谷三六〇〇坊の出入り口である構口付近には現況で幅一〇メートル、長さ一〇〇メートル、深さ五メートルの堀切一が存在する。平成五年のトレンチ調査では、箱薬研形の堀切が確認されており、堀底からは一五～一六世紀代のカワラケ、越前焼甕、擂鉢、鉱滓などが出土している。構口門とともに境内の正面をまもる施設といえる。また、平泉寺の正面の参道沿いには、長さ八〇メートル、幅七メートル、深さ三メートルの堀切二が存在する。平成五年のトレンチ調査では、薬研形の堀切が確認されている。これも平泉寺の正面をまもる防御施設といえる。

さらに、南谷三六〇〇坊跡内の東よりにも幅約七メートル、長さ一〇〇メートルの堀切三が存在する。平成二年のトレンチ調査では一四～一六世紀代の遺物が数多く見つかっている。

また、平泉寺の背後、白山への登拝路である越前禅定道沿いの剱宮から一〇〇メートルほど登った所には、幅一一メートル、深さ四メートルの大規模な堀切4が存在する。この堀切は平泉寺の背後

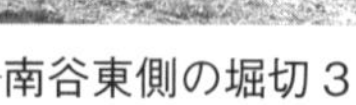
●—南谷東側の堀切３

●—北谷の砦２

を守るとともに、寺域を区画するものと考えられる。

•平泉寺の北側を守る砦

北谷二四〇〇坊の北側には、砦跡が二つある。砦一は、平泉寺では最大規模の坊院である「地蔵院」の背後の山に存在する。地蔵院からは北西方向に約五〇メートル、標高では二〇メートル高い位置にある。砦一は東西一〇〇メートル、南北七〇メートルの範囲に堀切や空堀、中心となる郭などで構成されている。

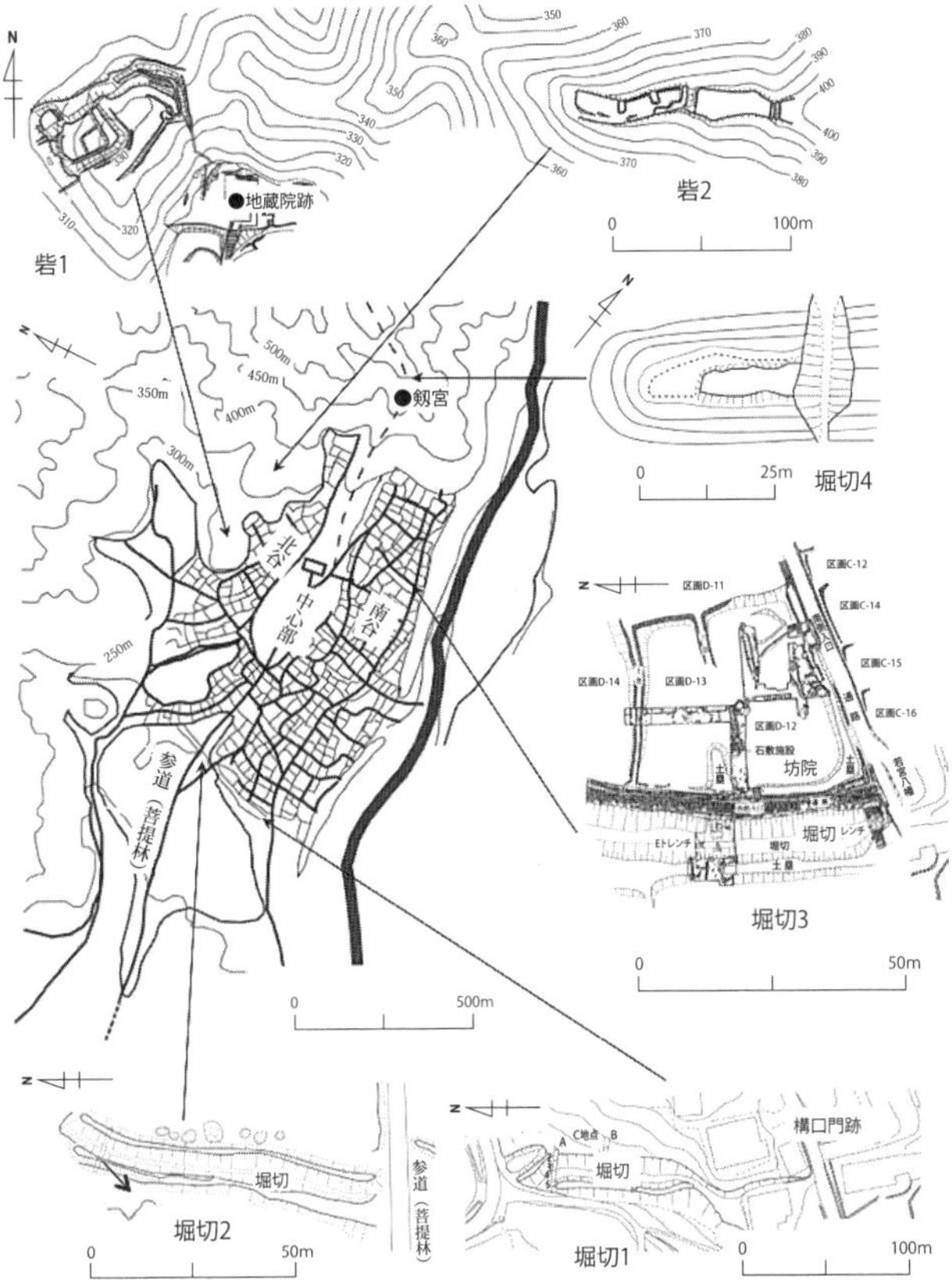

砦一の東側の尾根続きで約二〇〇メートル、高さは約六〇メートル登った位置に砦二が存在する。東西一二〇メートル、南北一五メートルにわたり四つの郭が連なる。砦の東側には堀切があり、土塁も確認できる。これらの砦跡は、平泉寺の北側と、尾根伝いに侵入してくる敵を防ぐ施設と考えられる。これらの砦跡は、横堀が確認されることから、戦国時代末期の一向一揆との戦いに備えて築かれたものと考えられる。

現在、砦のある尾根により平泉寺地区の山と猪野瀬地区の山が分けられることから、古くは、この尾根ラインが境内を仕切る境となっていたと考えられる。

以上、見てきたように中世の平泉寺は、山岳寺院であるとともに、敵の侵入を防ぐ堀切や砦をもつ城郭化寺院でもあった。

●—平泉寺の城郭化遺構

【参考文献】勝山市教育委員会『勝山市埋蔵文化財調査報告書第二五集　史跡白山平泉寺旧境内　国庫補助事業発掘調査報告書　遺構編』(二〇一八)、佐伯哲也『越前中世城郭図面集Ⅰ—越前北部編（あわら市、坂井市、勝山市、大野市、永平寺町）—』(桂書房、二〇一九)

（寶珍伸一郎）

●織豊城郭の越前の東側の防衛拠点

越前大野城（えちぜんおおのじょう）

〔福井県史跡〕

〔所在地〕大野市城町
〔比高〕約八〇メートル（入口から天守まで）
〔分類〕平山城
〔年代〕築：天正年間　天正三年（一五七五）以降
〔城主〕金森長近、松平氏、土井氏
〔交通アクセス〕ＪＲ越美北線「越前大野駅」下車、徒歩約三〇分（約二キロ）。

【城の歴史】 越前大野城は、大野盆地の西側に位置する標高約二五〇㍍の亀山と、その東側の山麓に縄張を持った梯郭式の平山城で、織田信長の部将、金森長近により天正年間（一五七三～九二）に築城された。

天正三年以降（一五七五～）、織田信長は、一向一揆が支配する大野郡を金森長近と原正茂に平定させ、大野郡の三分の二を金森氏に、三分の一を原氏に与えたといわれている。金森氏はそれまで大野郡にあった越前の戦国大名、朝倉氏の居城であった戌山城などを廃し、亀山とその東麓にかけて越前大野城を築いたといわれている。

天正十四年に金森氏が飛驒高山に転封後は、城主がたびたび交代している。大野藩が成立するまでの城主は下記のとおりである。（城主名、在城期間）

1 金森長近（天正三～十四）
2 長谷川秀一（天正十四？～十七）
3 青木一矩（天正十七～文禄三）
4 織田秀雄（文禄三～慶長五？）
5 土屋正明（福井藩直轄領　慶長六～十二）
6 土屋忠次（福井藩直轄領　慶長十一～十四）
7 小栗正勝（福井藩直轄領　慶長十四～寛永元）

江戸時代に入ると、大野は福井藩の直轄領となる。寛永元年（一六二四）、結城秀康の三男松平直政が大野へ移封され大野藩が成立。以後、四男直基、六男直良、直良の子直明が藩主となった。天和二年（一六八二）、直明が明石へ移ると、土井利勝の四男土井利房が入城。以後、明治維新を迎え、明治五年（一八七二）に廃城となるまで土井氏の居城となった。

大野城は本丸に望楼付き二層三階の大天守と二層二階の小天守、天狗櫓などがあった。また麓には二の丸、三の丸があり、二重の堀と川をつないで城を守っていた。

●—越前大野城遠景（東側から）

現在の天守閣は、昭和四十三年（一九六八）に旧士族の寄付により、往時を推定して再現されたものである。

【城の構造】 築城時の姿については、不明である。築城から約七〇年後の寛永年間（一六二四〜四四）に描かれた「越前大野城図」（寛永十二〜二十一年）には、本丸石垣や内堀、外

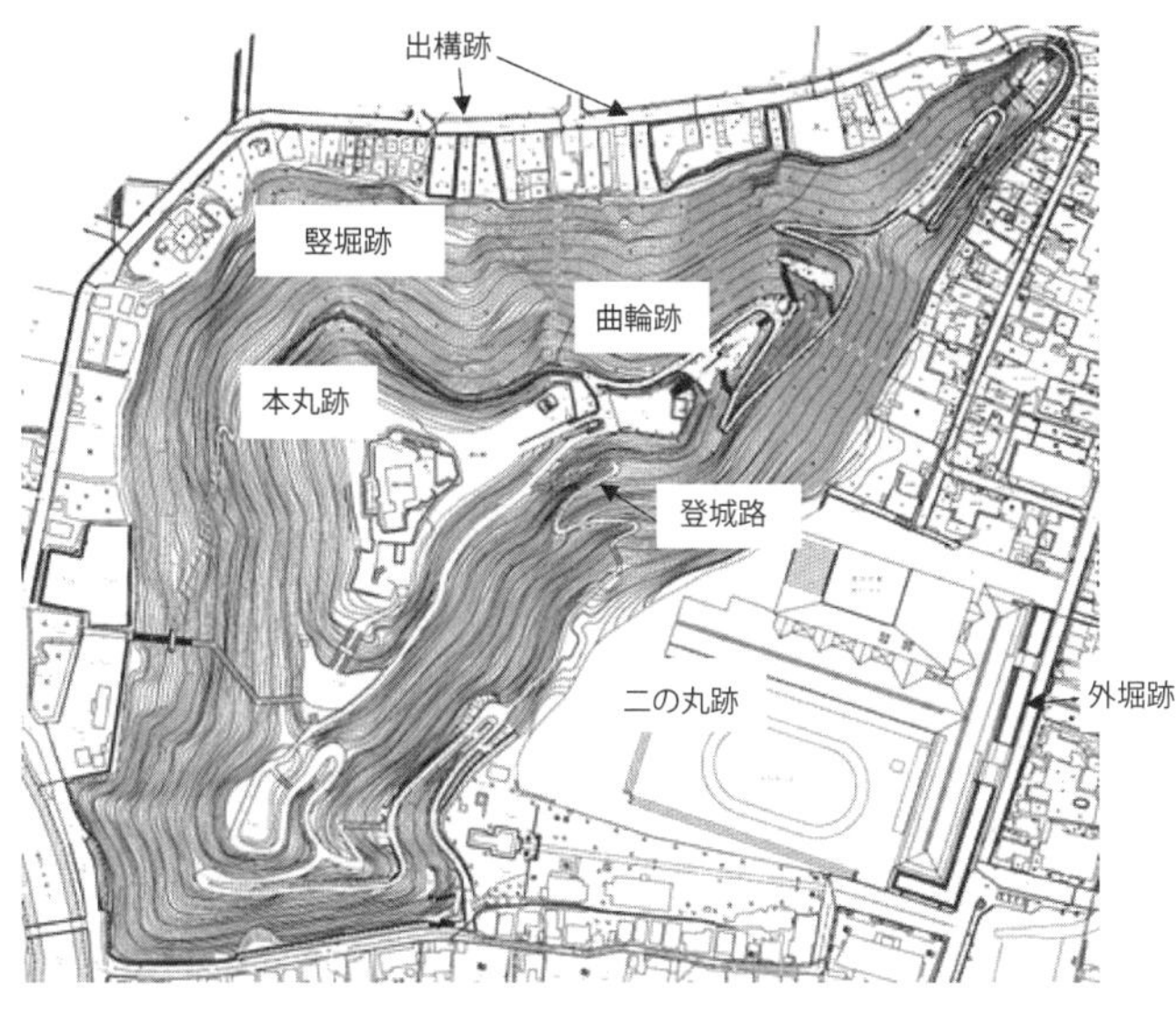

●—越前大野城縄張

●—越前大野城

●—本丸石垣

堀などが、また亀山東側には大手道や搦手、それに関連する門や石垣などが描かれている。これらの配置は、その後の絵図にも、ほぼ共通して描かれていることから、廃城まで、基本的な城の構造に大きな変化はなかったものと思われる。

越前大野城には、築城時から廃城までさまざまな施設があり、その一部は絵図などから推定できる。主なものは次のとおりである。

【本丸（亀山山頂周辺）】 寛延二年（一七四九）に描かれた『越前国大野城幷廓内絵図』によると本丸は「大天守」、「小天守」、「天狗之間」からなり、一段下がった平坦地に「武具蔵」、「塩硝蔵」、「番所」、「麻木櫓」などが記載されている。そのほかの絵図（延宝七年〈一六七九〉に描かれた『大野城石垣幷長屋門破損之覚図』）にも、ほぼ同様の建物が記載されている。

【亀山東麓（二の丸、三の丸など）】 二の丸に建物が描かれている絵図は、寛永年間（一六三五～四四）『越前大野城図』で建物2棟が、南北方向に長軸をとる形で描かれている。また、寛延二年（一七四九）『越前国大野城幷廓内絵図』では、白書院や黒書院などの二の丸御殿（居館）が描かれている。三の丸については、どの絵図も同じような構成となっている。主な建物は、「切手門」、「鳩門」、「組大将番所」、「北櫓」、「南櫓」などで、二の丸と三の丸は、石垣によって区別されていたと思われる。

三の丸は、時代とともにその位置が変化しており、一九世紀初めまでは内堀の内側を三の丸と呼び、内堀と外堀の間の部分を外曲輪と呼んでいたが、その後、内堀よりも内側を二の丸、内堀と外堀の間の部分を三の丸と表示するように変化している。

また、平成十四年（二〇〇二）から十六年にかけて二の丸部分の発掘調査が実施され、内堀跡とそこに架かっていた橋脚（きょうきゃく）跡が確認された。現在は、大野市生涯学習センター学びの里「めいりん」という市の施設が建設されている。

内堀の規模は幅約一二・〇メートル、深さ約三・五メートルで、堀の東西の両岸には、自然石を利用した一段から三段までの石積みが確認されている。土層や石積みの状況、江戸時代の絵図などから、さらに数段の石積みがあったものと考えられる。

越前大野城の築城以前と推定される曲輪跡や竪堀（たてぼり）跡などの遺構が、亀山の北側や東側など数ヵ所で確認できる。亀山は近世以降の呼称であり、中世以前は「イヤマ」と呼ばれていたようであり、『朝倉始末記』が朝倉景鏡が義景を討ったときに拠ったとする「居山ノ城」がこの亀山であった可能性がある。

●—発掘調査地全景

【参考文献】『大野市史　藩政史料編二』（大野市、一九八三）、大野市歴史民俗資料館編『絵図が語る大野』（大野市歴史民俗資料館、一九九四）、大野市文化財保護委員会『金森長近と越前大野城』（一九六八）、『大野市史　通史編上巻』（大野市、二〇一九）

（佐々木伸治）

●朝倉氏ナンバー2の居城

戌山城（いぬやまじょう）

〔大野市史跡〕

〔所在地〕大野市犬山
〔比　高〕一四〇メートル
〔分　類〕山城
〔年　代〕一四～一六世紀
〔城　主〕斯波氏・朝倉氏
〔交通アクセス〕ＪＲ越美北線「牛ヶ原駅」下車、徒歩約三〇分。

牛ヶ原駅　JR越美北線
日詰川
172
158
476
白山神社
0　500m
戌山城

【美濃街道制圧の城郭】　犬山山頂に位置する山城である。山頂からの眺望は素晴らしく、大野盆地を一望することができる。また犬山の北麓から東麓にかけて、越前と美濃を繋ぐ美濃街道が通る交通の要衝でもあった。

天文九年（一五四〇）朝倉氏は約一ヵ月間にわたって白山長滝寺（岐阜県郡上市）に在陣し、篠脇城（岐阜県郡上市）を攻めていることが確認できる。文献史料からは確認できないが、このとき朝倉氏は篠脇城や二日町城（岐阜県郡上市）を改修したと考えられる。おそらく美濃との軍事的緊張は高まり、美濃口を固めるために戌山城を改修し、美濃出兵を行ったのであろう。

【斯波氏が築城か】　戌山城に関する一次史料は存在しない。『城跡考』（前出）によれば、斯波高経の三男義種が築城したとしている。義種の兄義将が越前守護となり、義種に大野郡支配を認めたのは康暦二年（一三八〇）と推定される（『戦国期越前の領国支配』）。したがって義種が築城したのであれば、康暦二年頃と推定できよう。

【大野郡司朝倉氏代々の居城】　一乗谷朝倉氏初代孝景は、文明九年（一四七七）弟光玖を大野郡司に任命する（『戦国期越前の領国支配』）。これ以降、最後の大野郡司景鏡まで代々居城として使用したようである。『城跡考』によれば、景鏡は居城を平地居館とも言える亥山城へ移したという。戦国末期にあって居城を平城に移すとはにわかに信じがたい。詰城としての戌山城、政庁居館としての亥山城という二元居住と考

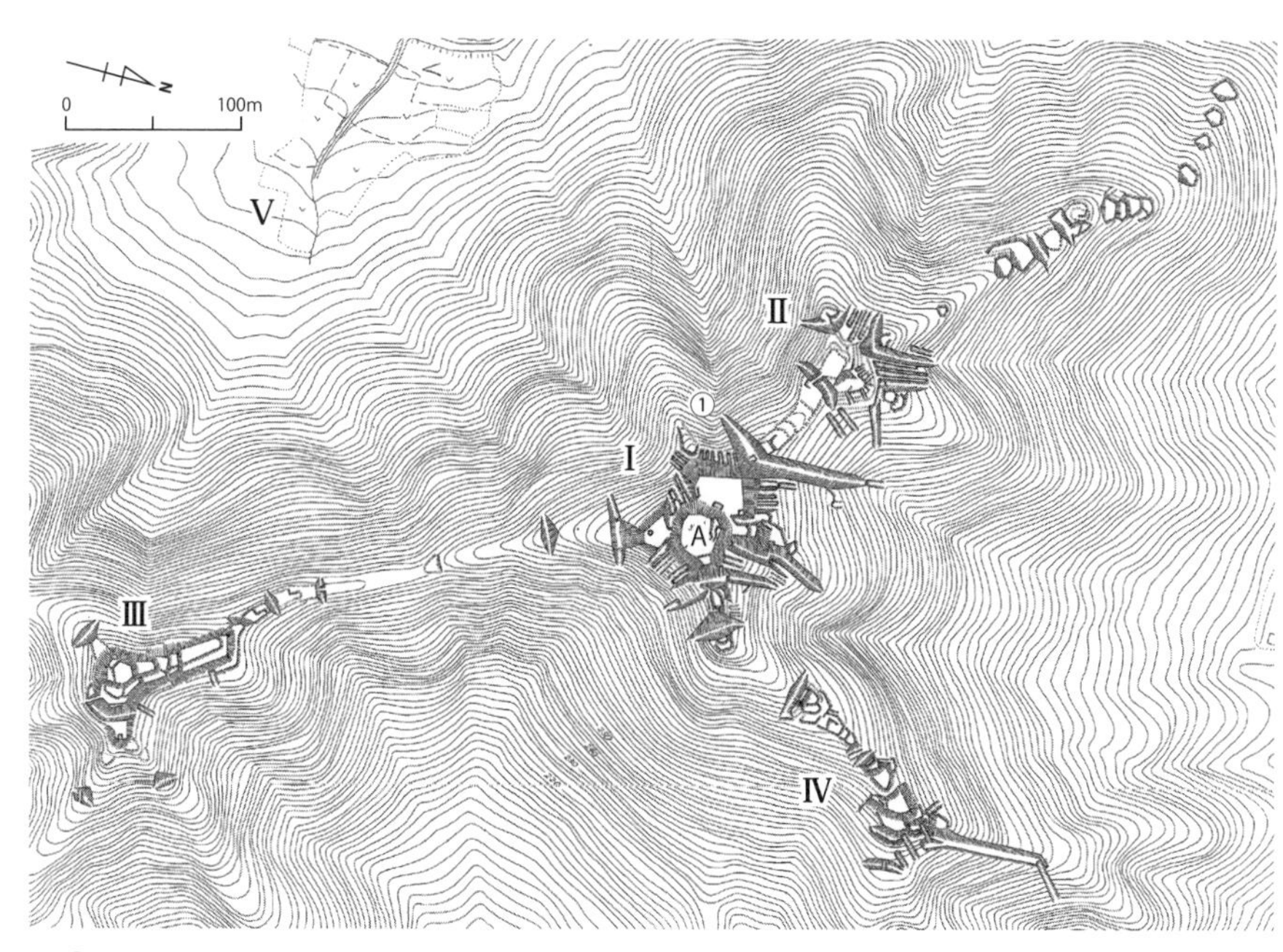

●—戌山城縄張図（作図：佐伯哲也）

えるべきであろう。

朝倉氏ナンバー2としての権勢を振るった朝倉景鏡だが、天正元年（一五七三）朝倉家滅亡にあたり、最後の当主義景を自刃に追い込んだ張本人という悪名を着せられてしまう。義景の首を織田信長の本陣に届けたところ、「一家ノ総領（そうりょう）ヲ殺ス不覚仁也トテ目ヲ引鼻ヲ引手ヲ打テゾ笑レケル」（『朝倉始末記』）と満座の中で辱めを受けてしまう。景鏡の心中いかばかりであったであろうか。

義景の首と引き換えに助命された景鏡だが、翌天正二年平泉寺（へいせんじ）に加担したという理由で越前一向一揆に攻められ戦死してしまう。裏切り者の将来は、哀れな末路でしかなかったのである。

【金森長近が一時在城】 天正三年大野郡の三分の二を賜った金森長近（ながちか）はいったん戌山城に入るが、翌天正四年に越前大野城を築いて移る。この結果、戌山城の存在価値はなくなり、廃城になったという。ただし、一年余り織豊政権武将が在城していることは、重要な事実である。

登城口には案内板や説明板が設置されており、さらに五〜六台駐車できるスペースもあって訪城しやすい。遊歩道は整備され、要所要所に案内板・ロープも設置されている。初心者にも安心して訪城できる城と言える。

【各地区の独立性が強い縄張】　城域は、Ⅰ地区・Ⅱ地区・Ⅲ地区・Ⅳ地区・Ⅴ地区に大別される。山麓のⅤ地区を殿屋敷と呼び、城主斯波氏（越前守護代）の居館と伝える。残念ながら遺構は存在しない。いずれの地区も、主郭であるⅠ地区との間に遮断性の強い大堀切を設けており、独立性が強い。このため従郭に対する主郭からの求心力が弱くなっている。中世城郭の特徴の一つと言えよう。

【かつては石垣が存在？】　Ⅰ地区のA曲輪が主郭。東端に櫓台を設ける。吉田森は著書『越前大野城と金森長近』（吉田森他、一九六八）で、櫓台付近で石垣を発見したと述べている。筆者（佐伯）もこの記述を受けて調査したが、ついに石垣を発見することができなかった。石垣の有無は、戌山城の歴史、特に金森長近改修の有無を考える上で重要な判断材料となる。現地で確認できなかったことは、非常に残念である。

大規模な堀切が多い戌山城においても、特に巨大なのが堀切①である。上幅二〇メートル、高さ一一メートル、長さは一〇八メートルにおよぶ。尾根上を遮断し、さらに両斜面に竪堀状に落とし、完全にⅡ地区と分離させている。それでも城主は不安だったのであろう。Ⅱ地区に隙間を埋め尽くすように、堀切・竪堀・畝状空堀群を設けている姿には絶句する。寄せ手（敵軍）の足がかりを徹底的に潰したという感じがする。

【最大の特徴・畝状空堀群】　戌山城最大の特徴は、畝状空堀群である。基本的には、曲輪の周囲に切岸を設け、切岸直下に畝状空堀群を配置している。これは切岸直下を移動する敵兵の移動速度を減速させ、城内からの弓矢の命中率を向上させるための施設と考えられる。畝状空堀群の規模は戌山城の方が大きいが、この配置方法・考え方は一乗谷城と一致する。したがって、戌山城・一乗谷城の畝状空堀群は、同時期・同一人物によって構築されたことを指摘できる。

【横堀を設けたⅢ地区】　Ⅲ地区は、Ⅰ地区の背後を防御する重要な曲輪群である。にもかかわらず、畝状空堀群を設けていない。そしてⅠ・Ⅱ地区にまったく見られなかった横堀を設けている点は重要な事実である。横堀を設けることより、馬出曲輪・土橋通路・平虎口を構築して連動させ、計画的な城道を設定している。明確な城道を確認できないⅠ・Ⅱ地区とは、技術的な進歩の差を認めることができる。つまりⅢ地区は、Ⅰ・Ⅱ地区と比較して、一世代新しい地区ということが指摘できるのである。

【遺構から改修時期を推定する】　それでは、なぜⅠ・Ⅱ地区に横堀は存在しないのであろうか。それは一六世紀末期において改修するにあたり、Ⅰ・Ⅱ地区にはすでに大規模な畝状空堀群が縦横無尽に存在していたため、横堀を用いた改修ができなかったと推定する。

しかしⅠ地区の防御力増強の必要性を痛感していた城主は、横堀を用いた別曲輪をⅢ地区に構築し、Ⅰ地区の防御力を増強した、という仮説が立てられよう。

いっぽう、Ⅲ地区には畝状空堀群を構築できるスペースが存在しているにもかかわらず存在していない。これは横堀を構築した段階において畝状空堀群はすでに過去の防御施設で

●—Ⅱ地区北尾根堀切　麓からの尾根続きを遮断する

●—Ⅲ地区の横堀　城内唯一の横堀である

●—主郭Ａ直下の畝状空堀群　戌山城最大の特徴である

あり、構築するに値しなかったとも考えられる。

　Ⅲ地区に横堀を導入した時期は、いつなのであろうか。朝倉氏は元亀年間（一五七〇〜七二）に構築した若狭・近江の陣城で、横堀を多数導入している。もちろん畝状空堀群も導入しているが、少数でしかない。断定はできないが、織田信長との抗争が激化した元亀年間に、Ⅰ地区の防御力を増強するために、朝倉（景鏡か）氏が構築したとする仮説を提唱することができよう。

　この仮説が正しければ、畝状空堀群は元亀年間以前に構築したことになる。とすれば畝状空堀群の構築年代は、天文〜永禄年間ということになろう。

【金森氏の改修の可能性】　天正三年に金森長近が一時的に入城したとされているが、唯一長近在城の証拠としてよいのが、石垣存在の有無であろう。もちろん朝倉氏城郭でも石垣は存在するが、ごく少数で、しかも部分的でしかない。

　吉田森氏が主郭櫓台で石垣を発見したという記述は重要である。さらに戌山城の石垣を越前大野城に運んだという伝承まで残っているという。石垣が発見できれば、長近在城の有力な遺構となるだけに、発見できなかったことは、本当に残念である。現段階において、長近在城を物語る決定的な遺構は存在しない。

　大規模な堀切・畝状空堀群は、朝倉家ナンバー2の居城に相応しい城郭である。しかも横堀も存在していることから、朝倉氏の畝状空堀群の転換期を推定する上で重要な城郭と言えよう。今後は石垣の有無を、考古学的な調査から存在を確認するのが重要な作業であろう。

【参考文献】　吉田森他『越前大野城と金森長近』（大野市文化財保護委員会、一九六八）

（佐伯哲也）

●畝状空堀群の城郭

茶臼山城（ちゃうすやまじょう）

〔所在地〕大野市上舌
〔比　高〕一二〇メートル
〔分　類〕山城
〔年　代〕一六世紀
〔城　主〕三條蔵五郎、朝倉氏
〔交通アクセス〕ＪＲ越美北線「越前大野駅」下車、タクシーにて三〇分、徒歩三〇分。

【美濃脇街道を意識する】 山麓の西側から南側にかけて、真名川を遡る美濃脇街道が走っていた。城跡からは往来が手に取るように見えたはずであり、このことを強く意識して築城されたと考えられる。

【歴　史】 茶臼山城に関する一次史料は存在しない。『改訂版山城は語る旧大野郡城跡めぐり』（小山荘歴史の会、二〇一三）によれば、三條蔵五郎（くらごろう）という武将が築城したと記載している。このため山名を三條山と呼んでいるという。三條蔵五郎については詳細不明。

　また、小山荘歴史の会の地道な努力により、案内板・説明板が整備され、遊歩道も良好に維持されている。危険個所には階段やロープも設置され、安全に登城できる。このような永年の努力を高く評価したい。

【遺構の概要】 遺構は茶臼山山頂に位置する。ほぼ単郭の城郭で、Ａ曲輪が主郭。中央部①の不規則なカットは、城郭としては不自然。廃城後の二次加工の可能性を残す。小山荘歴史の会会長高津靖生の御教示によれば、太平洋戦争中山頂に陸軍の小屋（監視哨（かんししょう）？）があったという。あるいは陸軍の小屋（監視哨？）に関連した加工痕なのかもしれない。

　このように山城は昭和三十年頃までさまざまな形で再利用されており、城跡に残る遺構すべてを城郭遺構とするのは危険である。

　平坦面の西側および南側に自然地形が残っており、完全に削平されていない。短期間の使用で廃城になった準軍事施設

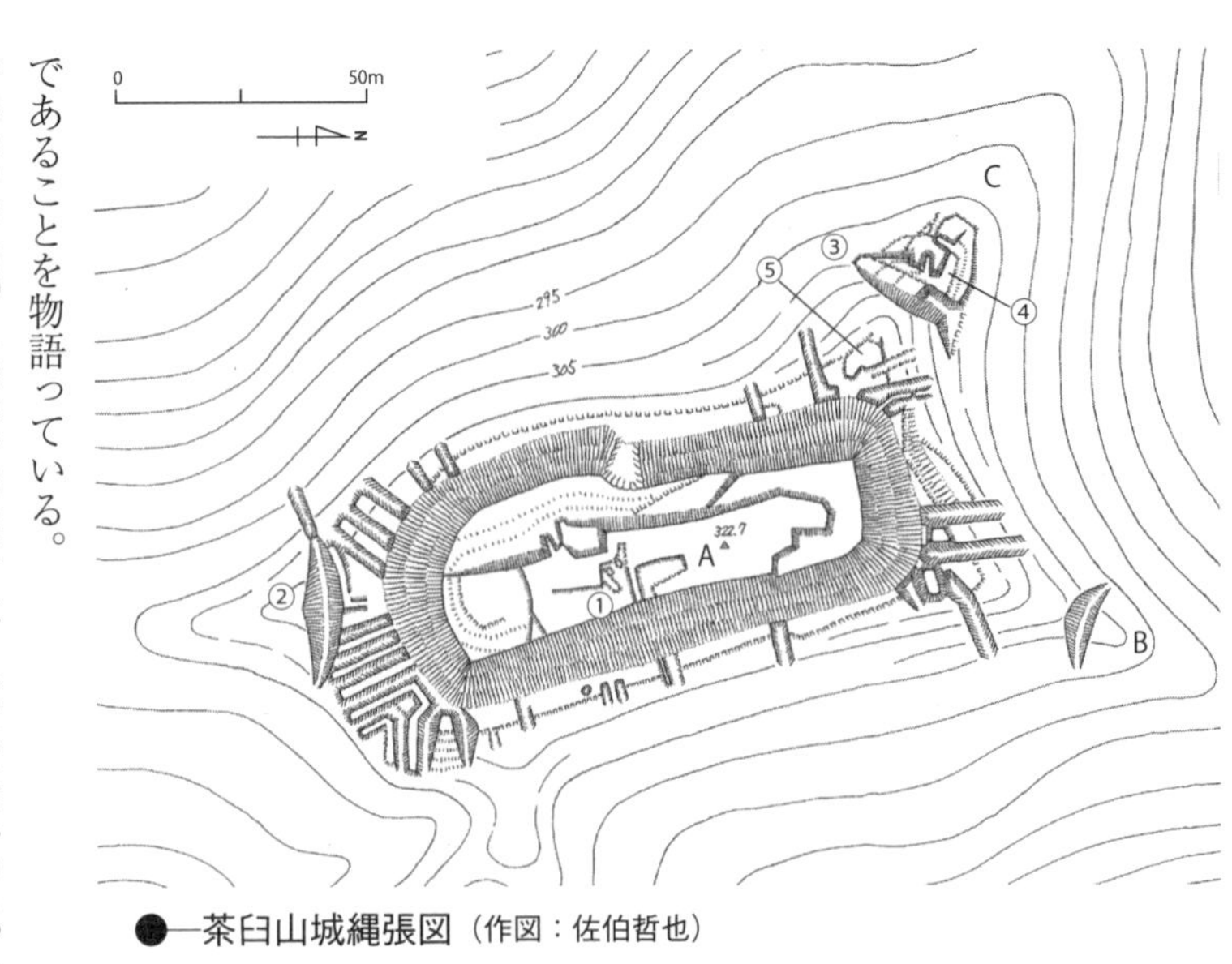

●—茶臼山城縄張図（作図：佐伯哲也）

であることを物語っている。

【縄張の特徴】 縄張で特筆すべき点は二点ある。第一点目は、主郭Aを取り巻く鋭角の高切岸である。高さは一〇～一二メートルもあり、完璧に敵軍の攻撃を遮断している。高切岸を登れず、腰曲輪を右往左往している敵軍に対して、城内から弓矢が浴びせられ、敵軍は甚大な被害を被ったことであろう。しかし、腰曲輪と主郭Aを繋ぐルートや虎口も確認できず、どうやって主郭Aに入ったのか、地表面観察では確認できない。おそらく簡易的な木製階段を用いて下段の腰曲輪と連絡していたのであろう。

●—主郭A現状　平坦面は未整形である

第二点目は、畝状空堀群の存在である。畝状空堀群は茶臼山城最大の特徴と言ってもよい。腰曲輪南側の尾根続き方向に一三本の竪堀を集中して設けており、さらに尾根続きを遮断する堀切②を設けている。城主が南側の尾根続きをもっとも警戒していた証拠である。竪堀の深さは二メートルに達するものも多数存在し、これほど大規模な畝状空堀群は、近隣では戌山城にしかなく、同時代・同一人物による構築を推定させる。

【尾根続きの遺構】 舌城に続くB尾根方向にも竪堀四本を設

け、さらに堀切で尾根続きを完全に遮断している。そして尾根を駈けあがって、真正面に鉄壁のように聳え立つ高さ一〇メートルの高切岸は圧巻である。現在こちらの尾根に遊歩道が設置され、現代の入り口となっているが、これでは大手とは言い難い。

C尾根方向も散在的な竪堀を設けている。こちらは多少横移動できるスペースが存在し、城兵にとっても登りやすい尾根と言える。堀切③は完全に遮断しておらず、完全に遮断したB尾根とは対照的である。

未整形の平坦面④がどのような性格の施設なのか理解に苦しむが、馬出状(うまだし)の出曲輪と理解すれば、こちらが大手となる。この推定が正しければ、⑤は出入りを監視する施設の存在を想定するのも可能であろう。C尾根を下れば上舌(かみした)集落に辿り着く。

【築城者を推定する】　筆者は、戌山城の畝状空堀群は天文～永禄年間頃に朝倉氏が構築したと推定した。茶臼山城の畝状空堀群は、戌山城と同規模であり、わずか五キロしか離れていないことから、同時期朝倉氏により美濃口を固める戌山城の支城として構築されたと推定したい。美濃方面の南側尾根続きに畝状空堀群を集中させているのも、これで理解できよう。

茶臼山城は、天文～永禄年間にかけての朝倉氏と美濃側との軍事的緊張状態を物語ってくれそうである。朝倉氏は天文九年（一五四〇）美濃に出兵しているが、畝状空堀群の構築は、それより若干下り、永禄年間かもしれない。今後朝倉氏の畝状空堀群構築年代を推定研究する意味で、茶臼山城の存在は非常に重要と言えよう。

【参考文献】『改訂版山城は語る旧大野郡城跡めぐり』（小山荘歴史の会、二〇一三）

（佐伯哲也）

●—主郭A南側直下の畝状空堀群　茶臼山城最大の特徴である

●—堀切②　尾根続きを遮断する

●微高地の名城

小山城（大野市史跡）

〈所在地〉大野市北御門
〈比　高〉三〇メートル
〈分　類〉山城
〈年　代〉一六世紀
〈城　主〉斯波氏、朝倉氏
〈交通アクセス〉JR越美北線「越前大野駅」下車、タクシーにて四〇分、徒歩二〇分。

【地元団体が整備】　地元郷土史研究会である小山荘歴史の会によって、案内板・説明板が整備され、遊歩道も良好に維持されている。危険個所には階段やロープも設置され、安全に登城できる。会では、遺構を傷つけず最良の方法で遺構を保存・活用されており、城跡整備方法の教科書のようなお手本と言える。城跡の保存方法と真摯に向き合ってこられた会の永年の努力を高く評価したい。

【歴史】　小山城に関する一次史料は存在しない。『城跡考』（前出）によれば、斯波義廉が在城したと述べている。義廉は寛正二年（一四六一）斯波松王丸の跡を受けて越前守護職を継いだ人物である。義廉は在京守護のため、越前大野郡に入部した形跡は見当たらない。しかし、応仁元年（一四六七）家臣二宮氏と共に大野郡の全面的支配に乗り出した（『戦国期越前の領国支配』）ことにより、小山城在城の伝承が生まれたのではなかろうか。

【脆弱な主郭】　城跡は医王子集落背後の通称城山あるいは武衛山（『大系』）と呼ばれる山頂に位置する。比高がわずか三〇メートルという微高地に位置するため、要害というイメージはまったくない。

最高所のA曲輪が主郭と推定されるが、各曲輪との格差・身分差は明白ではない。これは城主というよりは、各曲輪主から構成された連合軍の盟主というべき存在であろう。このような縄張は、守護大名の城郭に多くみられる。つまり守護大名の脆弱な支配権が、そのまま縄張に反映されているといえる。基本的には古い縄張であり、斯波義廉が在城したかどうかは不明だが、守護方の勢力が在城したことは推定できそうである。ただし、現存遺構がすべて守護時代かどうかは別問題である。

主郭Aの南東側には、小規模な塁線土塁をめぐらしているのみで、明確な防御施設を設けていない。急峻な地形のため、堀切等を設ける必要性がなかったのであろう。

北西尾根続きを、敵軍陣地として使用されないようにB曲輪として加工し、城兵を駐屯・移動させやすくしている。主郭AとB曲輪は屈曲した尾根道で繋がっており親密性を感じさせるが、明確な虎口は確認できない。

【戦国期の縄張】　C曲輪は主郭Aに拮抗する曲輪である。背後の尾根続きは上幅一二メートルの堀切①で遮断し、さらに両サイドを竪堀として落としており、両斜面を廻り込む敵軍の攻撃にも対応可能としている。単純な尾根遮断施設より、技術的に発達した堀切である。

北側から進攻してきた敵軍に対しては、まず二重堀切②で完全に遮断し、小曲輪Dが楯となってC曲輪を防御している。敵軍が小曲輪Dを突破しても、正面には高さ一〇メートルのC曲輪の切岸が立ちはだかっているため、敵軍はE曲輪を右往左往するのみとなる。もち

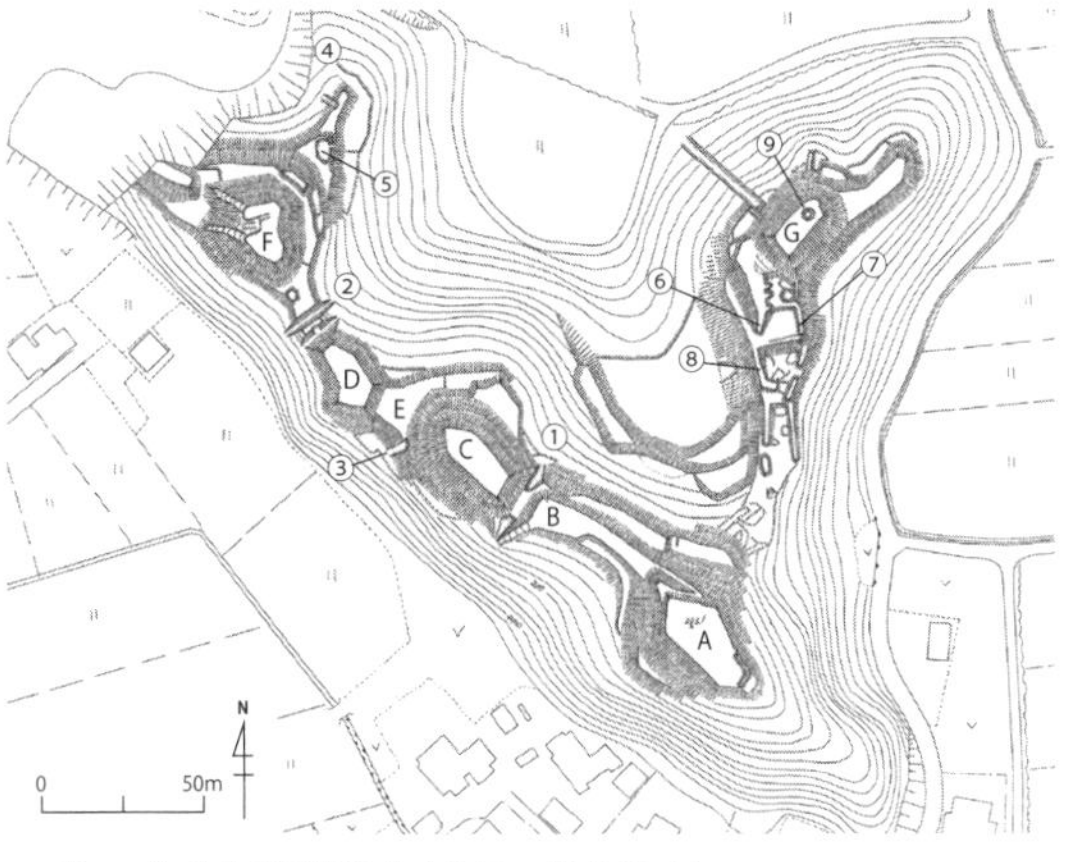

●—小山城縄張図（作図：佐伯哲也）

●—整備された登城道　非常にあるきやすい

●—二重堀切②　堀切は各曲輪の独立性を高めている

ろん敵軍はC曲輪からの弓矢攻撃を浴びせられる。さらに敵軍が廻り込まないように竪堀③を設けている。計画的な防御施設の配置と考えられ、戦国期の縄張の特徴を示す。

小山城の特徴の一つとして、曲輪の周囲に高さ六㍍以上の切岸をめぐらせ、敵軍の攻撃を遮断している点である。微高地に位置し、天然の要害を期待できないため、周囲に鋭角の高切岸を巡らせなければならなかったのであろう。

●—堀切①　尾根続きを遮断する

F曲輪の北西尾根は残念ながら土砂採取により破壊されてしまったが、北東尾根は幸いにも旧状を残している。そこには、尾根と直交するように土塁を設け、側面に開口させた単純な虎口⑤を確認することができる。そこから先には、さらに麓に降りる城道④が続いている。単純ながら虎口を構築している縄張は、やはり一六世紀後半の改修を指摘できそうである。

【宗教施設の存在】　G曲輪南側の土塁⑥・⑦・⑧は上端が解放されているため、上段に登る通路であろう。土塁通路を設けているのはこの尾根だけであり、性格の違う尾根といった印象を受ける。

G曲輪も鋭角の高切岸をめぐらせた曲輪である。注目したいのは、周濠をめぐらせた小塚⑨の存在である。尾根の突端に位置していることから、小塚⑨を中心とした宗教的な区域だったのかもしれない。とすれば、ここだけ土塁通路を設けて登りやすくしている点も納得できる。

【築城者を推定する】　基本的には古い縄張だが、各所に戦国期の縄張も残していることが判明する。虎口の設定、腰曲輪と切岸をセットにした防御施設、堀切と竪堀をミックスした遮断線は、どれも一六世紀後半の構築と考えられる。古い縄張の弱点を克服するまでには至っていないが、現存遺構の大部分は朝倉氏による改修の可能性を指摘することができるのではないだろうか。

史料がほとんど残っていないため、縄張からの推定となった。築城は一五世紀だが、一六世紀後半に改修されている可能性を指摘することができる。改修者は朝倉氏だろう。今後考古学的手法により解明されることを望む。

【参考文献】　松浦義則『戦国期越前の領国支配』（戎光祥出版、二〇一七）

（佐伯哲也）

●朝倉氏特有の馬出曲輪

春日山城（かすがやまじょう）

〔所在地〕大野市木本領家
〔比　高〕四〇メートル
〔分　類〕山城
〔年　代〕一六世紀～寛永十二年（一六三五）
〔城　主〕朝倉氏、加藤康寛
〔交通アクセス〕ＪＲ越美北線「越前大野駅」下車、タクシーにて四〇分、徒歩一〇分。

【築城は中世か】　伝承では一七世紀以降の築城でしかあり得ない近世城郭である。しかし、朝倉氏特有の馬出曲輪が残る中世城郭である。伝承と遺構がまったく一致しない城郭と言えよう。

【歴　史】　春日山城に関する一次史料は存在しない。一般的に慶長六年（一六〇一）越前一国を与えられた結城秀康が、徳川家康の客将加藤康寛を春日山城の初代城主に据えたとされている。これが事実であれば、築城も慶長六年となり、近世城郭となる。

二代福井藩主松平忠直が豊後に流罪となり、翌年の寛永元年（一六二四）忠直の弟忠昌が福井藩を継ぐと、春日山城を中心とした木本藩を忠昌の弟直良が継ぐことになり、ここに木本藩が成立する。しかし直良も寛永十一年（一六三五）勝山藩に国替えとなり、木本藩は僅か十一年で消滅する。当然春日山城もこの年に廃城になったのであろう。

これに対して『城跡考』は、「春日山城　時代不知　屋敷跡　当家客臣加藤宗月　右二ヶ所木本領家ニ在」とある。つまり木本領家集落には、「当家客臣加藤宗月」の居館と、春日山城が存在し、春日山城については不詳としているわけである。拡大解釈になるかもしれないが、この加藤宗月の居館が慶長六年に成立した木本藩の政庁だったと考えられる。そして春日山城は中世城郭として以前から存在していたのではなかろうか。残念ながら加藤宗月の居館は、遺構がまったく残っておらず、詳細は謎のままである。

●—春日城縄張図（作図：佐伯哲也）

【美濃街道（西道）掌握の城】　城跡は木本領家集落を見下ろす高台に位置する。麓には高於磐座（たかおいわくら）神社が鎮座する。比高はわずか四〇㍍しかないため、要害というイメージはまったくない。周囲には、天然の要害が期待できる手頃な山頂が存在するのに、なぜこのような低山を選地したのであろうか。築城当初から木本領家集落と笹又峠越えの美濃街道（西道）を直接支配するのが目的だったからなのであろう。

【城跡の概要】　城跡は整備されておらず、薮が生い茂っている。また案内板・説明板も設置されておらず、若干わかりづらいのが実情である。

A曲輪が主郭である。北側がなだらかに傾斜しており、削平が不十分であることを物語る。これでは大規模かつ恒久的な建物は建たない。したがって日常的に居住する大規模な居住施設は存在しなかったことを物語る。居城ではなく、戦闘時のみに籠城する軍事的な城郭が推定される。主郭Aには、四角あるいは円形の窪地が存在している。これは猪穴（ししあな）あるいは炭焼き穴と推定され、城郭遺構ではない。

北端には二重堀切（ほりきり）①および横堀②で遮断している。横堀②は途中で不自然な終わり方をしている。北〜東側にかけて横堀をめぐらしていたものの、永年の風水により埋没したのかもしれない。そうすれば、北側の集落側は、二重堀切と横堀

●—堀切③　尾根続きを遮断する

をめぐらしていたことになり、極めて厳重な防御施設を設け、完全に集落側を遮断していたことになる。

櫓台⑧は、一部石垣が残っている。部分的ではあるが広範囲に残存しているため、かつては総石垣造りの櫓台だった可能性を指摘できる。越前の中世城郭にとって石垣は非常に珍しく、わずか数城でしか確認できない。あるいはこの櫓台のみ慶長六年に改修し、使用していたのかもしれない。

●—土塁⑧の石垣　近世城郭の名残？

尾根続きの南側は、微高地が続くだけで、地形的な弱点となっている。この弱点を克服するため、堀切③・横堀④・⑤と三重の遮

●—山麓に鎮座する高於磐座神社　この神社を目指して訪城すればよい

断線を設け、さらに櫓台⑥・⑦・⑧を設けて監視しており、もっとも厳重な警戒となっている。

【注目したい馬出曲輪】　注目したいのは、細長い土橋通路を付属させた馬出⑨の存在である。⑨は遮断線の対岸に設けられた小曲輪で、城内外との出入りが確認できるため、馬出としてよい。

●—主郭A現状　整備されていない

櫓台⑥から馬出⑨に進む敵軍に対して、櫓台⑦からの横矢が効いている。さらに馬出⑨から主郭Aに進む敵軍に対して、主郭Aからの横矢が効いている。櫓台⑦に進んだら最後、通行止めとなって櫓台⑧から横矢攻撃を浴びせられ、敵軍は大混乱に陥ったことであろう。鉄壁の備えと言ってよい。春日山城の場合、ここしか虎口が確認できないため、馬出⑨を大手としてよい。集落と反対側に虎口を設けている点に注目したい。

【構築者を推定する】　馬出に土橋通路を付属させた類例は、天文～永禄期にかけて朝倉氏城郭に見られ、同時期におけ

●—土塁⑧　尾根続きを監視する

る朝倉氏虎口の一パターンとして捉えることができそうである。この推定が正しければ、春日山城も天文～永禄期にかけて朝倉氏が築城したことになる。朝倉氏は天文九年（一五四〇）および十三年に美濃に攻め入っており、いずれも敗退している。このため美濃口にあたる大野郡の軍事的緊張は高く、美濃勢の逆襲に備えるために、朝倉氏が春日山城を築城したとは考えられないだろうか。曲輪の平坦面の削平が甘いため、在地の土豪が居城として築城した可能性は薄い。さらに集落側を完全に遮断していることからも、在地土豪の居城の可能性は低いと考えられる。

春日山城は天文～永禄年間に朝倉氏が築城したと推定した。ただし、この推定が不完全なものなのは、同じく天文～永禄期にかけて朝倉氏が築城した戌山城や茶臼山城には畝(うね)状空堀群(じょうからぼりぐん)は残っているものの、馬出は残っていない。春日山城には馬出は残っているが、畝状空堀群は残っていないからである。同地域・同時期で同一勢力が構築したのに、なぜこのような構造差が生じたのか、筆者にもわからない。これに対して、天文～永禄期に朝倉氏が築城したと推定される二日町城（岐阜県郡上市）は馬出と畝状空堀群の両方が残っている。非常に重要な課題であり、あせらず、ゆっくりと答えを探していきたい。

（佐伯哲也）

【参考文献】『改訂版山城は語る旧大野郡城跡めぐり』（小山荘歴史の会、二〇一三）

●奥越前における戦国期の代表的な城館

松丸館

〈所在地〉大野市松丸
〈比　高〉なし
〈分　類〉城館
〈年　代〉一四世紀後半か
〈城　主〉不明
〈交通アクセス〉中部縦貫自動車道「大野ＩＣ」から車で約二〇分。

【城の歴史】　大野市松丸に所在する松丸館は、九頭竜川の支流、唐谷川の左岸の崖上に位置する。

松丸の地名の由来については、松丸という人が、この地を開拓したという説と、蓮如の稚児に永松丸という人物がいて、この人がこの地の寺に迎え入れられたことにちなんで、松丸というようになったという言い伝えがあるが、いずれも定かではない。

松丸館については『福井県大野郡誌』に「松丸の城址、今、なお、城と称し、樹木鬱蒼、さもこそと思わしむ。伝う五郎丸の支城の故地と」ある。五郎丸は、平安時代末期から鎌倉時代初期にかけての武将で、曾我兄弟の仇討ち事件で、源頼朝の危機を救ったとして知られている御所五郎丸のことである。建久四年（一一九三）に、曽我五郎時政を羽交い締めにして捕らえた恩賞により、源頼朝から「抱の庄」として大野市の富田・阪谷地区の一帯を与えられたと伝えられており、その館は、「越前国古城并館屋敷蹟」によれば「井口村より十町ばかり南、塚原野に在り。福井より十里半ばかり、大野より一里半ばかり」にあったと記されている。「塚原」（大野市塚原）は、松丸館から直線距離にして約三キロ西に位置しており、御所五郎丸の支城であるかは、はっきりとしない状況であり、そのほか御所五郎丸についての言い伝えがいくつか残っているが、松丸館が、その支城であったか否かについても定かではない。

松丸館は、昭和五十二年（一九七七）と五十三年に館跡の北側を通る県道の道路拡幅工事にともない、福井県教育庁文化課と朝倉氏遺跡調査研究所（現福井県一乗谷朝倉氏遺跡資料館）が主体となって発掘調査が実施され、館跡の北側の幅約六メートル、長さ三二メートル程を調査している。

●—松丸館

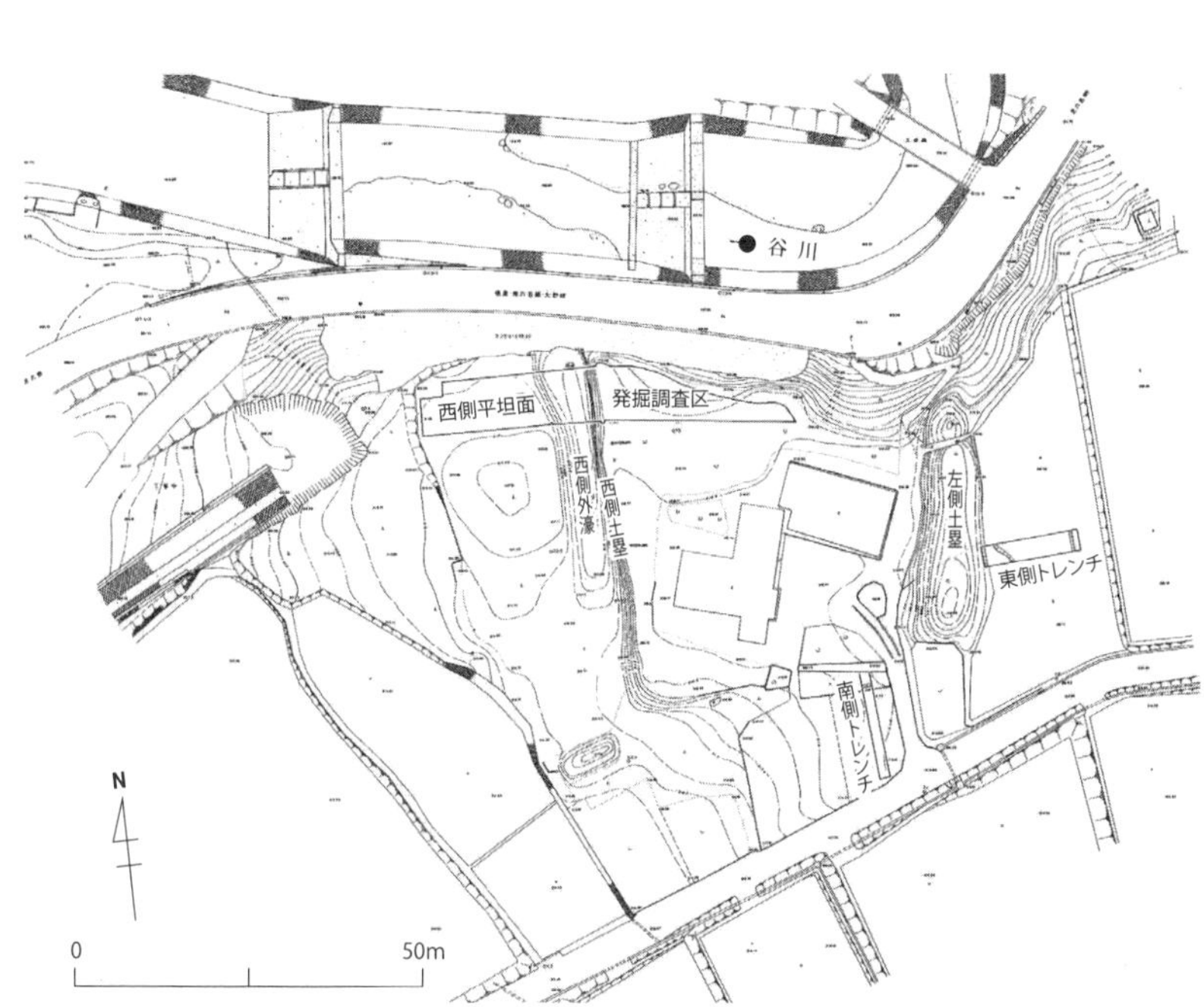

●—松丸館跡の周辺地形図および発掘区

松丸館の現状は、土塁および外堀の痕跡を残し、「城」「城ノ下」の字名(あざ)で呼ばれている。館跡は東西約四五メートル、南北約四〇メートルの平坦部を有する中規模の単郭(たんかく)式の居館跡である。館跡全体が個人所有の宅地になっており、現状については、敷地の外側から観察できる遺構と、発掘調査によって確認された遺構について説明する。

【遺構の状況】

〔館跡東側〕 館跡の東・南・西側には土塁(どるい)の痕跡が認められる。特に東側の土塁跡は、高さ約二・六メートル、幅約九・〇メートル、長さ約三〇メートル以上が残っている。発掘調査時のトレンチにより、東側土塁の外側には、上面幅は一一・二メートル、底部幅が一〇・四メートル、深さ〇・八メートルの堀を確認している。東側土塁に接して、犬走り(いぬばしり)(幅三・〇〜一・二メートル)も確認している。

〔館跡西側〕 西側の土塁は、発掘調査により北西部の約八・八メートルを確認している。西側の土塁の規模は、幅約一・四メートルで、〇・八メートル大の石を四段程度積まれた石組が確認されている。西側の堀の幅は約七・〇メートル、深さ二・二メートルあり、館側で橋(はし)桁(げた)の跡と推定される石組みが長さ約二・八メートル確認され、ここに門があったと推定される。堀は箱堀(はこぼり)形式で、土層の状況から、空堀(からぼり)であったと考えられている。この外堀は北側の道路によって削平された崖面まで続いていることから、おそらく本来の崖面まで続いていたのではないかと推定される。また土塁と外堀の間に幅約一・五メートルの平坦部が土塁と並行して確認され、犬走りと推定されている。

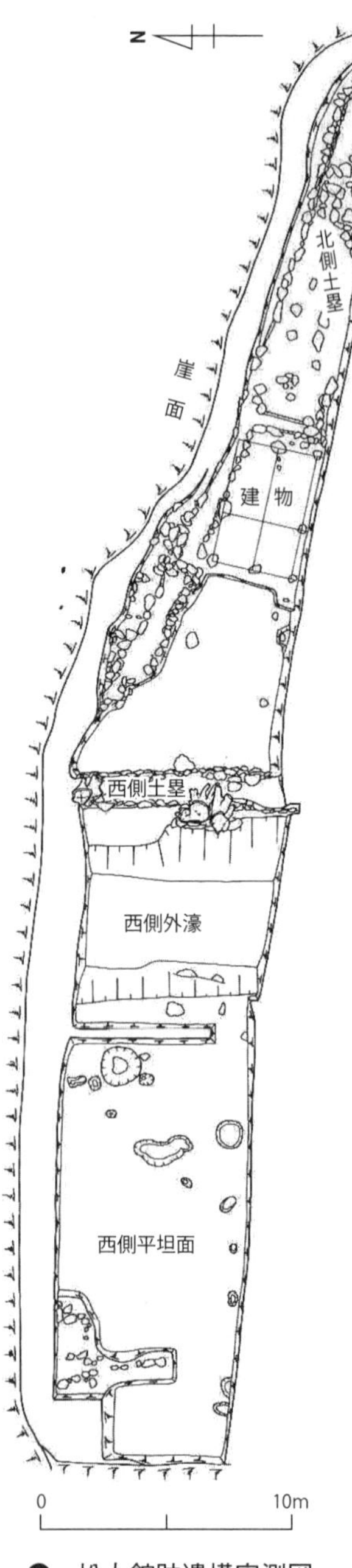

●—松丸館跡遺構実測図

●—松丸館 東側土塁

〔館跡南側〕 南側の堀跡については、昭和五十年代の土地改良で不明瞭になっているが、以前は沼田だったと伝えられる。発掘調査時のトレンチにより、堀の南端を確認している。北側はトレンチ範囲外の屋敷内に位置するものと考えられる。

〔館跡北側〕 北側は高さ一〇メートル以上の崖面を呈しており、天然の要害となっている。発掘調査では崖線に沿って築かれた長さ約二八メートルの土塁を確認している。土塁の内側は川原石を四・五段、高さ約〇・九メートル積まれていたことを確認している。

〔館跡平坦部〕 居館平坦部は、民家が建っていたが、今は取り壊されて更地となっている。平坦部については、民地で所有者が不在のため、立ち入りができない状況であるが、特段の遺構を確認することはできなかった。

発掘調査では、礎石建物一棟を確認している。確認した建物の規模は東西四・七五メートル（二間半）×南北三・二メートル（二間）であるが、南北方向は南側に延びるものと考えられている。

【遺　物】 松丸館に関係する遺物として、越前焼、土師質・瓦質土器、瀬戸・美濃焼、中国製磁器、木製品、金属製品、石製品が出土している。越前焼の甕には、一四世紀後半のものや、一六世紀後半のものがある。土師質土器は、すべて皿で、灯芯のタール痕が見られることから灯明皿として使用されたものと考えられている。そのほかの遺物は、一乗谷朝倉氏遺跡上層のものと同類のものが多い状況である。

これらの調査結果から松丸館は一四世紀後半から一六世紀後半まで存続した館と考えられ、一六世紀には朝倉氏と何らかの形で関係を結んでいたものと推定されている。

【参考文献】『中世北陸の城館と寺院』（北陸中世考古学研究会、二〇〇二）、『福井県大野市松丸所在　松丸館跡　県道拡幅工事に伴う事前調査報告』（朝倉氏遺跡研究所、一九七九）、大野市教育委員会『奥越史料　第七号』（一九七八）、福井県大野郡教育会『大野郡誌』（一九七二）

（佐々木伸治）

勝原城（かどわらじょう）

●見事な石垣造りの枡形虎口

〔所在地〕大野市西勝原
〔比　高〕一一〇メートル
〔分　類〕山城
〔年　代〕一五世紀～一六世紀後半
〔城　主〕二宮左近将監、金森長近
〔交通アクセス〕ＪＲ越美北線「勝原駅」下車、徒歩二〇分。

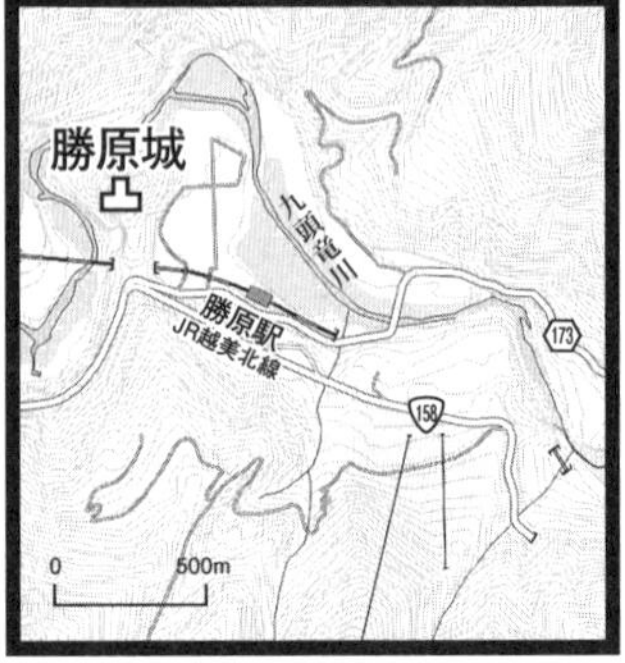

勝原城
勝原駅
JR越美北線
九頭竜川
173
158
0
500m

【見事な石垣造りの枡形虎口】　この城の最大の見どころは、なんといっても石垣造りの外枡形虎口（そとますがたこぐち）であろう。しかも幾百年の風雪に耐えてきた歴史を物語る適度の損傷度合い、そして野面積（のづらづみ）の中世城郭独特の雰囲気を醸し出している。整備されすぎの石垣にウンザリしている城郭ファン必見の虎口と言えよう。

勝原城に関する一次史料は存在しない。『城跡考』によれば、朝倉氏の家臣林浄恵（はやしじょうえ）を城主としている。一方、『福井県の地名』は地元の伝承として、「甲斐の臣山路将監（しょうげん）」の居城として記載する。さらに文明七年（一四七五）亥山城に在城していた二宮左近将監を城主とする記述も見られる。しかしいずれも確証はない。

二宮左近将監の伝承は地元に色濃く残っており、北電勝原第三発電所下流の河原に残る大岩を将監腹といい、二宮左近将監が切腹した岩と伝えている。

【大野盆地防衛の拠点】　勝原城は美濃街道を押さえる要衝地に存在しており、それは江戸時代に口留番所（くちどめばんしょ）が存在していたことからも判明する。さらに敵軍が進攻してきた場合、大野盆地最後の防衛拠点となる。大野盆地を支配する武将が着目するのも、当然のことといえよう。

【城跡へのアプローチ】　現在城跡を示す案内板は、標柱一本のみである。しかも非常に目立ちにくい。このため隣に建つ「鳩ケ湯（はとがゆ）」の看板を目指して登城すればよい。

城跡は薮が生い茂っており、歩きにくい。そして案内板や

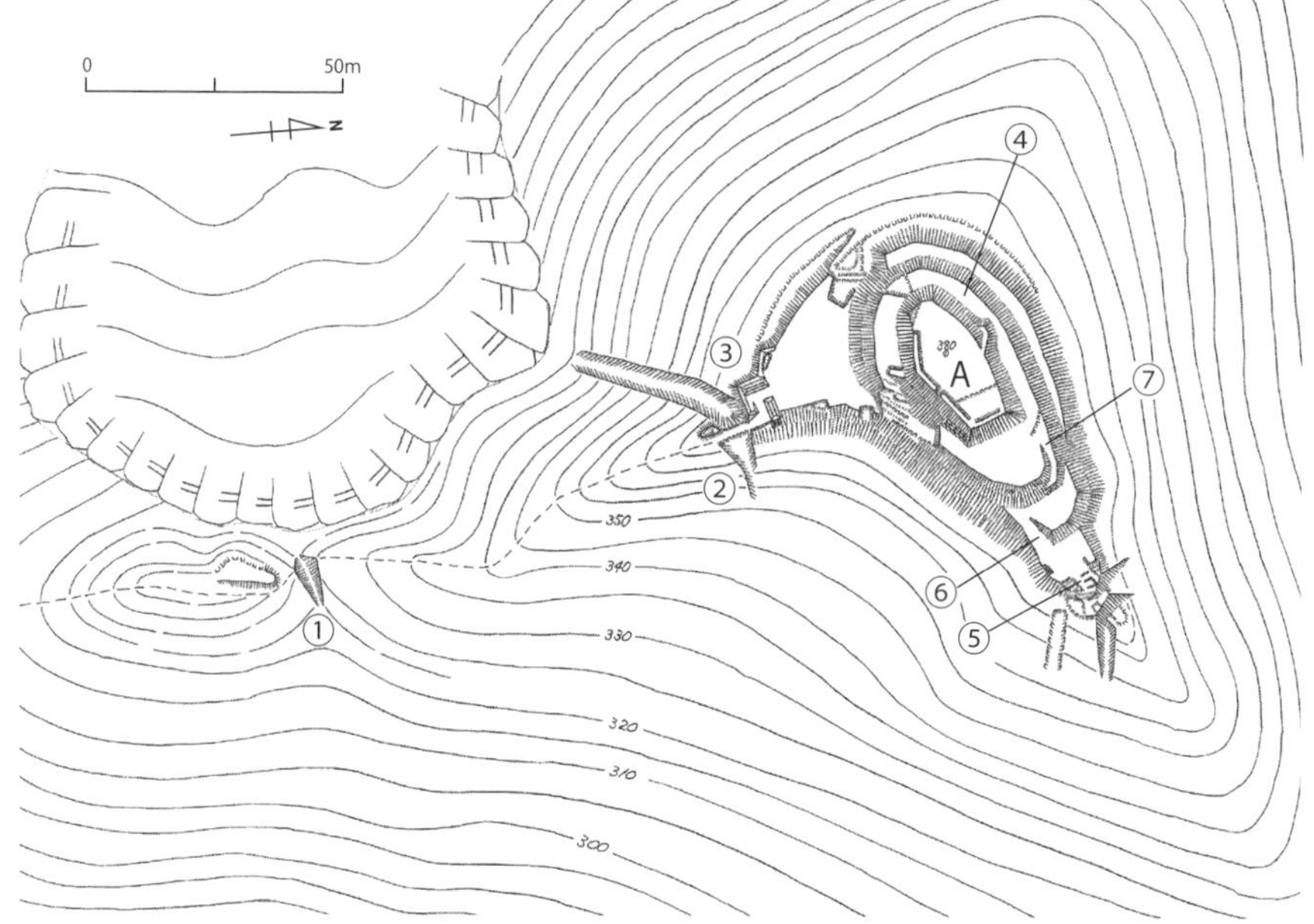

●—勝原城縄張（作図：佐伯哲也）

●—虎口③の石垣　天正初年の石垣として貴重

説明板もなく、わかりにくい。しかし、それがかえって中世城郭の雰囲気を醸し出しており、薮の間から見え隠れする石垣がたまらない。

【尾根続きの防御システム】 勝原城は三方を九頭竜川の断崖絶壁に囲まれた天然の要害で、唯一尾根続き方向に美濃街道が接続している。勝原城入り口の尾根には、五輪塔が存在する。この五輪塔は、大野郡司朝倉光玖が建てた供養塔とされている。これらも重要な城郭遺構であり、末永く保存されることを望む。

●—伝朝倉光玖建立の供養塔。五輪塔と宝篋印塔の組み合わせである

その尾根続きには、堀切①・両竪堀②を設けて遮断する。さらにその先には、最大の見どころである、石垣で構築された枡形虎口③が存在する。これほど見事な石垣造りの枡形虎口は越前国内でも珍しく、一六世紀末に織豊武将によって改修されたことを強く示唆している。枡形虎口③が大手虎口であり、美濃街道から登城する武士達は、石垣造りの枡形虎口③を見て驚愕したことであろう。

●—主郭Ａ南面の石垣　裏込石を伴う

【主郭にも石垣を使用】 主郭Ａにも石垣を使用している。しかしそれは枡形虎口③を通過した武士達が見る南切岸にしか

確認できない。つまり枡形虎口③や主郭南切岸の石垣使用は、明らかに大手方向である美濃街道から登城する武士達の視覚効果を意識した演出といえる。登城者には全く見えない主郭虎口④が、貧弱な構造となっていることからも、この推定が妥当だということを物語っている。

【東側の防御システム】　現在登城道が確認できない東側にも虎口・石垣が存在している。まず石段⑤が現存しており、この方面に登城道が存在していたことを物語る。恐らく西勝原（にしかどわら）集落から登城する搦手道（からめてどう）が存在していたのであろう。さらにその先には、枡形虎口⑥・⑦が連続して設けられている。この方面の切岸にも石垣が残存している。やはり搦手道から登城する武士達の視覚効果を狙った演出と言えよう。主郭Aの虎口④は、大手方向および搦手方向から直撃されないように、北側に設けられている。逆に大手方向および搦手方向から直撃される南および東側には、塁線土塁（どるい）を設けて防御力を増強している。北側の塁線土塁には石垣を設けて、防御を一層強固なものにしている。

【築城者を推定する】　築城期は一五世紀で二宮左近将監が築城したのかもしれないが、現存遺構は明らかに一六世紀末の遺構である。その根拠として、石垣造りの枡形虎口③・⑥・⑦、そして石垣の多用が挙げられる。これほど大量に石垣を使用している中世城郭の山城は、越前国内では東郷槇山城・燧ヶ城・壇ノ城しかなく、非常に貴重な遺構となっている。

現存の遺構の大部分、特に内枡形虎口③・⑥・⑦は、一六世紀末に織豊系武将が改修したと考えてよいであろう。特に内枡形虎口⑥・⑦のように、通路を屈曲させて入る構造の虎口は、天正十三年（一五八五）金森長近が改修した古川城（岐阜県飛騨市）に残っている。従って勝原城の現存遺構の改修年代・改修者は、天正三年大野郡の三分の二を賜った金森長近が最有力候補として挙げられる。

勝原城は大野盆地を防御する最後の防衛拠点であり、美濃方面から来訪する武将達に領主の威厳を示す絶好の場でもあった。このために必要以上の石垣を用いて長近は大改修したのであろう。越前大野城に築城当初の石垣がほとんど残っていない現状において、長近期の石垣を推定できるうえにおいても、貴重な遺構と言えよう。

【参考文献】『改訂版山城は語る旧大野郡城跡めぐり』（小山荘歴史の会、二〇一三）

（佐伯哲也）

●越前朝倉氏の一族、朝倉景連の居城

朝倉山城（あさくらやまじょう）

〔所在地〕福井市深坂町
〔比　高〕一三〇メートル
〔分　類〕山城
〔年　代〕一六世紀
〔城　主〕朝倉景連
〔交通アクセス〕JR北陸本線「福井駅」下車、京福バス「深坂」停留所下車、南西へ徒歩約三〇分。

【位置と環境】　朝倉山城は、標高一七三・三メートルの朝倉山の頂上に所在する。朝倉山は、日本海沿岸に聳える丹生山地の北端に位置しており、西へ約二キロの地点に越前海岸、東へ約五キロの地点に九頭竜（くずりゅう）川と海と川に挟まれる場所に立地している。また、眺望に勝れており、日本海とその沿岸集落を一望することができる。

主郭にあたる場所（曲輪Ⅰ）には、第二次世界大戦中の昭和十六年（一九四一）に防空監視哨（かんししょう）が設けられ、主郭付近にはコンクリート・レンガ・瓦片が散乱している。現在、曲輪Ⅱに防空監視哨跡を示す石碑が建っている。また、近年では鋼製足場による展望台が主郭Ⅰに設けられており、その工事の際に設けられたとみられるスロープによって主郭の西から南にかけて破壊されている。他にも、曲輪Ⅱ、Ⅲにテレビ中継アンテナおよび管理施設が建てられているものの、それ以外は比較的遺構の残りは良好といえるだろう。

戦時中、防空監視哨をつくる際には珠洲（すず）焼に納められた経巻・経筒等が発見されており、鎌倉時代の経塚の存在が知られる。また、主要地方道福井・棗（なつめ）線を挟んだ北東五〇〇メートルの向かいの山（深坂山）に深坂山城があり、両城の関係性が指摘されていたが、踏査の結果、深坂山によって城郭遺構は確認できなかった。

【城の歴史】　朝倉山城について、『越前国城跡考』に「深坂村ヨリ九町計（ばかり）南方山上ニ十五間四方計之所掻上之形有　自福井四里半計」とある。築城年代については「時代不知」とされているものの、城主については「朝倉玄蕃助景連（かげつら）」と、朝倉氏の一族である朝倉景連の名が記されている。朝倉景連は一乗谷奉行衆の一人であり、永禄四年（一五六一）に朝倉義景がこの近辺に所在する三里浜で犬追物（いぬおいもの）を興行した際に奉行を勤めたとされる。

また、天正三年（一五七五）の織田信長による越前侵攻の際に、一揆勢がこの城に立て籠もったことが知られており、『朝倉始末記』に「三郷ノ高山、浅蔵山ヲ城ニゾ拵ラレケル」

●—防空監視哨跡

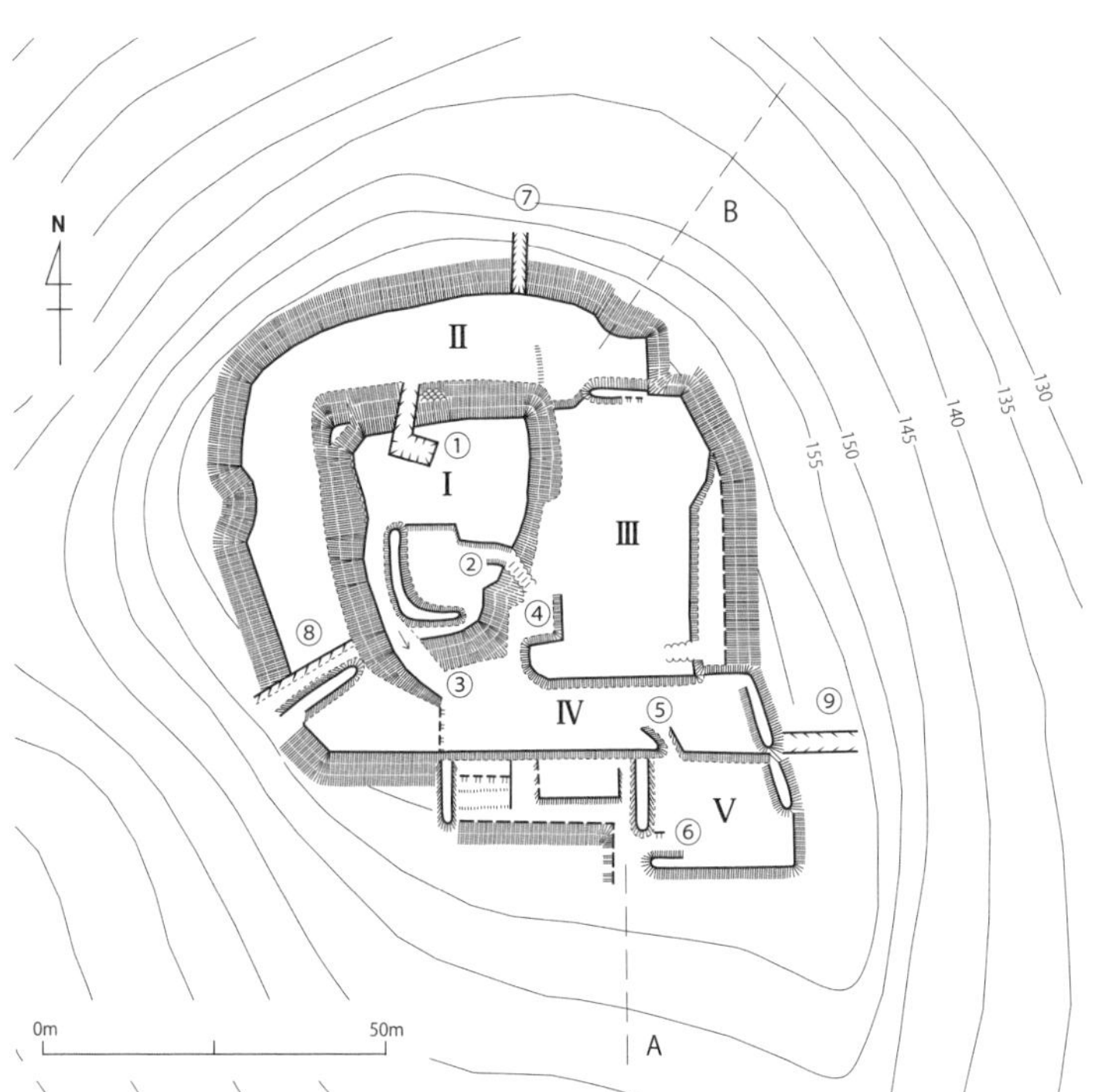

●—朝倉山城縄張図（佐伯哲也の図面を参考に石田雄士が作図）

●—主郭虎口

と記されている。なお、朝倉山の北麓にある五斗坂の登り口付近は地元で「輪ノ内」と呼ばれており、土塁をともなう居館があったと伝わっている。

【城の構造】　朝倉山城は、曲輪Ⅰを中心とし南東方向に発展した縄張で構成されており、小規模であるが、コンパクトにまとまった山城である。朝倉山城に至る登城道はAとBの二つがあったとみられ、その登城道から主郭までの進入ルートを限定させるために、三本の竪堀（⑦～⑨）が設けられている。城外に向けて開口している虎口は虎口⑥のみであることから、この虎口が大手虎口、Aが大手道にあたるとみられる。虎口⑥は平入虎口だが、Aから直進で進入できない構造となっている。

この大手虎口にあたる虎口⑥から城内に入ると曲輪Ⅴに至る。曲輪Ⅴは東西約二〇メートル、南北約一五メートルの規模で、東西に土塁が設けられている。そこから虎口⑤を通り曲輪Ⅳに至る。曲輪Ⅳは東西約四五メートル、南北約一〇メートルの横に長い形状を呈しており、東側に土塁を設け外への備えとしている。また、曲輪Ⅳの西側には主郭の背後に敵軍を回り込ませないようにするため、土塁を備えた竪堀が設けられている。曲輪Ⅳから横堀④を通過して曲輪Ⅲに入る。曲輪Ⅲは東西約二五メートル、南北約四〇メートルで、テレビアンテナの設置により破壊されているため当時の姿は不明だが、北側にのみ低い土塁が残る。また、曲輪Ⅲの東には幅約四メートルの帯曲輪が設けられている。

いっぽう、Bからは曲輪Ⅱに入り、虎口①を通過して曲輪Ⅰへと至る。この曲輪Ⅰが主郭とみられ、規模は東西約二五メートル、南北約三〇メートルである。現在、曲輪Ⅰへの進入ルートとして①～③があるが、本来の虎口は①とみられる。虎口①は曲輪Ⅰの北に設けられ、掘りくぼめられており、内枡形状を呈する。曲輪Ⅰの帯曲輪に当たる曲輪Ⅱから進入し、東に折れる構造をもつ。曲輪Ⅰの南半分は一段低くなっており、西から南東方向にかけて幅約二メートル、高さ約八〇センチのL字状の土塁

●—朝倉山城遠景

が設けられている。戦時中、朝倉山城跡に防空監視哨が設けられていたことを先述したが、この南半分に防空監視哨があったとみられる。また、南東方向に虎口②が設けられているが、こちらは防空監視哨の入口と考えられる。また、曲輪Ⅰの西から南にかけて曲輪Ⅳへと伸びるスロープ③が設けられているが、これは展望台の設置にともない改変されたものと考えられる。曲輪Ⅰの下段に北東から南西にかけて帯曲輪（曲輪Ⅱ）が配されており、現在、曲輪Ⅱにはテレビアンテナの管理施設や東端に墓が設けられている。

朝倉山城の各遺構の規模は小さいものの、それぞれが巧妙に配置されており、中世から近世の城に発展する過渡期の様態をみることができる。縄張構造から、城の年代は一六世紀後半頃とみられ、一揆勢による改修の可能性も想定されるが、伝承通り朝倉氏の居城としてよいと考える。

【参考文献】福井県教育委員会編『重要遺跡緊急確認調査報告』二（『福井県埋蔵文化財調査報告』三、一九七九）、福井市『福井市史　資料編一　考古』（株式会社三秀舎、一九九〇）、南洋一郎『一乗谷城の基礎的研究—中世山城の構造と変遷—』（河和田屋印刷株式会社、二〇一六）、佐伯哲也『越前中世城郭図面集二　越前中部編（福井市・越前町・鯖江市）』（桂書房、二〇二〇）

（石田雄士）

●北陸道の拠点、柴田勝家最期の城

北庄城（福井城）

（きたのしょうじょう（ふくいじょう））

〔所在地〕福井市中央・大手ほか
〔比　高〕―
〔分　類〕平城
〔年　代〕天正三年（一五七五）
〔城　主〕柴田勝家、丹羽長秀・長重、堀秀政・秀治、小早川秀秋、青木一矩
〔交通アクセス〕ＪＲ北陸本線・えちぜん鉄道「福井駅」下車、徒歩五分。

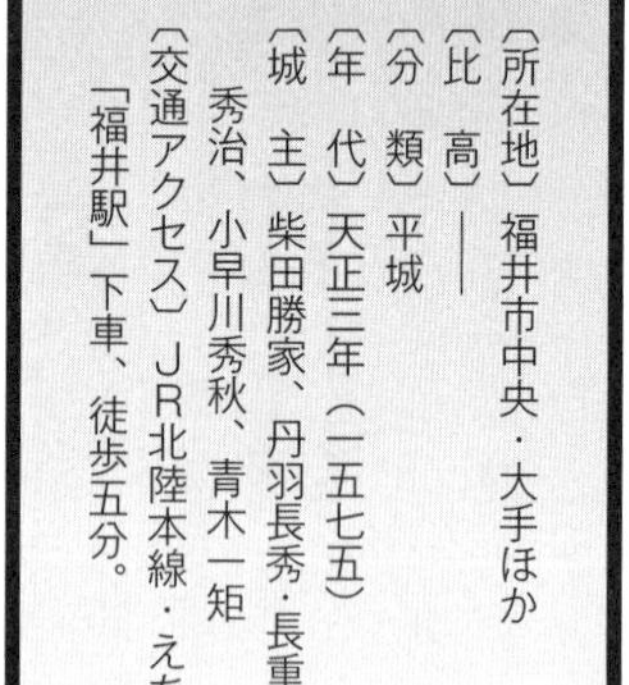

【城の前史】　北庄城は、福井平野に位置し、南側を流れる足羽川と東から流れ込む吉野川が合流する地点に位置する。古代より南北に北国街道（ほっこくかいどう）が通り、街道から東へは奥越大野そして美濃へと至る街道が分岐し、さらに足羽川（あすわ）・九頭竜川（くずりゅう）を経由して三国湊から日本海域へと繋がる。北庄は、交通の要衝として重要地点であり、それは現在の福井市街地に至るまで変わらない。人と物が集う都市的な機能は、考古発掘の成果から、すでに九世紀頃には一般集落とは相違する官的あるいは交易地的様子が垣間見える。降って中世前期には延長二年（九二四）に伊勢神宮から勧請された神明神社（しんめい）（「神明社之縁起」福井市神明神社蔵）を中心に、マチが形成されたと考えられる。

戦国時代、越前を治めた朝倉孝景（たかかげ）は、傍流の朝倉土佐守家に北庄を預けた。一五世紀後半には館を構え、北庄氏とも名乗った。発掘調査では、近世福井城本丸の南、柴田北庄城本丸があったとされる柴田神社周辺で、一六世紀の遺構・遺物が多く出土しており、朝倉時代の館から北庄城への連続性を視野に入れた研究が必要となろう。

【城の略史】　朝倉氏滅亡後天正元年（一五七三）、越前を預けられた朝倉旧臣や一向一揆による争いを再度平定した織田信長は、重臣柴田勝家を越前に置き、天正三年（一五七五）北庄に築城を開始した。以後、織田政権の北陸侵攻の拠点となったが、本能寺の変後、勝家は羽柴秀吉との戦いに敗れ、天正十一年（一五八三）北庄城で自害し、落城したとされる。

豊臣政権下でも越前の拠点として重視され、旧信長重臣の丹羽長秀が入城したが、以後短期間で城主が変わり、関ヶ原の戦い後、徳川家康の次男結城秀康が越前に封ぜられた。近世北庄城（福井城）の築城が開始され（慶長六年、一六〇一）、慶長十三年（一六〇八）に完成したとされる。

以上から北庄城の画期を朝倉北庄期（北庄館期、一五世紀後〜一五七五）、柴田北庄城期（一五七五〜八三）、豊臣北庄城期（一五八四〜一六〇〇）、福井城期（一六〇一〜一八七一）と区分されるが、発掘された北庄城期の遺構について、現状、柴田北庄城期と豊臣北庄城期の区分は難しい。また、結城秀康築城後も「北庄城」と呼ばれ、一七世紀代に「福居↓福井」と変わったが、便宜上、近世北庄城は福井城と呼ぶ。

【城の構造】　城の縄張は織田信長による（『信長公記』）とされる。宣教師ルイス・フロイスは書簡に「北庄城は極めて立派で」「石瓦葺き」と記し、羽柴秀吉の毛利輝元・小早川隆景宛書状（天正十一年　一五八三）では「城中矢蔵高く天主九重に築」くと伝える。これらは同時期の報告として北庄城のすがたを彷彿とさせるが、実は天守はおろか、その実態はほとんどわかっていないのが現状である。文献や江戸時代の城下絵図、伝承や現地踏査等のデータを総合した城下の推定復元図が、松原信之により提示されている（『福井市史』通史編一古代・中世　平成九年）。これによると、江戸時代の地誌等の記述を重視し、現在の柴田神社付近を本丸（天守）とし、その北側に二の丸・三の丸を配し、さらに周辺に侍屋敷、本丸と相対する位置に神明神社、西側に町場が広がる。松原の福井城絵図研究も基本としており、一定の説得力がある。実際、吉野川（百間堀）東岸の武家（侍）屋敷等発掘調査でもこれを追認する成果もみられる。また、南端に位置した天守は、足羽川や吉野川の水運や北国街道、美濃（大野）街道から間近にその威容を眺めることになり、その光景を想像すると、極めて魅力的だが、未だ越前内外に不安を抱える戦国時代であれば防御向きではないだろう。これに対し、御嶽貞義は考古学の立場から近世福井城本丸周辺に北庄城主要部（本丸）を想定する（『中近世移行期越前国における都市・地域・権力―一乗谷から北庄（福井）へ―』平成二十七年）。豊臣政権下でも勝家の北庄城を元にしたと考えられる。交通の要衝に位置する北庄城は、秀吉の天下統一を誇示するには恰好であり、念入りに修築されただろう。しかし、城主が短期で入れ替わるためか、記録は少なく、実態は不明である。

【考古発掘から見た北庄城】　一九七八年以降、県庁舎の建て替えや福井駅周辺の再開発等にともない市街地内の発掘調査が行われたが、これらは近世福井城跡として調査された。し

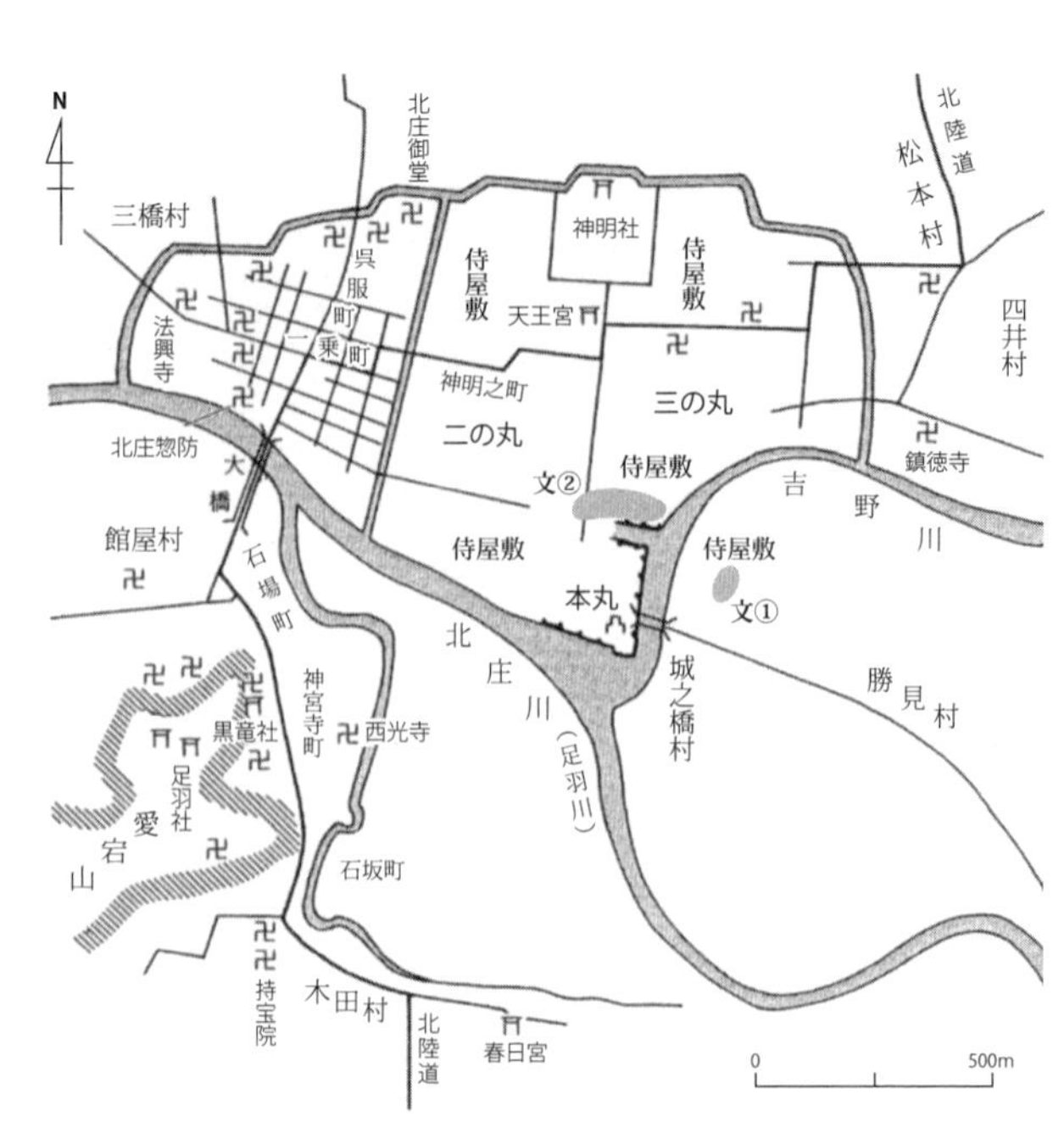

●—北庄城下の推定復元図（『福井市史』通史編１古代・中世　平成９年より転載加筆）

かし、その下層では北庄城期の遺構も確認されたが、考古学側の現状成果では、城郭全体はおろか本丸や天守の推定すら難しい状態である。この研究の遅れは、現在の地表面に遺構を推定できるものがほとんどなく、発掘調査も鉄道の高架化や駅前整備による一部に集中することによる。以下断片的ながら、まとまった調査成果について紹介する。

ＪＲ西日本北陸本線福井駅の高架化にともなう福井城跡発掘調査（地点は図の文①）では、吉野川（福井城百間堀）東岸の福井藩士の武家屋敷の下層から北庄城期の武家屋敷や街路が確認された。玉砂利敷きの道路跡は、両側に薬研堀（やげんぼり）の側溝を備え、その両側には武家屋敷の区画と考えられる門、塀（石積み）が確認された。特に道路跡西側屋敷の塀跡は、小さめの石材（笏谷石（しゃくだにいし））ながら裏込（うらごめ）をともない、丁寧な積み方から本来は少なくとも数段積まれていたと考えられる。門は方一間で礎石建ち（堀方のみ）の堅固なもので、門内脇に石積みの水枡を有する。小規模ながら城郭の石垣やその間に開く門を想定させる堅固な構えが注目される。

吉野川（百間堀）西岸側に位置する駅前地下駐車場地点（文②）では福井城期百間堀石垣の内側盛土内から北庄城期の石垣が確認された。石材は比較的小さめな割石で、割石のような笏谷石を充填した裏込をともなう。石垣を横切る状態で川底から北庄城期面まで大きな笏谷石の延べ板を敷き詰めた石敷スロープも確認している。敷石の表面や角が摩滅しており、川から重量物を引き上げた搬入口と考えられる。後にこのスロープは先の石垣の延長により塞がれることから築城工事用であった可能性もある。この石垣から西側は、平安時代前期の遺跡を最後に生活痕が途絶える。一五世紀後半から

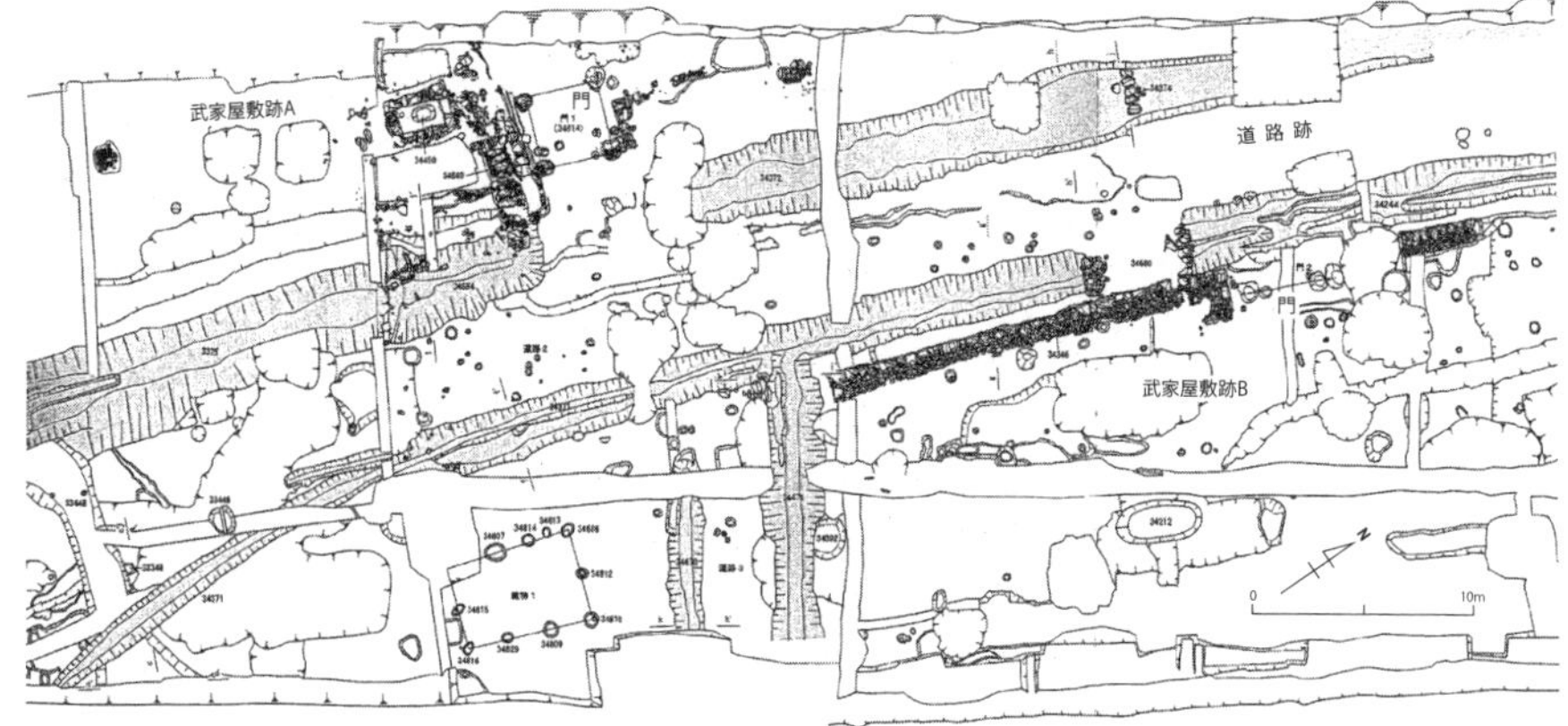

●—北陸本線福井駅地点　道路および屋敷門平面図（福井県埋蔵文化財調査報告第102集より転載）

●—北陸本線福井駅地点　屋敷門（東より，福井県教育庁埋蔵文化財調査センター提供）

一六世紀の朝倉北庄期に入り道路や屋敷跡が大量の遺物とともに出土し、にわかに開発・都市化した様子がうかがえる。その後北庄城期には大量の焼土とともに埋甕遺構も確認され、北庄城の重要地点であったことが想定されるが、その性格は不明である。

最後に宣教師ルイス・フロイスは書簡にみえる「石瓦葺」について、現在までの調査で北庄城期に係る焼物瓦も石瓦もまとまって出土していない。また、北庄

●—福井駅前地下駐車場地点　百間堀石垣および石敷スロープ（南より，福井県教育庁埋蔵文化財調査センター提供）

城復元の参考事例とされてきた丸岡城天守が、近年の研究では寛永期創建で、当初は柿葺（こけらぶ）きであったとされ（『丸岡城天守学術調査報告書』平成三十一年）、北庄城期の石瓦葺について再検討する必要に迫られている。なお、福井城では、一部の建物が石瓦葺とされたのは確実で、丸瓦、平瓦等に相当する石瓦が大量に出土している。

日本史上もっともよく知られた城郭の一つながら、全容がうかがい得ないことは残念である。研究の要といえる考古学的調査は、福井城本丸を中心に東側と南側の一部に限られ、中世北庄で重要な役割を果たしたと考えられる神明神社のある北側や、微高地で住環境に適し福井城期には上級武家屋敷が建ち並んだ西側の調査がほとんど行われておらず、情報に偏りがある。北庄城の解明には古代から近世に至る都市史という視点で文献学、考古学からのアプローチが必要であろう。また、松原信之の研究をさらに進め、発掘成果を元に福井城期の大量の絵図から北庄城期の遺構を読み解くことの可能性も検討すべきであろう。以上、多くの課題を残しているが、今後の研究が期待される。

【参考文献】『福井市史　通史編一　古代・中世』（一九九七）、『福井県埋蔵文化財調査報告第一〇二集　福井城跡—福井駅西口地下駐車場整備事業に伴う発掘調査』（福井県教育庁埋蔵文化財調査センター、二〇〇八）、『福井県埋蔵文化財調査報告　第一四六集　福井城跡—JR北陸線外二線連続立体交差事業に伴う調査—第一分冊—遺構編—』（福井県教育庁埋蔵文化財調査センター、二〇一四）

（河村健史）

●一乗谷城北側の支城

成願寺城（じょうがんじじょう）

〈所在地〉福井市成願寺町
〈比　高〉一九〇メートル
〈分　類〉山城
〈年　代〉一五世紀～一六世紀末
〈城　主〉朝倉氏の家臣
〈交通アクセス〉JR北陸本線「福井駅」下車、京福バス大野線「桜谷」停留所下車。徒歩五分で波着寺鳥居。

【一乗谷城の出城】　成願寺城は、一乗谷の城戸口である下城戸（福井市安波賀町）から北西に約三・五キロに位置する山城跡である。下城戸側から侵入する敵を食い止める重要な位置にあり、実際に成願寺の集落は朝倉氏の越前平定戦の舞台となった（後述）。成願寺城は一乗谷城の出城（支城）の一つと位置付けられており、同様の出城とされる東郷槇山城が直線距離で約二・五キロ北東に築かれている。一乗谷周辺の地図をみれば明らかなように、これらが下城戸側を守る防衛ラインを形成していた。

【波着寺との関わり】　成願寺城の東側遺構の直下には、真言宗・波着（著）寺がかつて存在した。確かな創建年代は不明だが、奈良時代に泰澄開基と伝えられ、本尊は十一面観音であった。寺号の由来は、洪水の折に足羽川の川波が堂下まで打ち寄せたことにちなむという。文安二年（一四四五）には同寺にいた六名の住僧の存在を史料上で確認できる（「東寺百合文書」）。文明六年（一四七四）閏五月十五日、朝倉氏と甲斐氏との間で「波着山并岡保等合戦」が起り、当地周辺が戦場となったことが知られる（『朝倉家記』）。そして、朝倉氏の越前平定後には、本尊の波着観音の開帳が行われ、滝谷寺（坂井市三国町）の僧が導師として招かれた。その開帳の日時や導師についても、朝倉氏の家臣・小泉氏の取次のもと、朝倉氏当主（「御屋形様」）が決定しており、同寺に対する朝倉氏の影響力の強さがうかがえる（「滝谷寺文書」）。また、同史料には、波着寺の坊院として宝珠坊・玉養坊・財林坊・実泉坊・安養房〔坊〕の名がみえる。四代・朝倉孝景（宗淳）は天文十七年（一五四八）三月二十二日、波着寺参詣の帰路に頓死している（『朝倉始末記』）。

朝倉氏滅亡後は、天正年間に東郷城主・長谷川秀一が波着寺を愛宕坂（福井市足羽）に移したといわれる（現在は廃寺）。このことの出典は、福井藩の編纂した地誌『越藩拾遺録』で、同書には愛宕坂移転以前の波着寺について「養老年中一乗ニテ泰澄開基」とある。このことから、成願寺町の辺りまでも広義の「一乗」（一乗谷）と認識されていたことがうかがえる。また、府中城主・前田利家も波着寺を深く信仰し、加賀移封にともない金沢城下に波着寺を分寺して祈願所とした。この波着寺は現在も金沢市内に存続している（石川県金沢市石引）。

いっぽう、成願寺城について、文献にその名を見出せるのは、『朝倉盛衰記』（『朝倉始末記』の異本）が初見である。同書には、「成願寺ハ一乗三ノ丸前波此城代也」とあり、朝倉氏の家臣・前波氏が城代であったという。しかし、このことの真偽は不明であり、『福井市史』では「旧足羽郡酒生村の篠尾・高尾地区一帯が前波氏の所領とされていたことによるものであろう」とされている。そのうえで「南北朝期を前後して築かれ始め、室町期になって本格的山城として整備され、一乗谷の出城として城番が置かれたとみるほうが自然である」との理解を示している（福井市、一九九七）。したがって、成願寺という名の寺院が存在したかどうかは不明であり、波着寺との関係も不明といわざるをえない。

【古墳群と重なる遺構】　成願寺城の遺構は、波着寺跡の背後の尾根筋に集中してみられる。以下、これを東側遺構とする。東側遺構の西端から約五〇〇メートル西にも城郭の遺構があり、これを西端遺構と呼称する。佐伯哲也は、この五〇〇メートルの間に城郭遺構が存在しないことから、西端遺構は東側遺構とは「別個の城郭」とみている（佐伯、二〇一二）。確かに、この間、尾根上に酒生古墳群の墳丘が点在しており、戦国期段階に城郭として改修された痕跡はうかがえない。しかし、あえて別の城郭と捉える必然性もないように思う。たとえば、福井県内の事例でいえば、一乗谷城や砕導山城（高浜町）など、遺構と遺構の間に自然地形をそのまま残した山城は多数存在する。これらの山城では、先端の遺構が主要部の防御を補完したり、見張り台の役割を果たしたと考えられている。成願寺城でも、平野部に突き出した先端の尾根上に位置する西端遺構が見張り台の機能を果たし、東側遺構と一体のものとして機能した可能性がある。

東側遺構の主郭とみられる曲輪Eの南に腰曲輪がめぐり、

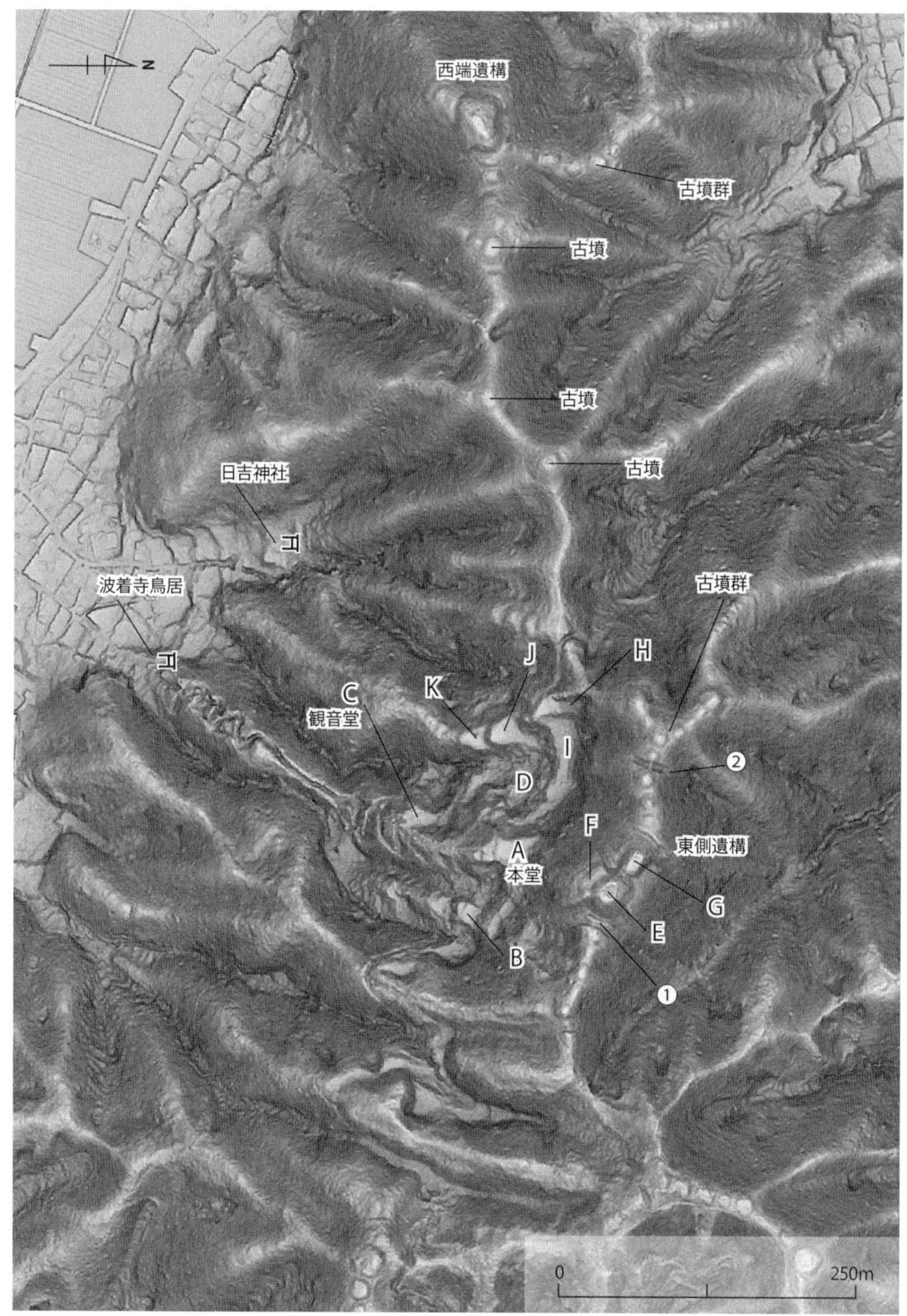

●—成願寺城跡赤色立体図（福井県立一乗谷朝倉氏遺跡資料館提供）

●—土橋②（東から）

その東端に櫓台（やぐらだい）が設けられている。これは、主郭東側の大堀切①に対して横矢（よこや）をかけられる位置にある。このように技巧的な防御施設であることから、佐伯は「現存遺構は一六世紀後半に構築された可能性が高い」と評価している（佐伯、二〇二二）。他にも、主郭および西接する曲輪Gの南西斜面には畝状空堀群（うねじょうからぼりぐん）がみられる。これについて佐伯は「三本しかなく、百本以上存在する一乗谷城の畝状空堀群と同レベルで扱うべきではない」と述べ、禁欲的に評価している（佐伯、二〇二二）。筆者も現地を踏査したが、やはり一乗谷城に比べると成願寺城の畝状空堀群はやや作りが甘いと感じた。

成願寺城は、酒生古墳群や波着寺跡の遺構とも一部重なり、複合的に城郭遺構が展開する。ゆえに、どこまでを城域とみるかは諸説ある。翻って考えれば、成願寺の集落が古代以来の越前国の要衝の一つであり、地域の歴史の重層性を成願寺城跡そのものが体現しているともいえるだろう。

波着寺跡までの登山道は整備されており、登山口（鳥居）から約二〇分で伝・観音堂（C）へ至る。しかし、波着寺跡から東側遺構までは整備された道はなく、薮の中を進むことになる。また、東側遺構から西端遺構の間も所々に倒木があり、薮も生い茂っているので、注意されたい。

（石川美咲）

【参考文献】福井市『福井市史 通史編一 古代・中世』（一九九七）、佐伯哲也『朝倉氏の城郭と合戦』（戎光祥出版、二〇二一）

●戦国大名朝倉氏の本城

一乗谷城〔国特別史跡〕

〔所在地〕福井市城戸ノ内町
〔比　高〕比高四二〇メートル
〔分　類〕山城
〔年　代〕一五世紀～天正三年（一五七五）
〔城　主〕朝倉氏
〔交通アクセス〕ＪＲ越美北線「一乗谷駅」下車、麓まで徒歩約二〇分。またはＪＲ福井駅より、京福バス「一乗レストラント前」停留所下車。そこから九〇分ほど登山。

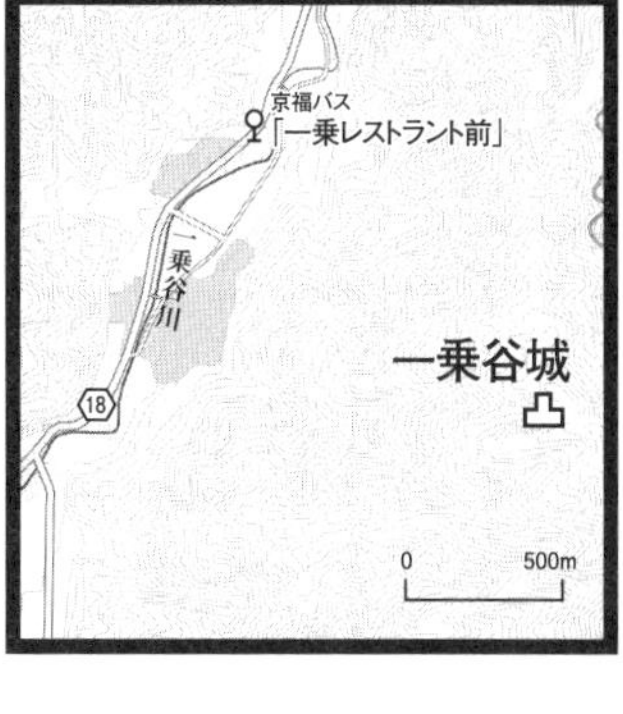

京福バス「一乗レストラント前」
一乗谷川
一乗谷城
18
0　500m

【一乗谷にもあった山城】　一乗谷は、日本を代表する戦国大名の城下町遺跡としてよく知られている。「城下町」というからには、中心となる城郭が当然あるのだが、一乗谷では城下町の遺構や復原町並に注目が集まり、その意識が抜けがちになる。しかし、谷を取り巻く山上には城郭の遺構が点在し、いずれも良好な状態で残されている。特に、朝倉館跡の背後には越前国で最大級の山城跡（以下、一乗谷城と呼称）があり、館とともに一乗谷の中核的な施設と考えられる。

一乗谷城は、比高四〇〇メートルを超える本格的な山城である。城下町側からは、安波賀・馬出・英林塚の三つの登山道が付いているが、いずれも城跡までは一時間半程度の山登りを要する。いっぽう、反対側の三万谷方面からは車で登坂できる山道が山頂付近まで通じており、ここからだと三〇分程度の登山で城跡に辿り着く（駐車スペースには限りがある）。一乗谷を訪れる際には、麓の城下町遺跡だけではなく、山城も合わせて見学していただきたい。山登りの疲れを忘れさせてくれるほど、見事な遺構が残されている。

【歴　史】　一乗谷城は、一五世紀前半を生きた朝倉家景（英林孝景の父）の頃より史料上にみえるようになる（『流水集』）。応仁・文明の乱を経て朝倉氏は越前国を統一し、領国支配の体制を整備していく。朝倉氏は、対外的には一向一揆との対戦、若狭国への侵攻などを手がけ、美濃国・近江国などの諸大名とも通交しながら北陸有数の戦国大名へと成長を遂げた。その間、一乗谷城も順次整備・拡張されていったと考え

●— 一乗谷城縄張図（作図：新谷和之）

られるが、具体的な過程は史料からはうかがえない。

元亀元年（一五七〇）、織田信長は朝倉義景を攻めるため、越前国へ兵を向ける。義景は、北近江の浅井長政らと連携し、反信長包囲網の一角をなすが、天正元年（一五七三）に最期を迎えることとなる。義景は従兄弟の朝倉景鏡の提案により、一乗谷から大野郡へと移るが、景鏡の裏切りに遭い、自害した。一乗谷は織田方に放火され（「本願寺文書」）、戦国大名朝倉氏の拠点としては終焉を迎えた。

義景の死後、越前国の統治は朝倉旧臣の桂田長俊（前波吉継）が一時担ったが、長俊は天正二年、富田長繁に攻められ自害した。この後、越前国では一向一揆が勢力を誇る（『信長公記』）。翌年、信長は越前国に攻め入り、一揆勢に対して凄惨な殺戮を行った。その際、「一乗然るべき者共三百余り」が氏家直通・武藤舜秀によって討ち取られており（「高橋源一郎氏持参文書」）、一揆勢の一部が一乗谷に籠もったことがうかがえる。この時、山城が使われたかどうかは不明である。

【越前国を代表する巨大山城】　城の遺構は、標高四七五メートルの一乗城山を中心に、東西約四四〇メートル、南北約六二〇メートルの範囲に展開している。谷部の削平地を主体とする曲輪群Ⅰと、尾根上に築かれた曲輪群Ⅱ～Ⅳに大別され、西側と北側の防御を補完するために曲輪群Ⅴ・Ⅵが配置されている。規模の大きさもさることながら、後述するように多様な防御施設が効果的に配置されており、城郭史上注目すべき遺構といえる。

曲輪群Ⅰは、城内最大の面積を誇る通称「千畳敷」、土塁で囲まれた「赤淵神社跡」「観音屋敷跡」などの曲輪からなる。周囲の尾根筋は土塁状に造成されており、曲輪群Ⅰ全体の防御壁となっている。曲輪面では、建物の柱を据えた礎石や、足羽山（福井市）で産出される笏谷石製の棟飾りなどが確認でき、恒常的に維持される建物があったことは確実である。谷あいに曲輪を営む城としては、観音寺城（滋賀県近江八幡市・東近江市）や大桑城（岐阜県山県市）などがよく知られている。観音寺城は、先行する寺院の遺構をベースに城郭としての整備が加えられたことが明らかにされている。曲輪群Ⅰでも、宗教施設の存在を示す地名が伝承されており、谷あいの削平地は朝倉氏の築城に先行してあった可能性もある。

尾根上の曲輪群Ⅱ～Ⅳは、曲輪群Ⅰと比べると一つ一つの曲輪が小さく、造成も甘い。各曲輪群の間は堀切で分断されており、相互の連絡は希薄である。このことは、各曲輪群の独立性の高さを示しており、朝倉氏の権力構造を探る一つの手がかりになるかもしれない。

一乗谷城遠望

通称「千畳敷」

【無数の畝状空堀群】　一乗谷城最大の特色は、畝状空堀群の多さにある。畝状空堀群は曲輪群Ⅰ～Ⅳのいずれにもあるが、北側から東側の斜面下にとりわけ多く、曲輪群Ⅲ・Ⅳの西方にもまとまって存在している。いっぽう、曲輪群Ⅰ・Ⅱの東側には一切みられない。曲輪群Ⅰの東麓には朝倉館が位置し、両者を結ぶルートがあったと考えられる。このことから、畝状空堀群は主に谷の外側に向けて配置されていると評価できよう。

一乗谷城の畝状空堀群は、朝倉義景が織田信長との対戦に備えて元亀・天正年間に整備したとかつては考えられてきた。しかし、朝倉氏が対織田戦の前線に築いた城には畝状空堀群があまりみられないことから、より古い時期の遺構ではないかという見解が出されている。他地域の事例も踏まえると、畝状空堀群の構築時期は朝倉氏の最末期に限定しなくてもよいだろう。

畝状空堀群は、一乗谷城だけでなく、越前国内のいくつかの山城にみられる。朝倉氏ゆかりの『築城記』に「タツ〔竪〕堀」の記載があり、朝倉氏が築城に際して竪堀（たてぼり）にこだわりをもっていたことは間違いない。ただし、畝状空堀群自体は、地域差はあるものの全国的にみられ、朝倉氏独自の防御施設とみることは難しい。畝状空堀群の使用については、ひとまず越前国の地域性の問題として捉え、朝倉氏が導入を政策的に推進したかどうかは慎重に判断すべきである。

【都市一乗谷の防御壁】　曲輪群Ⅱ〜Ⅳは、いずれも南東隅に堀切と櫓台（やぐらだい）状の土塁をセットで設けており、南の尾根筋からの進軍を警戒している。特に曲輪群Ⅳの堀切は上端幅が二三メートルもあり、城内で最大の規模を誇る。南の尾根筋を下ると、一乗谷の南側の出入り口である上城戸（かみきど）に至ることから、尾根上の曲輪群は主に上城戸方面からの攻撃に備えて整備されたと考えられる。

先の畝状空堀群の配置とも合わせて考えると、一乗谷城の防御施設はおおむね城下とは反対側に配置されたことになる。このことは、一乗谷城が都市一乗谷の防御壁としての役割を担っていたことを示しているといえよう。一乗谷は周囲を山に囲まれた天然の要害であることがこれまで指摘されてきたが、その要害性を最大限に発揮する工夫が、現状の縄張からみることができるのである。

曲輪群Ⅰはまとまった面積の削平地をもち、礎石建物もあることから、一定の居住が可能なエリアであると考えられる。戦国大名のなかには、山上で日常生活を営む者が一定数おり、政治や生活の場として山城が機能することもあった。一乗谷では、麓の館跡で立派な建物や生活の痕跡が確認でき、当主は普段麓で暮らしたと思われる。その場合、山城がどのように使用されたかは明らかではない。山城と居館の使い分けについては今後の課題である。

【参考文献】　佐伯哲也『朝倉氏の城郭と合戦』（戎光祥出版、二〇二一）、新谷和之「一乗谷城の縄張構造」『一乗谷朝倉氏遺跡資料館紀要二〇一九』（二〇二一）、南洋一郎『一乗谷城の基礎的研究〜中世山城の構造と変遷〜』（私家版、二〇一六）

（新谷和之）

●戦国大名朝倉氏の城下町

一乗谷朝倉氏遺跡

〔国特別史跡〕

〔所在地〕福井市安波賀中島町・安波賀町・城戸ノ内町・東新町・西新町・三万谷町
〔比　高〕〇メートル
〔分　類〕平城
〔年　代〕一五世紀～天正二年（一五七四）
〔城　主〕朝倉氏五代、前波吉継（桂田長俊）
〔交通アクセス〕JR越美北線「一乗谷駅」下車、徒歩二五分で朝倉館跡・唐門。

【日本を代表する中世都市遺跡】　一乗谷は、越前中央山地の西縁部に位置する。東・南・西の三方を山々で囲まれ、足羽川の支流・一乗谷川に沿った南北約五キロに細長く伸びる谷が一乗谷である。北側の谷の入口は福井・滋賀・岐阜県境の急峻な山々の間を流れてきた足羽川が福井平野へ打ち出ようとする地点であり、美濃街道にも面している。一乗谷朝倉氏遺跡は、五代約百年にわたり越前一国を治めた戦国大名・朝倉氏の城下町跡である。

初代・朝倉孝景（一四二八～八一）は越前守護・斯波氏の被官として勢力を伸ばし、応仁の乱を機に斯波氏を圧倒し越前の国主へと躍進した。孝景より前の代から朝倉氏が一乗谷に居住した徴証もあるが、孝景の頃から本格的に一乗谷を拠点化したと考えられている。孝景の遺した家訓『英林壁書』には「朝倉が館の外、国内□〔に〕城郭を構へさせましく候、惣別分限あらん者一乗谷へ引越し、江〔郷〕村には代官ばかり置かるべき事」という一条がある。孝景が没した翌年の文明十四年（一四八二）に一乗谷で大火があり、当主館が焼失し、「随分の者共」（重臣たちのこと）が焼死した（『大乗院寺社雑事記』）。このことから『英林壁書』にみえる重臣の一乗谷集住は、この時期には一定程度達成されていたと考えられる。

元亀年間（一五七〇～七三）に入ると五代・義景（一五三三～七三）は織田信長と四年に渡り抗争を繰り広げる。天正元年（一五七三）八月に一乗谷は織田軍による焼討ちに遭い、義景も大野で自刃におよび朝倉氏は滅亡した。同年十一月、朝倉旧臣の前波吉継（桂田長俊）は信長によって越前守護代に任じられ一乗谷に入ったが、翌年越前一向一揆に攻められ敗死した。その後、一乗谷は一揆方の拠点の一つとなった。しかし、天正三年八月、織田政権による一揆の殲滅および越前平定がなされると、柴田勝家が北庄城を築き、商人や寺社などの一乗谷の住人は北庄城下（現福井市中心市街地）に移り住んだ。一方、一乗谷は近世以降に都市化されず、平地部の多くが水田となったことで、城下町の遺構が地下によく保たれた。昭和四十二年（一九六七）から発掘調査が開始され、昭和四十六年には「一乗谷朝倉氏遺跡」として国の特別史跡に指定され、現在に至るまで発掘調査・遺跡整備が続けられている。

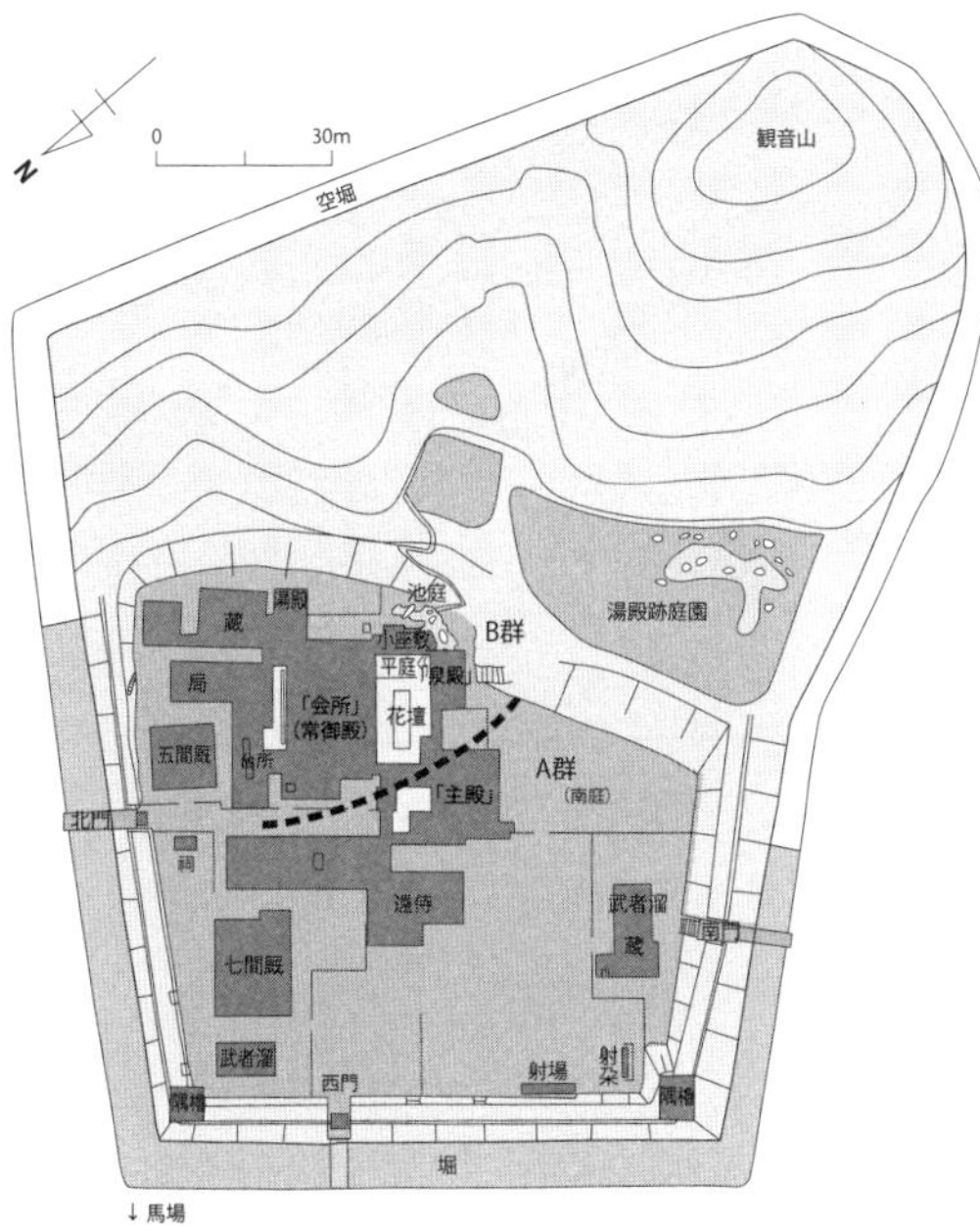

●―朝倉館跡配置図（福井県立一乗谷朝倉氏遺跡資料館提供）

【朝倉館にみえる築城技術】当遺跡において、発掘調査・整備が行われているのは、基本的には五代・義景の代にあたる城下町の最終時期の遺構である。したがって、現在みることができる朝倉館はその時期の遺構ということになる。朝倉館跡は、外周が一辺・約一二〇メートル（＝一町）四方の敷地の三方を水堀と土塁で囲まれ、土塁で区画された約六四〇〇平方メートルの館平地部の範囲には、一六棟の礎石建物群や庭園・溝などが整然と配されていた（吉岡、一九八四）。水堀は幅約八メートル・深さ約三メートルの箱堀である。南北面の東端からは空堀となり、南東隅部の観音山（尾根の先端を人工的に削り込んだ独立小峰）を含む山裾を取り込んだかたちで北側の水堀に接続する。堀の内側に取り込まれた山裾の段丘上には、湯殿跡庭園と呼ばれる庭園遺構もみられる。土塁は、基底幅が約六メートル、上幅は約二・四メートルあり、正面となる西土塁と北土塁の西半分が低く館内からは約一・五メートル程であるが、北土塁の東半分および南土塁は山裾に向かって高まり、いずれも取り付き部付近では約四・五メートルの高さとなる。朝倉氏が普請に関与したとの伝承

●—朝倉景鏡館跡推定地遠景（北西から，福井県立一乗谷朝倉氏遺跡資料館写真提供）
※ 堀跡の補助線を加筆

●—朝倉館跡空堀石垣（南東から）

をもつ大桑城下町遺跡（岐阜県山県市）の四国堀でも、土塁が山裾に取り付く様子をみることができる（内堀ほか、二〇〇二）。土塁の石垣は、館内部では山側以外の三方で腰巻き状に展開し、外側では西土塁で鉢巻き状のものが部分的にみられ、南土塁の空堀部分では鉢巻き状に、部分的に二段にセットバックするかたちで展開する。

朝倉館は築造された当初から、構造物が最終形の姿で存在したわけではない。建物では、A群［主殿・台所・七間厩・武者溜・蔵・遠侍］よりもB群［会所（常御殿）・泉殿・小座敷・湯殿・台所・局・蔵・五間厩］の方が新しい時期の遺構と考えられている。その証左として、北土塁の内壁石垣が山裾へ向かう途中で途切れていることや、B群の建物の方位がA群からみてわずかに振れていることなどがあげられる。従来、新しい構造物群が増築された時期は、足利義昭が義景を頼って一乗谷に下向した永禄十年（一五六七）が有力視されてきた（福井県教育委員会、一九七六）。しかし、その後の発掘調査の進展により、一六世紀初めには現朝倉館を基軸に城下町の町割りが形成されていたことが判明した。朝倉一族の館や寺院（南陽寺）などとの位置関係・館群構成も明らかとなり、現朝倉館は少なくとも四代・孝景（一四九三～一五四八）の頃から機能していたことが確実だと考えられている（小野、二〇一七）。したがって、館の改修時期は孝景の段階に遡る可能性も出てきた。ただし、発掘された遺構面のさらに下層は未調査のため、朝倉館が四代・孝景より前からあったのか、いつ改修されたのかといった問題はまだ解明されていない。

【その他の堀と土塁のある館】　堀と土塁をともなう館跡の調査例としては、朝倉館とそれに隣接する中の御殿を除けば、城戸の内では、字「中惣（なかそう）」にある四三次調査区が唯一であり、そこは江戸後期の古絵図（安波賀春日神社蔵）から義景の従弟で大野郡司を務めた朝倉景鏡（かげあきら）（一五二五カ～七四）の館に比定されている。調査では、館を囲む幅五～六メートルの堀・幅八メートルの土塁の一部が検出された。城戸の外では、東新町字「斉藤」に位置する二八次調査区において、幅四・二メートルの堀をともなう館跡が確認された。そこは朝倉氏のもとに寄寓した一色（斎藤）龍興の居館の可能性がある。このように、一乗谷において堀と土塁を備えた館は数少なく、朝倉氏当主をはじめごく限られた人物のみが居住できたものと考えられる。

以上、一乗谷朝倉氏遺跡内の平地部の城館について、土木工事（普請）の面に注目して、概観した。山城・一乗谷城だけではなく、朝倉氏の城づくりを考えるための素材は、平地部にも確かにある。このことを意識して、現地を散策すれば本遺跡のひと味違う楽しみ方ができるだろう。

【参考文献】福井県教育委員会『朝倉氏遺跡発掘調査報告I—朝倉館跡の調査—』（一九七六）、吉岡泰英「朝倉館の建築的考察」『朝倉氏遺跡資料館 紀要一九八三』（一九八四）、内堀信雄ほか六名「高富町大桑城下町遺跡「四国堀」山麓測量調査」『美濃の考古学』五号（二〇〇二）、小野正敏「館・屋敷をどう読むか—戦国期大名館を素材に」同他編『遺跡に読む中世史』（高志書院、二〇一七）

（石川美咲）

●戦国期以来の町場をおさえる城

東郷槇山城（牧山城・東郷城）

〔福井市史跡〕

〔所在地〕福井市小路町・安原町・栃泉町
〔比　高〕一〇〇メートル
〔分　類〕平山城
〔年　代〕一五世紀前半～一七世紀初頭
〔城　主〕東郷氏（朝倉氏同名衆）、長谷川秀一、丹羽長正
〔交通アクセス〕ＪＲ越美北線「越前東郷駅」下車、徒歩三五分で山上の槇山公園。

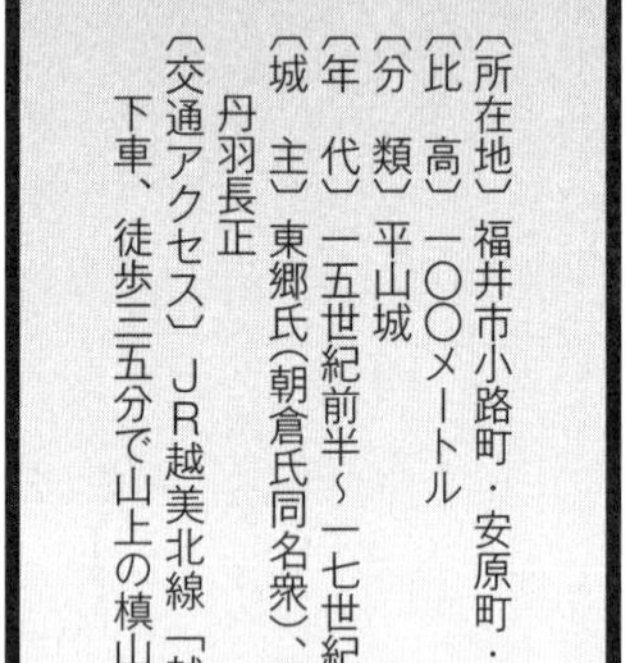

【一乗谷・三国湊と並ぶ町だった東郷】　東郷槇山城は、一乗谷の下城戸から西北西に直線距離で約二・二キロに位置する山城跡である。成願寺城などと同じく一乗谷城の出城と位置付けられ、下城戸側から侵入する敵を食い止める軍事的要地にあった。そればかりでなく、東郷の地は越前国内の経済的な拠点の一つでもあった。小島道裕は、朝倉街道が東郷地区の毘沙門（現在の上毘沙門町・中毘沙門町・下毘沙門町）付近で足羽川を渡り、足羽川沿いに走る美濃街道と当地で交差していたと想定した。毘沙門には市神を祀る神社（中毘沙門の神明神社は弁天社を、下毘沙門の田守大年神社は厳島社を合祀）もあることから、足羽川にも近い交通の要衝であり市が開かれていたとする説を打ち出した（小島、二〇〇五）。関連して、上毘沙門・下毘沙門には朝倉氏の米蔵があったという伝承がある（『東郷村誌』。下毘沙門の字「向蔵」からの想起か）。戦国期段階に市場があったことを直接裏付ける史料はない。しかし、天正二年（一五七四）の「織田信長朱印状」によれば、信長は木田（福井市木田）の豪商・橘屋を「(足羽)三ケ庄其外一乗・三国・端〔東〕郷」の「唐人之座并軽物座」の座長に任命している（「橘家文書」）。ここから、東郷が一乗谷や三国湊と並び称されるほどの町場であったことが推察される。

朝倉氏との関わりでいえば、系図上では、広景を初代とする越前朝倉氏四代・貞景（為景とも。大心。英林孝景の高祖父）の弟・美作守正景（天沢）は東郷を名字の地とし、東郷氏を名乗ったという（『朝倉家伝記』・『日下部氏朝倉系図略』な

ど）。彼が初代東郷槇山城主とされているが、詳細は不明である。その後、『古今類聚越前国誌』（一九世紀成立）によれば、鳥居兵庫助景近・虎牧弥三衛門路知が居城したという。

●—東郷槇山城跡からの眺望・西を望む

このように朝倉氏の時代の城主については、不明なところが多い。一方、貞治五年（一三六六）に朝倉高景（正景）に東郷荘の地頭職が宛行われており（『朝倉家記』）、それ以来朝倉氏が同荘への介入を強めていったことは確かである。文明十一年（一四七九）には、東郷荘の荘園領主である一条兼良が朝倉氏に同荘の返還を求めて一乗谷に下向したものの、結局三万疋を得たのみで帰洛した（『長興宿禰記』）。東郷の地が朝倉氏の勢力基盤の一つであったのは間違いない。

【織豊期の改修】　朝倉氏滅亡後、天正十三年（一五八五）に豊臣秀吉配下の長谷川秀一が越前に移封となった（『兼見卿記』）。秀一は東郷槇山城を居城とし、同時代史料にも「羽柴東郷侍従」の名でみえる（「松本三都正氏所蔵文書」など）。文禄三年（一五九四）、秀一は朝鮮出兵の最中に陣没した（『豊臣秀吉譜』など）。その後しばらくは秀一の一族が城を守ったが、文禄五年正月以降に丹羽長正（長秀の次男）が槇山城に入った（藤井、一九九四）。しかし、慶長五年（一六〇〇）の関ヶ原合戦で西軍に与したため改易となった（『廃絶録』）。その結果、槇山城も廃城となったと考えられる。この長谷川・丹羽両氏の時期に槇山城の修築が行われたと推定される。

城下に関して小島道裕は、「現在の東郷の集落は、おそら

●—東郷槇山城跡赤色立体図（福井県立一乗谷朝倉氏遺跡資料館提供）

く近世に槇山城の城下を作る際にこの市場（筆者註—毘沙門付近に想定される中世の市場）を吸収して形成されたものであり、後に宿駅として整備された結果、道路の中央に水路を持つ現在の様な景観になったものと思われる」と近世の東郷の町の成り立ちを見通した（小島、二〇〇五）。これを傍証するように、近世的な伝承地名（字名）も現地に複数残っている（「蔵屋敷」・「惣堀」・「札町」など）。

【赤色立体図により見つかった曲輪】 山上の千畳敷（曲輪B）

までは舗装道路が付いており、遺構が大きく破壊されている。元来の大手道はこの道ではなく、佐伯哲也によって、北側の三社神社方面から登る曲輪Cの谷から曲輪Gをへて主郭Aに至る道程の可能性が指摘されている（佐伯、二〇二一）。破城が徹底されたため、城全体として虎口や石垣などの遺構の残りがよいとはいえない。しかし、石垣①に関しては比較的良好な状態を保っており、現状で高さ一メートルほど残り、往時は四メートルを超える高石垣であったと推定される。このことから、石垣は長谷川・丹羽のいずれかの時期に構築されたと考えられる。加えて、この石垣①を含め、主郭A（通称「城台」）周辺には多数の石垣が残されており、佐伯は主郭Aを総石垣の曲輪であったとみている。いっぽう、佐伯の見解によれば、北側の平坦面群F・Hは、主郭Aの影響力がおよばない独立した曲輪群であることから、織豊期の改修は主郭Aおよび曲輪Gにとどまるという。（佐伯、二〇二一）。以上により、織豊期の改修により、城の主要部は北側の曲輪F周辺から南側の主郭A周辺に集約されたとみられる。

近年福井県立一乗谷朝倉氏遺跡資料館が制作した一乗谷一帯の赤色立体図をもとに現地を踏査したところ、新たに曲輪Jを確認した。他の尾根の先端に築かれた曲輪GやHなどとも作りが近似するため、槇山城の遺構の一部とみてよいだろう。

【希少な笏谷石製の石瓦】 主郭A周辺では、足羽山（福井市）で産出される笏谷石（しゃくだにいし）製の瓦の採取例が多数報告されている。丸瓦や平瓦も含まれることから、おそらく笏谷石製瓦葺きの建物があったのであろう。中近世移行期の越前において丸瓦・平瓦までも笏谷石を用いた城は、他に北庄城（福井市中央）しかない。笏谷石製瓦の利用といった観点からも、東郷槇山城は貴重な存在だといえよう。

【参考文献】 藤井讓治「豊臣期における越前・若狭の領主」『福井県史研究』一二号（一九九四）、小島道裕『戦国・織豊期の都市と地域』（青史出版、二〇〇五）、佐伯哲也『朝倉氏の城郭と合戦』（戎光祥出版、二〇二一）

（石川美咲）

●—東郷槇山城跡採取石瓦（福井県立一乗谷朝倉氏遺跡資料館蔵）

●越前朝倉氏の家臣の城

鎗噛山城（やりがみやまじょう）

〔所在地〕福井市安田町・清水町清水
〔比　高〕一〇〇メートル
〔分　類〕山城
〔年　代〕一六世紀
〔城　主〕村野源五郎兼光、鳴神新吾左衛門
〔交通アクセス〕JR北陸本線「福井駅」下車、京福バス「安田」停留所下車、南へ徒歩約三〇分。

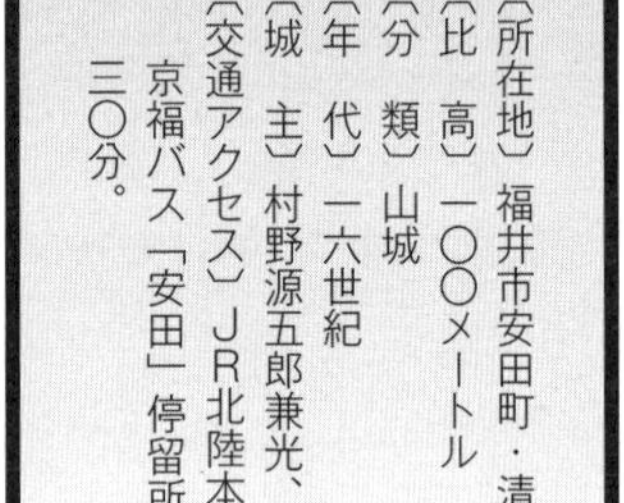

京福バス
「安田」
115
市総合運動公園
鎗噛山城
八幡神社
志津川
0
500m

【位置と環境】　鎗噛山城は、福井市安田町と清水町清水との境界に位置する鎗噛山の頂上に所在する。鎗噛山の頂上は城山（しろやま）と呼ばれており、城山の標高は一一〇メートルとそれほど高くはないが、急峻であたかも独立峰のように聳えている。鎗噛山の南を志津（しづ）川が、北東に日野（ひの）川が、また、北西には未更毛（みさらげ）川が流れ、三方を川に囲まれた半独立丘陵となっており、防御に適した場所である。眺望にも勝れ、福井平野西部を一望することができる。南東二・五キロの位置には奈良時代、東大寺領荘園道守荘（ちもりのしょう）があり、また、下流に足羽七城の一つである安居城がある。

　山縁に沿って清水集落があり、東側の谷部には自動車道が付けられている。城跡のほとんどが山林に覆われているが、城跡にはススキが多く自生しているほか、植林もされている。また、桜が植えられていることから、公園として使用されていた時期があった可能性が指摘されている。

【城の歴史】　城主について、文献史料を紐解くと『城跡考』には「朝倉家」と、『越前国古今城跡考』には「鎗噛山城跡　朝倉家　安居郷安田村ヨリ五町計（ばかり）南山上ニ五間四方計之所堀掻上形有　自福井一里半計」と両者とも「朝倉家」とのみ簡単に記されている。また、伝承では朝倉家の家臣である村野源五郎兼光（かねみつ）とその子孫が居城したと伝わり、一方では鳴神新吾左衛門の城とも伝えられている。

　『福井市史』や『福井県の中・近世城館跡』では、鎗噛山南麓に八幡神社があり、その地は屋敷跡と伝わっているこ

と、境内に「殿池」と呼ばれている湧水が存在することから、鎗嚙山城は南麓に位置する「清水尻」と呼ばれる集落の詰めの城と位置付けている。

【城の構造】　鎗嚙山城の最高所（標高一一〇メートル）に位置する曲輪Ⅰが主郭とみられ、曲輪Ⅰには明治四年（一八七一）に建てられた即位記念碑がある。曲輪Ⅰは東西約二〇メートル、南北約一九メートルで、西側に土橋をともなう堀切（①）が設けられている。

曲輪Ⅰの東に曲輪Ⅱが配置され、曲輪Ⅰと曲輪Ⅱは長さ約二〇メートル、幅約三メートルの土橋（A）でつながった構造となっている。曲輪Ⅱは東西約四五メートル、南北約三〇メートルで、削平はやや甘く、自然地形が多く残されている。北東方向と南東方向に伸びる尾根には堀切（②、③）が設けられ、南東方向の堀切からは曲輪Ⅱへと進入するためのスロープ（B）が設けられている。土橋（A）およびスロープ（B）については、城にともなうものとは考えにくく、曲輪Ⅰに建てられた即位記念碑を搬入する際に改変されたとみられる。

鎗嚙山城は即位記念碑の設置により、多少改変されているものの、そのほかの遺構は当時の姿を残しているとみられ、遺構の保存状態は比較的良好と言える。

縄張について、鎗嚙山城は三方に伸びる尾根を堀切（①～③）で遮断することで防御を強固なものとしているものの、土塁や櫓台、土塁で構成される枡形虎口などは設けられていないことから、城の年代が戦国期末まで下るとは考えにくい。築城年代を

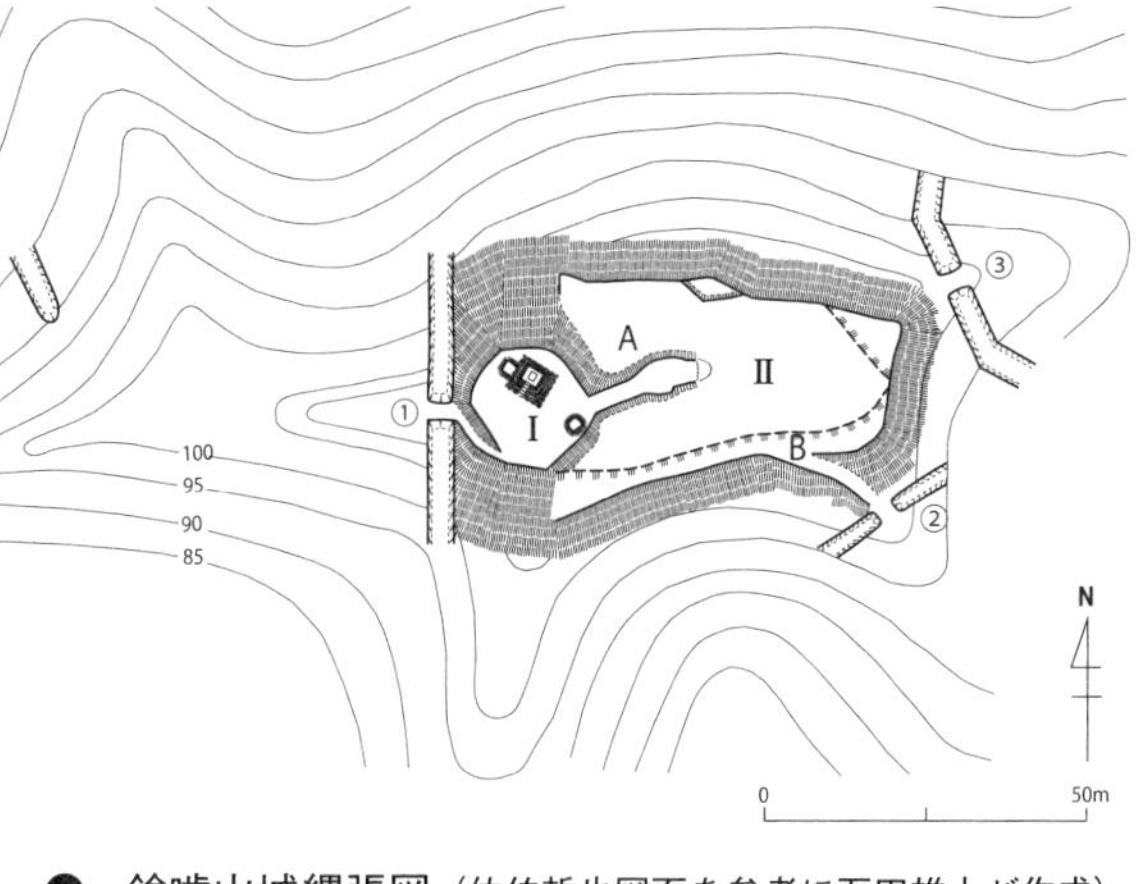

●—鎗嚙山城縄張図（佐伯哲也図面を参考に石田雄士が作成）

●—鎗嚙山城遠景

●—曲輪Ⅰと曲輪Ⅱを繋ぐ土橋

考えるうえで、地表面に顕著な遺構が存在していないことから、年代の特定は難しいものの、堀切③の端部を竪堀として落としていることから推測すると、一六世紀頃の城とみてよいだろう。

　また、曲輪の削平が甘く、大規模で堅牢な建物を設けることが難しいことから、ここに恒常的な生活空間があったとは考えにくい。つまり、有事の際に逃げ込むための城であったとみられる。現状、南麓に屋敷跡を示す遺構はないものの、山麓に屋敷跡、山上に詰めの城がセットになった在地土豪の城ではないかと考えられる。

【発掘調査の成果】　過去に鎗嘴山の北端部において、福井市スポーツ公園や聖苑（斎場、火葬場）の建設にともない、平成七年から十一年までの五ヵ年で発掘調査が実施されている。

　平成七年度～八年度の調査ではガメ山（標高四〇メートル）と呼ばれる尾根を対象に調査が実施され、平坦面や土橋、堀、柵列などが設けられていたこと、一部地山を削って切岸が設けられていたことが確認されている。また、平成八年度～十一年度の調査ではユ山（標高八〇メートル）と呼ばれる尾根の北側を対象に調査が実施され、土塁状の高まりが検出されたことが報告されている。ただし、これらの調査では中世の遺物は確認されていないことや、弥生時代の高地性集落にともなう建物五基が検出され、出土遺物も弥生時代の遺物が中心となっていることなどから、これらの遺構を鎗嘴山城にともなうものと断定することは今のところ難しい。

　現状、縄張図を提示した箇所以外は、地表面観察で遺構を観察することができないことから、鎗嘴山城の範囲を現在遺構が確認できる範囲とするか、もしくは発掘調査により平坦面、土橋、堀、柵列が検出された美更川に接する北端部までとするかは今後の発掘調査に期待するほかない。

【参考文献】福井県立朝倉氏遺跡資料館『福井県の中・近世城館跡』（福井県教育委員会、一九八七）、福井市『福井市史　資料編1　考古』（三秀舎、一九九〇）、南洋一郎『一乗谷城の基礎的研究—中世山城の構造と変遷—』（河和田屋印刷、二〇一六）、佐伯哲也『越前中世城郭図面集2　越前中部編（福井市・越前町・鯖江市）』（桂書房、二〇二〇）

（石田雄士）

●畝状竪堀を巡らす絶景の城

文殊山城

〔所在地〕鯖江市南井・福井市角原・生野
〔比　高〕約三四〇メートル
〔分　類〕山城
〔年　代〕一六世紀
〔城　主〕——
〔交通アクセス〕北陸自動車道「鯖江IC」から鯖江側大正寺登山口まで車で約一五分。登山口から山頂まで徒歩で約九〇分。

文殊山城

JR越美北線
北陸自動車道
191
208
0
1000m

【景観と歴史】　越前東部山地が福井平野へ突き出た半島状の山塊先端に文殊山（もんじゅさん）があり、標高約三六五メートルの文殊山頂部を中心に山城が築かれている。地勢的にはここを境に北側を福井平野、南側を鯖武盆地（南越盆地）と呼び、ちょうど鯖江市と福井市の境となっている。平安時代の西行（さいぎょう）法師によって「越に来て　富士とやいわん角原（つのはら）の　文殊ヶ嶽の　雪の曙（あけぼの）」と詠まれたといわれるこの山は、その美しい山容から越前五山に数えられ、福井県嶺北地方でもっとも親しまれている山の一つとして知られる。山名は、白山信仰の祖とされる泰澄（たいちょう）大師が、文殊菩薩を山頂に祀ったとされることに由来し、今も多くの参詣者や登山客で賑わう。

山頂は大文殊とも呼ばれ文殊菩薩を祀った本堂が置かれている。このほか、尾根伝いには小文殊（室堂）と呼ばれる場所に置かれたお堂に阿弥陀如来を、別山（奥の院）と呼ばれる場所にあるお堂に聖観音をそれぞれ祀っており、山麓部の寺社を含め白山信仰が色濃く残されている。また、山中では尾根や山肌のいたるところに岩が露出しているのを見ることができる。奥の院近くの道中脇に「胎内（たいない）くぐり」と呼ばれる二つの巨岩が合わさった場所があり、ここを通ると〝安産のご利益を授かる〟と伝わるほか、〝知恵を授かる〟といった伝承が残されており、古くから修験道の場所となっていたようである。このほか、山頂近辺では古代の須恵器（すえき）だけでなく縄文時代や弥生時代の土器も採集されており、白山信仰が根付く遥か昔から、岩に神が宿るとする磐座（いわくら）信仰が当地にあっ

●—文殊山（南から）

●—山頂にある本堂

たものとみられる。

この山頂からの眺めは見事なもので、とくに北側は広大な福井平野の奥に加越丘陵や日本海まで見渡せる。東側は一乗谷城や奥越前の山並み、さらにその奥には白山連峰がそびえ、西側には北陸道が往く谷奥に丹生（にう）山地、南側には府中のあった鯖武盆地、そして敦賀半島の峰々までを遠く望むことができる。おそらく越前国内ではもっとも眺望のよい城の一つとみられ、この地勢的利点を活かして城が築かれたことが容易に想像される。山頂から東側へ延びる尾根稜線上には榎坂峠（えのきざか）があり朝倉氏が越前を支配した頃の本街道であった朝倉街道が南北に通じ、さらにその奥には三峯城が位置する。また、先述したように西麓を通る北陸道を見下ろすことが可能であり、両街道をおさえる要衝に位置したことが分かる。

●—山頂北側に広がる福井平野

江戸時代に記された『城跡考』によると、文殊山麓の南井村、角原村や生野村などに複数の城館の存在を見て取れるものの、残念ながら文殊山城に関する記載はない。現在確認されている他の史料にも一切見られないため、築城年代や城主等については不明である。

【城の構造】 文殊山城は、大きく分けて山頂を中心としたA郭群と、山頂から北方向に延びる尾根に築かれたB郭群、そして山頂とは谷を挟んで南側にある奥の院と呼ばれる標高三五〇メートルの山頂にあるC郭の計三つから構成され、城域は南北五〇〇メートル、東西五〇〇メートルにおよぶ。

山頂のA郭群は本城の主郭であり、三方向に延びる尾根を

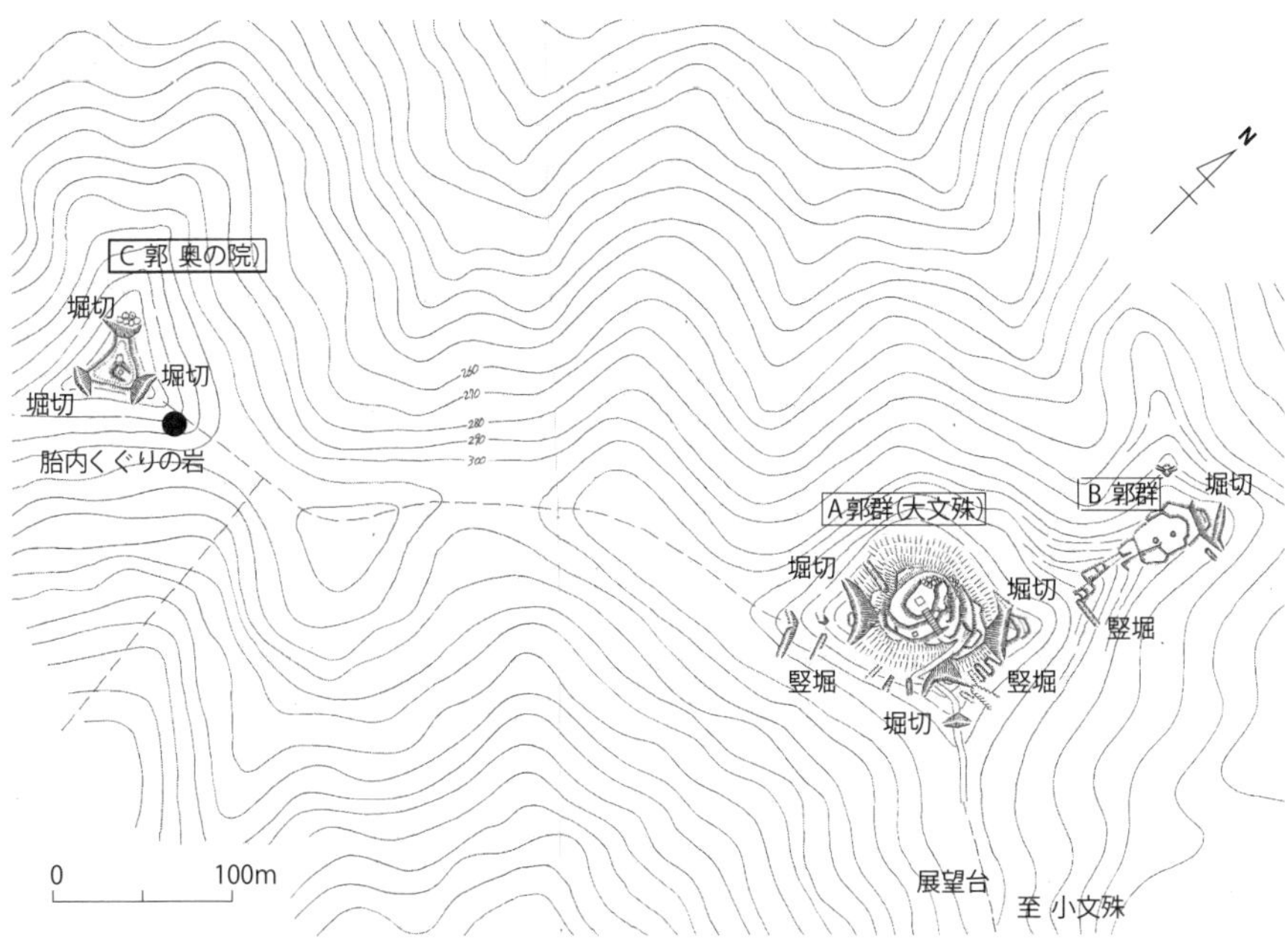

●―文殊山城縄張図（作図：佐伯哲也）

それぞれ大きな堀切で切断し、内側は山頂を中心に同心円状に小さな郭を配置する。もっとも急峻な郭群西側を除く斜面に竪堀（たてぼり）を設けており、とくに北東側斜面には三条の連続した竪堀を配し、両側にある堀切と一体的に機能した姿を見ることができる。また、明瞭ではないものの郭群北側斜面にも起伏が見られることから竪堀が存在した可能性は高い。このほか、山頂東側へ延びる尾根には、先述した大きな堀切の外側にさらに幅約七メートルの堀切を設け、幅一〇〜一五メートルの人工的な平坦面が一〇〇メートルほど続き、その先は深い谷へと続く。一帯は、登山道整備による地形改変の影響もあり旧地形が判然としないが、郭であった可能性を指摘しておきたい。

次に、山頂北側のB郭群は、標高のもっとも低い尾根先端を二条の堀切で切断し、幅約二〇メートルの不整方形の郭を中心に複数の郭を階段状に連続して築いている。この不整方形の郭から山頂方面へ向かう尾根を幅約二メートルの通路部を残して両側をL字形に削り出していることから、付近には山頂方面への出入りを管理する門のような構造物があったものと推測される。

最後に、C郭はA郭群から二つの谷を挟んで四〇〇メートル以上離れた奥の院と呼ばれる尾根頂部に位置する。一辺約二〇メートルを測る三角形状の頂部平坦面内部には径約九メートルの円丘状地形

●—畝状連続竪堀

があり、それを掘り窪めて小堂が建っている。この郭へ集まる三つの尾根をそれぞれ堀切で切断する構造はA郭群と同様であるが、この他に郭は見られず単独の郭とみられる。A郭群に比べ守りが手薄な状況に加え、南の府中方面や朝倉街道に対する眺望が優れていることから、特にこれらを監視する役割を担ったものと思われる。

以上のことから、本城は山麓を走る二つの街道の監視にとどまらず福井平野を中心とする広大な地域を見渡せるという点から狼煙（のろし）等による情報伝達の要となっていたことが容易に推測される。また、東側に位置する三峯城とともに朝倉氏の拠る一乗谷を南方から守る最終防衛ラインの一翼を担っていたものとみられる。

【畝状連続竪堀】 文殊山城では主郭の周囲で多数の竪堀を見ることができる。いわゆる「畝状連続竪堀（うねじょうれんぞくたてぼり）」と呼ばれるもので、西日本を中心に全国各地の山城で確認されている。越前では一乗谷城で多数の畝状連続竪堀が築かれたほか、本城を含めた一三の山城で確認されている。この遺構は、鉄砲の普及による攻城戦における防御戦術の見直しのなか戦国期後半に出現したとされ、寄せ手による斜面の横移動を阻止するとともに、寄せ手を一方向に並べることによって狙撃を容易にしたものと解釈されている。本城において築造当初から竪堀が存在していたかどうか断定はできないが、主郭防衛のための装置であったことは疑いない。

【参考文献】 青木豊昭「文殊山城」『日本城郭大系一一　京都・滋賀・福井』（新人物往来社、一九八〇）、青木豊昭・青木みな子「文殊山城」「第三章　築城と落城」『三峯の城と村』（三峯城跡保存会、一九九二）、青木豊昭「文殊山とかたかみの歴史」『文殊山と片上』（鯖江市片上地区、一九九九）、鯖江市教育委員会『天神山城』（二〇〇五）、杉原丈夫・松原信之「越前国城跡考解題」『越前若狭地誌叢書　上』（見文庫、一九七一）、南洋一郎「一乗谷城と畝状連続竪堀の研究」『一乗谷城の基礎的研究—中世山城の構造と変遷—』（南洋一郎、二〇一六）

（深川義之）

●すべての尾根を二重堀切で遮断

新光寺城（しんこうじじょう）

〔所在地〕福井市片山町
〔比　高〕一〇〇メートル
〔分　類〕山城
〔年　代〕一六世紀後半
〔城　主〕増井甚内助、戸田与次
〔交通アクセス〕ＪＲ北陸本線「越前花堂駅」下車、タクシーにて三〇分、徒歩二〇分。

【朝倉氏旧家臣の城】　朝倉氏を裏切ることによって生き延びた旧家臣の多くは、朝倉氏滅亡後一年を待たずして滅んでいる。城主と伝わる増井甚内助もその代表例で、朝倉氏滅亡後わずか半年後に戦死している。領民の信頼を失った裏切り者の末来は、哀れな末路でしかなかったのである。

【歴　史】　新光寺城に関する一次史料は存在しない。『清水町史　上』（清水町、一九九〇）によれば、増井甚内助・戸田与次の居城としている。また『清水町の文化財』（清水町教育委員会、一九九三）によれば、「朝倉時代、朝倉家臣増井甚内助が築いた城であるが、天正二年（一五七四）一向一揆に攻められて落城した」と記載している。確証はないが、縄張の年代とほぼ一致し、信憑性は高い。

周知の通り、天正元年八月織田信長は前波長俊（まえばながとし）（吉継、桂田播磨守長俊）を越前守護代に任じ、朝倉氏滅亡後の越前支配にあたらせる。信長は「越前守護代」（越前守護という説もある）という室町幕府の旧権威を最大限利用して、越前支配を開始したのである。長俊は朝倉家臣だったが、同じく朝倉家臣富田長繁（ながしげ）・戸田与次とともに元亀三年（一五七二）八月織田方に寝返り許されている。新光寺城主とされる増井甚内助は『朝倉始末記』では、「富田ガ股肱ノ臣」と述べる。

信長に越前の支配を任せられた長俊は専横甚だしく、旧朝倉家臣達の不満が高まっていた。長繁は多くの国衆とともに一乗谷に押し寄せ、打倒の兵を挙げる。そして天正二年一月二十日、長俊は敗死する。新たな越前国主となった長繁も、

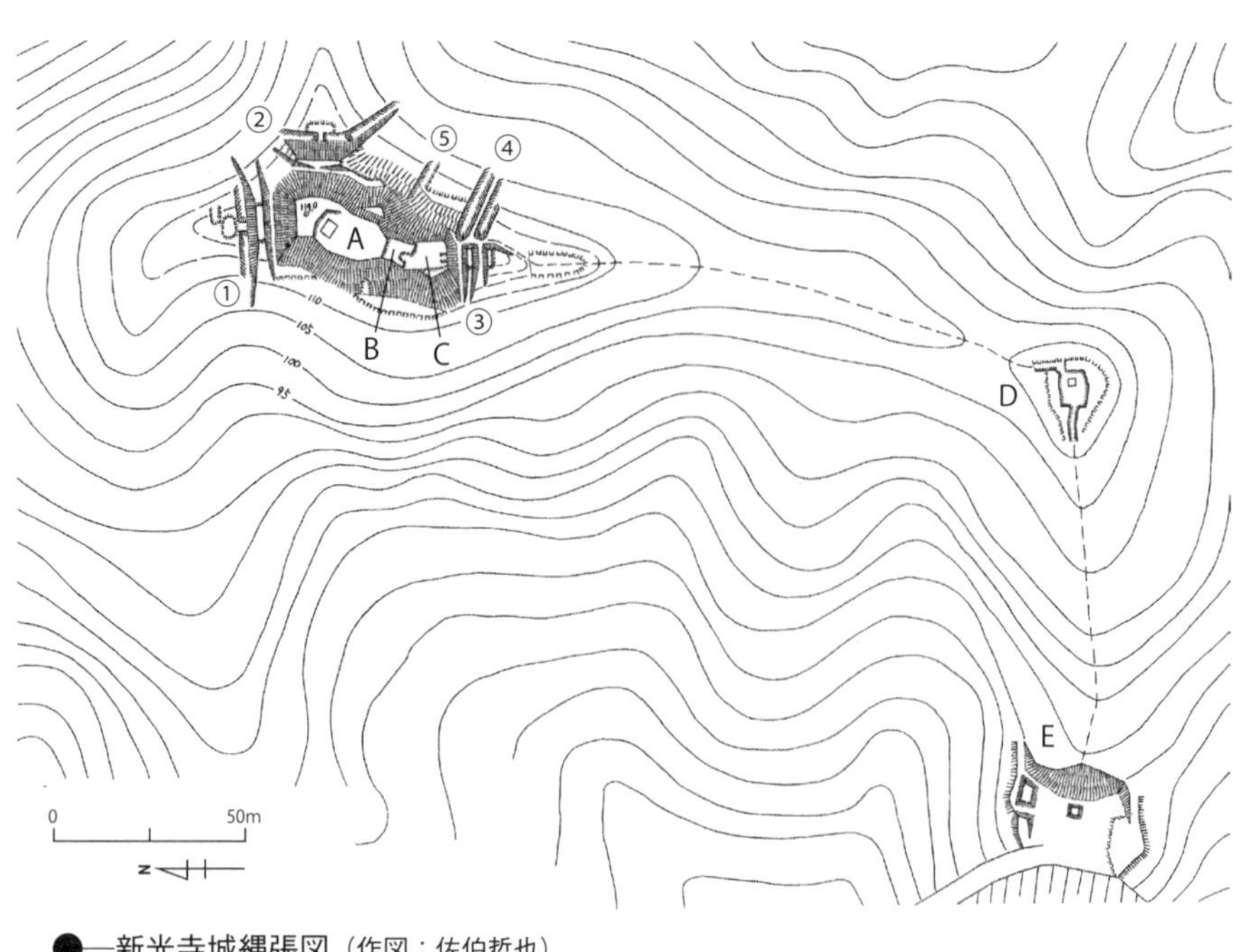

●—新光寺城縄張図（作図：佐伯哲也）

越前一向一揆や旧朝倉家臣団に攻められ、同年二月十八日戦死する。わずか一ヵ月後のことである。増井甚内助は『朝倉始末記』によれば、「増井甚内助ガ楯籠ル片山ノ真光寺（新光寺城）ヲ攻ケルニ、増井アヤナク討死ス」と述べ、これを二月上旬のこととしている。甚内助も長繁一党とみなされ、攻撃対象とされたのである。

いずれにせよ、長繁・甚内助主従は二月に越前一向一揆・旧朝倉家臣団の攻撃を受けて戦死し、新光寺城も落城したと考えられよう。

【城跡へのアプローチ】 城跡に関する案内板・説明板は設置されていない。しかし、城跡は雄剣神社の境内となっており、城跡まで参道が延び、薮もきれいに苅払ってある。

【城跡の概要】 主郭は城内最高所のA曲輪である。前述のように現在雄剣神社が鎮座しており、それにともなう石造物（江戸期）も多少散在している。神社背後の段は、社殿を建てるときに削られた段と推定され、城郭遺構ではない。南側にはB・C曲輪が連なる。地表面観察では凹地となっているが、神社参道にともなう凹地と考えられ、これも城郭遺構ではない。

新光寺城で注目したいのは、城跡に繋がる尾根すべてに二重堀切を設けている点である。堀切は端部を竪堀状に加工して、敵軍が斜面を迂回するのを防止している。さらに堀切間を土塁状に加工して越えにくくしている。そして二重堀切①・②は外側に小平坦面を付属させ、城兵を駐屯させている。現在確認できないが、小平坦面と主郭Aとは、木橋（きばし）等で連結していたのであろう。

　このように単純に堀切を二本連続させるだけでなく、様々な防御機能を付加させている。一六世紀後半の様相を示しており、天正二年に使用されていたと考えて良い。

　大手方向にあたる二重堀切③も、堀切間を土塁状に加工して防御力を増強している。現在東側に神社の参道が通っている。参道から攻め登ってくる敵軍が、斜面を迂回するのを防止するために連続竪堀④および竪堀⑤を設けている。堀切と竪堀がセットになった防御施設であり、この遺構からも一六世紀後半の構築と推定できる。この連続竪堀④の存在により、参道は当時は大手道としてほぼ現在の位置に存在していたことが推定できる。この推定が正しければ、現在の参道を通ってC曲輪に入ったと考えられ、それは地表面観察では判別不可能な平虎口を使用していたと考えられよう。

●—二重堀切①　搦手の遮断施設となる

●—主郭A　現在雄剣神社が鎮座する

●—二重堀切③　大手の遮断施設となる

●—平坦面Eの石造多層塔　城の存続年代とラップしない

　以上、縄張を概説した。一六世紀後半の様相を示しているものの、織豊系城郭の特徴は見られない。『朝倉始末記』の記述通り天正二年（一五七四）に落城し、廃城になったのであろう。

【山麓の木造五重塔と石造多層塔】　中腹に平坦面D・Eが残る。平坦面Dは雌剣神社が鎮座しており、周囲を土塁状に加工している。しかし防御施設として役に立ちそうになく、神社建設にあたり、平坦面を造設したときに生じた副産物としての土塁と考えられる。

　山麓の平坦面Eには、二〇〇〇〜二〇〇三年の発掘調査の結果、鎌倉時代の木造塔（五重塔）跡ということが確認された。推定高さ約三五メートルもある本格的な塔である。この塔の焼失後、一五世紀後半〜一六世紀初頭の間に、塔跡に石造多層塔が設置される。石造多層塔の大きさは、約三・五メートルと推定された。

　問題は、石造多層塔と新光寺城との存続期間がラップするかどうかである。新光寺城の現存遺構は一六世紀後半と推定される。全体の縄張は新旧時代差なくまとまっており、築城も一六世紀後半としてよい。石造多層塔廃絶後に新光寺城が築城されたと考えるのが妥当ではないだろうか。

　新光寺城は、旧朝倉家臣団の城郭としては標準的なパターンを示しており、若干ながら織田政権時代も経験した城郭と言える。しかし織豊系城郭化していないのは、重要な事実である。元亀年間において近江城郭のように、土塁・櫓台の使用、虎口の明確化といった縄張を進化させなかったのはなぜなのか。これらは越前中世城郭を研究していく上で、重要な課題と言えよう。

【参考文献】清水町教育委員会『片山鳥越墳墓群　方山真光寺跡塔址』（二〇〇四）

（佐伯哲也）

●越前を代表する古刹

大谷寺

〔国重要文化財（石造九重塔など）〕

〔所在地〕越前町大谷寺
〔比　高〕一〇〇メートル
〔分　類〕山寺
〔年　代〕九世紀〜一六世紀
〔城　主〕大谷寺
〔交通アクセス〕北陸自動車道「鯖江ＩＣ」下車、車で九〇分。下車後、徒歩三〇分。

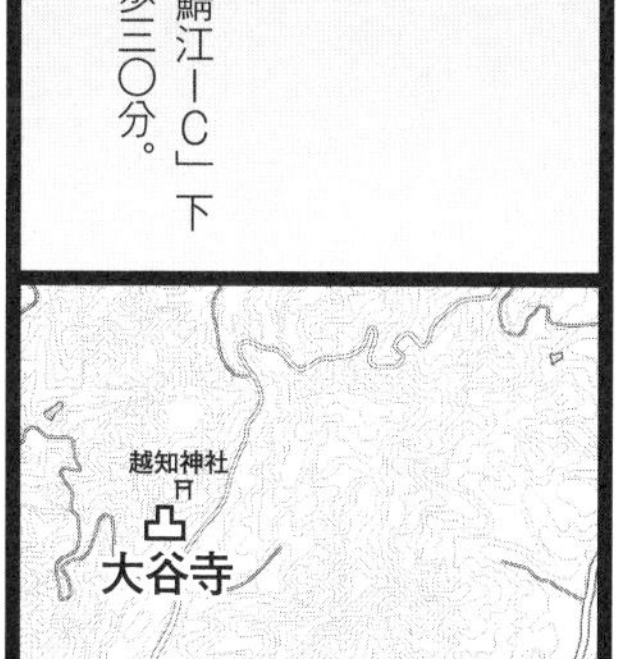

【泰澄ゆかりの山林寺院】　泰澄開基の伝承をもつ大谷寺は、一四世紀には真言宗の寺院として史料にみえるが、少なくとも一六世紀には天台宗であった。越知山を中心に広大な寺領をもち、平泉寺（勝山市）に匹敵する勢力を誇るが、地頭の押妨などにより次第に衰微していく。天正二年（一五七四）の一向一揆により全山焼失の目に遭うが、一揆の鎮圧後に越前を統治した柴田勝家の庇護もあって復興を遂げ、後に結城氏や松平氏からも寺領を寄進された。明治三年（一八七〇）の神仏分離令により、越知山大権現は仏教色を排して越知神社となる。しかし、同十二年には天台宗寺院として再興され、現在に至っている。

このように、大谷寺は越前を代表する古刹であるが、堀切などの遺構の存在がこれまで知られていた。これらは、同寺が戦乱への備えとして築いた防御施設であると評価されている。ここでは、寺院全体の空間構造のなかでそれらを位置づけ、寺院城郭とする従来の理解を検証してみたい。

【古代寺院の遺構】　当寺の中心となるのは、標高一九二メートルから一九六メートルにかけての山頂部である。Ⅰには、越知山大権現の主要な建物が建っている。Ⅱは開けた地形であるが、削平はほとんどなされていない。中央には基壇状の高まりがあり、その周囲を浅い溝がめぐっている。発掘調査の結果、基壇では一一世紀から一二世紀頃の遺物が出土し、大型の礎石建物があった可能性が指摘されている。溝の構築時期は不明だが、基壇とは異なる方向をとることから、基壇に先行する

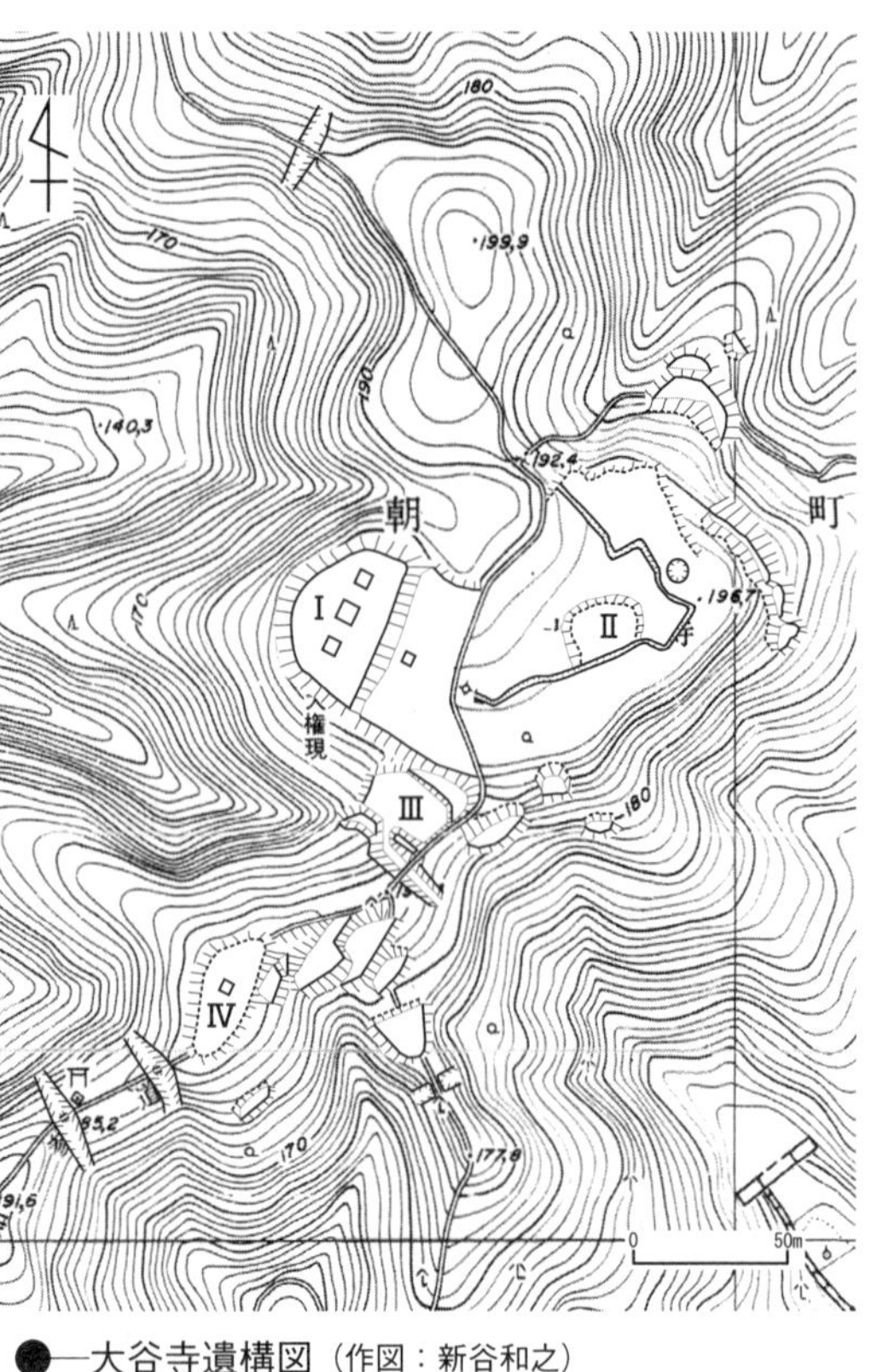

大谷寺遺構図（作図：新谷和之）

可能性もあるという。いずれにせよ、出土遺物の年代はおおむね九世紀から一二世紀までであり、一三世紀初頭にはⅡの施設は廃絶したと考えられる。

Ⅱは古代寺院の遺構が良好に残るエリアと捉えられ、その様子が地表面でも観察できる点は貴重である。なお、Ⅱの周囲には小規模な削平地がいくつかみられるが、その構築時期や中心伽藍との関連性については不明である。

【折れを伴う空堀状遺構】　Ⅰ・ⅡとⅣの間に挟まれた標高一八〇メートル台の谷地に、Ⅲがある。Ⅲの南辺には、土塁（どるい）をともなう空堀（からぼり）状の遺構があり、これが城郭化の痕跡の一つとされてきた。この遺構については、横矢（よこや）がかかる堀切とみる説と、折れをともなう虎口（こぐち）とみる説が提示されている。両説は、屈曲した形状に着目する点で共通するが、動線の捉え方が大きく異なる。堀切説では、この遺構は尾根筋を分断し、南北のアクセスを遮断する施設となる。いっぽう、虎口説ではⅢに面した開口部が虎口となり、空堀状の遺構はそこに至る通路として捉えられる。この場合、南東斜面側からⅢに至る動線が想定でき、現状の尾根道とは異なるルートがかつては存在したことになる。

これを堀切とみた場合、横矢が動線に対してどのようにかかるのかが明確ではない。また、Ⅲはこの空堀上面よりも低地にある。空堀がⅢに対する防御施設であるならば、Ⅲの方が高い位置にあるべきだろう。Ⅳ側の防御施設とみる余地はあるが、その場合、中心域と考えられるⅠ・Ⅱは防御の対象とならず、不可解である。

したがって、この遺構はⅢの出入り口とそれに続く通路の痕跡とみるべきだろう。ただし、虎口説のように、この折れを城郭としての防御性を高める工夫と捉える必要はないと考える。谷筋から道を通す場合、このように手前で一度折れる格好になるのは自然であり、防御を意識した構造とはみなしがたい。また、土塁などで出入り口を限定する手法は寺院でもみられ、城郭特有の構造ではない。基本的には寺院の遺構と評価すべきである。

【縁辺部の堀切】 Ⅱの北西、標高約一九九メートル地点の自然地形を経て北側の尾根筋に堀切が一本設けられている。Ⅳの南西尾根筋には二本の堀切がみられる。いずれも土橋（どばし）をもつが、いわゆる越知参道に沿った遺構であり、当初から土橋があったかは不明である。Ⅳの南東斜面から南の尾根筋にかけて削平地がいくつか設けられているが、その先端に土橋をともなう堀切が残っている。この尾根筋を下ると、近世以降に寺務の中核を担った大長院に至る。

●—Ⅰ北西の堀切

●—Ⅰの伽藍

　これらの堀切は寺域の縁辺に設けられており、寺院の防御施設とみる余地はある。一方で、寺域を画する境界として堀切をつくるケースもあり、堀切があるから城郭化されたと即断することはできない。寺院全体の構造を捉え、そのなかで位置づけや役割を考える必要があろう。

【参考文献】佐伯哲也『越前中世城郭図面集』Ⅱ（桂書房、二〇二〇）、佐々木志穂「中世大谷寺遺跡の城郭構造」『越前町文化財調査報告書』Ⅰ（越前町教育委員会、二〇〇六）、『朝日山古墳群・佐々生窯跡・大谷寺遺跡』（越前町教育委員会、二〇〇六）

（新谷和之）

●斯波義将抵抗の地

栗屋城（くりやじょう）

〔所在地〕越前町厨
〔比　高〕五〇〇メートル
〔分　類〕山城
〔年　代〕一四世紀後半～一六世紀
〔城　主〕斯波義将
〔交通アクセス〕織田方面より国道三六五号線を西進、山中トンネル手前で左折し、道なりに進む。山頂付近に駐車スペース有。

越前トンネル
264
栗屋城
0　1000m

【斯波義将の籠城】　栗屋城は、室町前期に斯波義将が籠城したことが史料上明らかである。貞治五年（一三六六）、将軍足利義詮は斯波高経の討伐を諸大名に命じ、高経は義将・義種とともに越前国へ逃れた（「吉田家日次記」）。この事件の背景には、高経と佐々木導誉との確執があったと考えられている。高経は杣山城、義将は栗屋城にそれぞれ籠もり、畠山・山名・佐々木・土岐・赤松らの討伐軍がこれを攻めた（『太平記』）。両者は約一年もの間城を守るが、翌年に高経が杣山城にて病没すると、義将は幕府より赦免され、上洛を果たした（『師守記』）。実際に戦闘がどの程度行われたのか、抵抗の期間ずっと籠城していたのかなど不明な点は多いが、室町前期における籠城戦の貴重な事例である。

栗屋城は、越前漁港を見下ろす標高約五四〇メートルの山上に築かれた。比高の高さもさることながら、麓の厨からも二キロ以上離れており、集落から隔絶した存在であったことがうかがえる。現在は山頂付近を南北に横断する道路があり、アクセスはそれほど悪くないが、麓から登るとなると大変な労力を強いられる。討手から逃れるにはうってつけの場所といえようか。

【地形を活かした曲輪配置】　山頂部には、愛染明王社が鎮座している。本来はこの辺りが主郭だったのだろうが、城の遺構は大きく損なわれている。ただし、社殿の東方は基本的に自然地形のままであり、もともと山頂付近はあまり造成がなされていなかったのかもしれない。

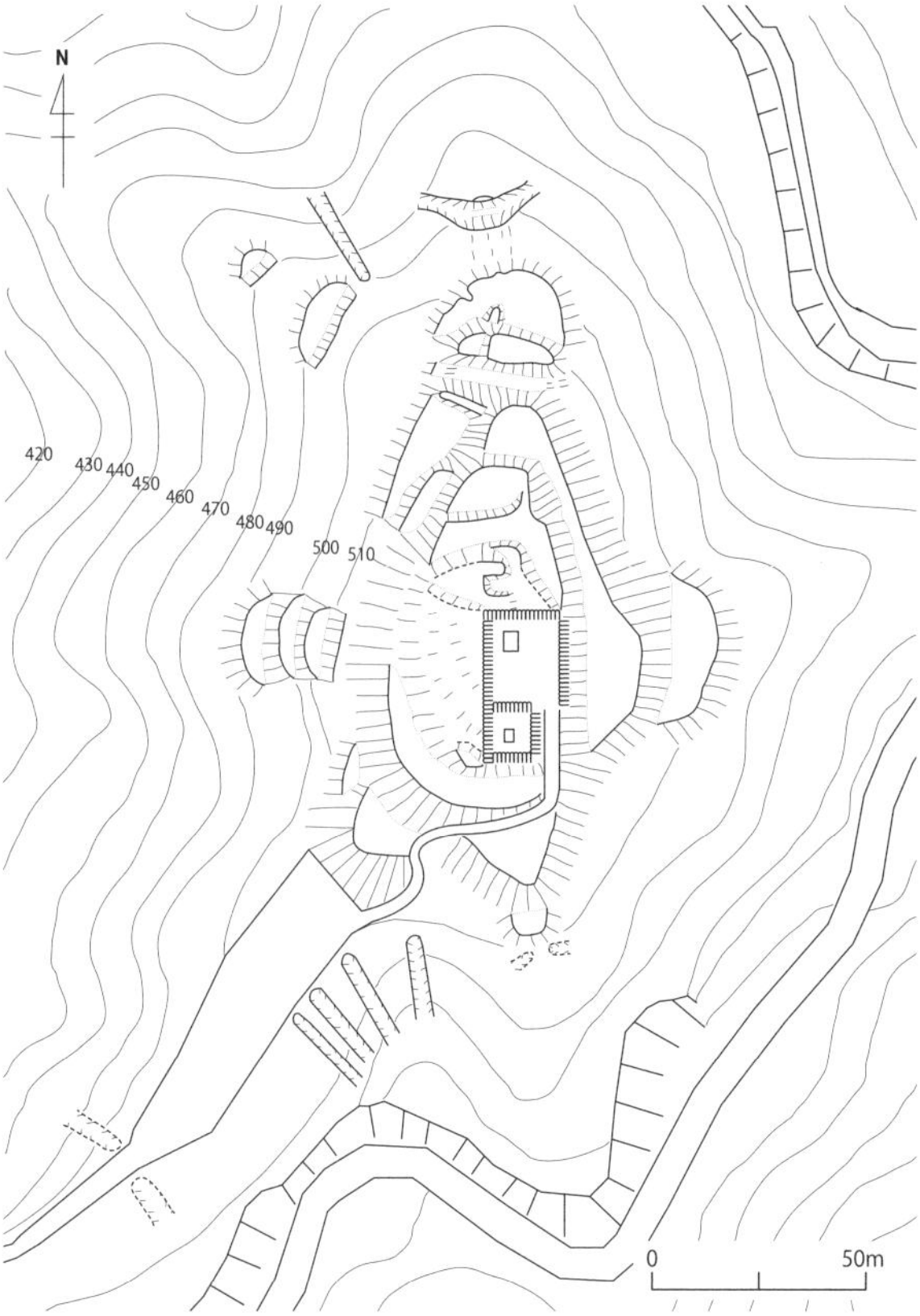

●—栗屋城縄張図（作図：新谷和之）

●—愛染明王社を西側から望む

この山頂部を取り巻くように、四方に曲輪が配置されている。北側には、小規模な曲輪が段々に配置されている。一部にスロープ状の虎口がみられるものの、基本的に虎口ははっきりしない。この曲輪群の北を画する堀切は、両端に土塁をともない、当城でもっとも遮断性の高い防御施設といえる。そこからさらに北側に曲輪が一つ設けられ、その先にある堀切が城域の北端をなす。北西の尾根筋には小規模な曲輪が二つ設けられているが、その北側の谷筋に竪堀が一本あり、両曲輪の防御ラインとなっている。

城の東側には、まとまった面積の曲輪が二つみられる。この部分の切岸はとりわけ傾斜が大きく、当城が切岸による防御を中心としていたことがうかがえる。いっぽう、西側は小規模な曲輪が三段設けられるのみで、曲輪の造成が低調である。西側は斜面の傾斜が大きく、曲輪を設ける余地が少なか

●—北の堀切

ったのだろう。

【戦国期の改修】南側にもいくつか曲輪が設けられ、その先に畝状空堀群（うねじょうからぼりぐん）がある。尾根筋の南東斜面下に四本の竪堀が設けられ、斜面上の横移動を防いでいる。尾根の頂部は舗装されており、旧状は不明であるが、畝状空堀群の真上には曲輪があったのかもしれない。いずれにせよ、畝状空堀群があることで登城路は尾根筋に限定されることから、かつては南の尾根筋から城内に至るルートがあったのだろう。

畝状空堀群は戦国期の山城にみられ、義将が籠城した時の遺構とは考えられない。戦国期に改修が加えられ、現在の姿になったのだろう。ただし、曲輪の配置は自然の地形に沿った素朴なもので、統一的な防御ラインを形成する意図はうかがえない。基本的なプランは、戦国期以前のものを踏襲している可能性がある。

畝状空堀群は、近隣では織田城（越前町上山中）でみることができる。織田城は朝倉景綱（かげつな）の居城とされ、畝状空堀群の存在を重視するならば、当城を改修したのも朝倉方の勢力となろう。その場合、織田城が織田の中心部を直接把握し、当城はより広域を見渡す軍事拠点となり、両者の役割分担が想定できる。

防御施設の配置に着目すると、当城は北側に堀切を二本設けており、北側からの攻撃をもっとも強く警戒していたと考えられる。北側は延々と尾根筋が続くが、平等から厨へと抜ける別司（べっし）峠が地図上で確認でき、この方面からの進軍に備えていたのかもしれない。一方、南側は改変が著しいが、尾根上のアクセスは完全には遮断されておらず、籠城する側の行き来がある程度可能であったとみられる。そうすると、当城の維持主体は織田方の勢力ではないことになるが、広域に影響が及ぶ城であるがゆえに、様々な可能性が考えられる。改修の主体については、なお慎重な検討が求められよう。

（新谷和之）

【参考文献】佐伯哲也『越前中世城郭図面集』Ⅱ（桂書房、二〇二〇）

●織田氏ルーツの地を望む山城

織田城

〔所在地〕越前町上山中
〔比　高〕一〇〇メートル
〔分　類〕山城
〔年　代〕一六世紀後半？
〔城　主〕朝倉景綱
〔交通アクセス〕北陸自動車道「鯖江IC」下車、車で六〇分。下車後、徒歩六〇分。

【織田氏名字の地】　越前町織田は、織田氏の名字の地として知られている。織田の中心に位置する劔神社には、初代孝景以来、朝倉氏歴代の発給文書が残されており、中世後期には朝倉氏の影響下にあったことがうかがえる。

織田城は、この劔神社より約二キロ南東に位置する標高約二九七メートルの山上に築かれた。ここからは織田の市街地を広く見渡すことができ、戦略上重要な場所であったと考えられる。

織田城は、朝倉景綱の城とされている。景綱は義景と同時期に活動した人物で、朝倉氏の滅亡とともに織田信長に降った。天正二年（一五七四）には織田城に籠もって一向一揆と戦うが、攻撃に耐えかねて妻子とともに敦賀に逃れる。城は破却され、朝倉氏庶流による支配は終焉を迎えた（「立石区有文書」・『朝倉始末記』）。

【畝状空堀群による防御】　織田の市街地より国道三六五号線を西に進み、上山中の集落に差しかかったところで左折し、そのまま南へ進むと城の麓に至る。山頂付近まで舗装された道が付いている。

南北に細長い曲輪が山頂部に設けられ、その周囲を帯曲輪がめぐっている。山頂の曲輪は、南側が一段高く、平らに造成されているが、北側はほぼ自然地形のままである。帯曲輪についても、南側が幅を広くとってしっかり造成しているのに対して、北側は造成が行き届いていない。

当城の最大の見所は、南斜面に設けられた畝状空堀群である。帯曲輪の南面から東面の斜面下に計八本の竪堀が放射

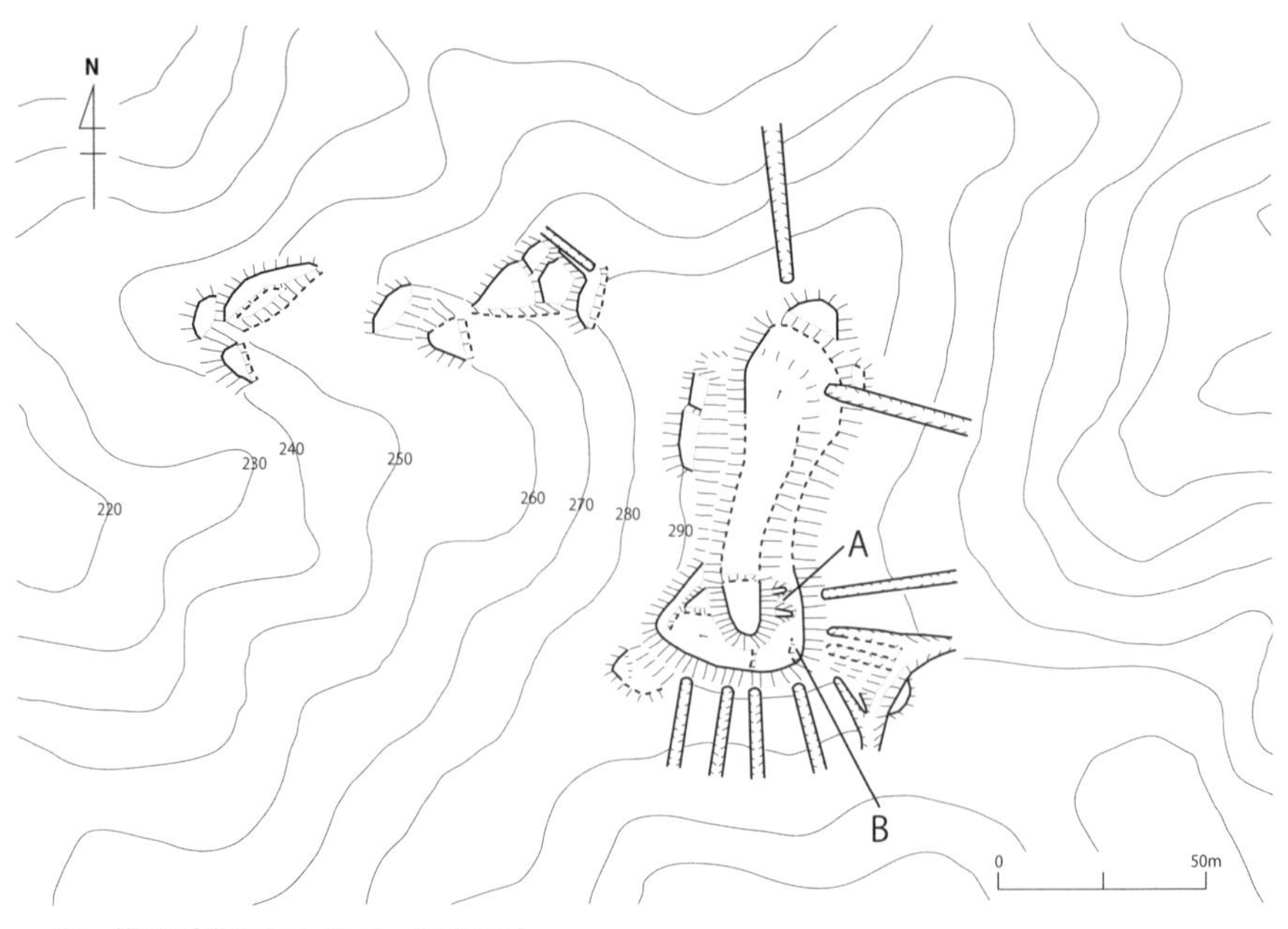

●―織田城縄張図（作図：新谷和之）

状に配置されているが、この範囲は曲輪の造成が比較的丁寧であり、曲輪の造成と防御施設の配置が連動していたことがうかがえる。東の尾根筋を堀切で分断しているが、この堀切は竪堀とセットとなり、強力な防御ラインを形成している。畝状空堀群には斜面上の横移動を防ぐ役割があることから、南斜面上の畝状空堀群は、東の尾根筋より攻めてきた敵が、南斜面に回り込んで主郭に至るのを阻止するために構築されたと考えられる。

なお、帯曲輪の東側に二本の土塁（どるい）で挟まれた空間Aがある。一見すると上の曲輪に至る虎口（こぐち）のようだが、切岸（きりぎし）が険しく、ここから上に登るのは難しそうである。Aの直下には竪堀が設けられていることから、この二本の土塁は、下の竪堀と連動して帯曲輪間の移動を制限する施設と考えられる。

【防御の正面】 このように東尾根に対して防御施設を集中的に配置するいっぽうで、その他の尾根筋への防御は手薄である。北東の尾根筋には竪堀を二本設けているが、曲輪面に対する防御はなく、容易に山頂までたどり着くことができる。いっぽう、北西方面には小規模な曲輪がいくつか設けられている。こうした小規模な段状の曲輪は、山城において駐屯地として用いられたことが知られており、当城でも同様にみることができる。しかし、この方面には空堀（からぼり）はみられない。

●―山頂部の曲輪

現在、当城の北麓には、国道三六五号線が縦断している。これに先行する道を進軍路として想定すれば、北方への防御を強化するはずだが、現実にはそうなっていない。北東の尾根筋を下ると織田に至るが、この方面への防御も手薄である。北側から攻められることは、あまり考えていなかったのだろう。あえて指摘するならば、織田側の勢力による築城の可能性が高いといえる。

当城が、東の尾根筋に防御の力点を置いていたことは、これまでの検討から明らかである。東の尾根筋は長く、平等や下河原の方面まで山並みが続く。そこからは国道三六五号線が東に延び、武生へと抜ける。ここから、当城が府中の方面からの攻撃を主に警戒していた可能性が浮上する。府中方面への備えであればもっと東側に占地してもよいはずだが、一連の山並みのなかでもっとも標高が高く、織田の中心部を見渡すことのできるこの場所が城地にふさわしかったのだろう。

【築城年代と役割】　当城の最終年代は、史料によると、天正二年の一向一揆との対戦時である。この時、一揆勢は府中の富田長繁(ながしげ)を敗死させた後、当城を攻めている。当城が東方への防御を手厚くしている点は、こうした歴史的経緯に合致しているといえるかもしれない。

●—南側の堀切

しかし、現存する遺構を天正二年のものとすることには戸惑いも感じる。メインの防御施設である畝状空堀群や堀切はもっと古くからあり、時期を特定する根拠にはならない。また、Bの窪みを虎口とみなし、土塁や曲輪とセットでの防御を評価する見解もあるが、東の尾根筋は堀切で遮断されており、そこからBに至る動線は想定しがたい。基本的には、虎口が未発達な段階の城と捉えるべきであろう。最終年代は天正二年だとしても、整備の時期はさらにさかのぼるのではないだろうか。

織田の市街地北西部に位置する織田館は、朝倉延景(よしかげ)・景綱の居館とされ、当城がその詰城(つめじろ)にあたると考えられている。だが、両者は二キロ以上離れており、セットというには隔たりが大きいようにも感じる。また、当城は削平が甘い部分が多く、恒常的な詰城としてはいささか心もとない。分国支配の拠点というよりは、特定の軍事情勢に対応した城であったとひとまず考えておきたい。

【参考文献】佐伯哲也『朝倉氏の城郭と合戦』（戎光祥出版、二〇二一）、『越前町織田史　古代・中世編』（越前町教育委員会、二〇〇六）

（新谷和之）

●若狭・近江城郭の祖形

芝築地山城（しばつきじやまじょう）

〔所在地〕越前町乙坂
〔比　高〕二七〇メートル
〔分　類〕山城
〔年　代〕南北朝時代～一六世紀中頃
〔城　主〕畑時能、朝倉氏
〔交通アクセス〕福井鉄道「浅水駅」下車、タクシーにて三〇分、徒歩四〇分。

熊野神社
185
28
芝築地山城
天王川
0
500m

【南北朝時代の城郭】　芝築地山城に関する一次史料は存在しない。『城跡考』によれば、南北朝時代畑六郎左衛門時能（ときよし）が居城したと記載している。『日本城郭大系』も同様の内容を記載している。つまり南北朝時代の城として扱われているのである。しかし現存遺構は明らかに一六世紀の遺構である。残念ながら、戦国期の伝承・古記録は残されていない。

【城跡へのアプローチ】　乙坂山山頂に選地する。城跡からの眺望は素晴らしく、日野川と天王川沿いに広がる平野や集落・街道をすべて展望することができる。しかし比高が二七〇㍍もあるため、麓の集落からは隔絶された感じがあり、在地土豪が領地支配の城郭として築城したとは考えにくい。

山麓には駐車場も整備されているが、駐車場までの道は狭く、わかりにくいので、事前に調べておいた方が無難である。麓から城跡まで遊歩道が整備され、比高のわりには簡単に城跡へ到達することができる。遊歩道には案内板が豊富に設置されているので、道に迷うことは無い。初心者でも安心して登城できる城郭である。

【城跡の概要】　山頂に主郭を配置し、ほぼ単郭の縄張となっている。北を除く三方に塁線土塁（どるい）をめぐらすが、横堀を巡らすまでには至っていない。現地の説明看板によれば、城跡には太平洋戦争中監視哨（かんししょう）が置かれていたと伝わり、①の窪地がその跡だという。しかし、なぜ円形の窪地が監視哨跡なのか、筆者には理解できない。塁線土塁の外側にコンクリート敷の一部が残っているので、こちらが監視哨の跡なのであろ

●—登城途中の案内板　迷わず登城できる

う。

山頂はなだらかな地形が広がっており、いったん敵軍に山頂付近まで進攻されてしまえば天然の要害を頼ることができない。したがって敵軍想定進行方向に重点的に塁線土塁を構築し、その方向に虎口を設けている。それは現在の遊歩道と重複しており、かつての城道が遊歩道として使用されている可能性がある。これに対して、敵軍の進攻の可能性が低い北側には塁線土塁を設けていない。

重厚な構造となっている南側の土塁には、大小さまざまな穴が土塁肩に残っている。これは家庭用炭（ケシ炭）を製作していた炭穴と考えられ、城郭施設ではない。

【注目したい虎口】 芝築地城の虎口(こぐち)には、注目すべき点が多い。まず西尾根方向を守備するのが虎口④で、尾根②を土塁状に削って大人数の進攻を阻止し、さらに③地点に段を設けて進行速度を鈍らせている。虎口④は、土塁で構築した明確な虎口で、入る直前に⑤からの横矢(よこや)が効くように設定している。ただし、土塁で構築された明確な虎口だが、ストレートに入る平虎口で、櫓台(やぐらだい)も備えていない。

南側の尾根続きを守備するのが虎口⑥で、南側の尾根続きは、まず曲輪のコーナーに櫓台⑦を設けて敵軍に横矢を効かせており、さらに竪堀(たてぼり)を設けて進行速度を鈍らしている。虎口⑥は、土塁で構築した明確な虎口で、入る直前に城内からの横矢が効くように設定している。ただし、土塁で構築された明確な虎口だが、ストレートに入る平虎口で、櫓台も備えていない。

以上述べたように、虎口④・⑥は基本的には同形態であり、同時期・同一人物によって構築されたと考えてよい。明確な虎口と言う点は評価できるが、発展途上の虎口と言えよう。ただし、土塁は分厚く、高さも二メートル前後あり実戦用と言える。

小規模ながら⑧地点も虎口である。こちらは尾根方向からは見えないので、城兵専用の虎口と考えられる。

【築城者を推定する】 平虎口ながら土塁で構築された明確な

虎口、塁線土塁、いずれも越前では非常に珍しく、類例は朝倉山城のわずか一例にすぎない（村岡山城は枡形虎口までに発達しているので、同類ではない）。

●—芝築地山城（作図：佐伯哲也）

　これに対して、朝倉氏が侵略を繰り返した若狭に多く残る。その代表例として、朝倉氏が築城した中山の付城（美浜町）があり、ストレートに入る虎口構造となっている。ただし、こちらは櫓台を備えており、芝築地城の虎口より若干発達した虎口といえる。中山の付城の構築年代が永禄七年（一五六四）～天正元年（一五七三）に限定できるため、虎口④・⑥はそれより少し古い永禄年間前半頃と推定することができる。朝倉氏の技術提供（実質的には朝倉氏が築城）で元亀元年（一五七〇）築城した長比・上平寺城（共に滋賀県）の虎口は、さらに発達して

●—主郭Ａ南側土塁　メインの土塁である

●―虎口④　平入りの虎口である

おり、屈曲しないと入れない構造になっている。

以上のような類例を用いれば、以下のような虎口編年が可能となる。

芝築地山城　ストレートに入る平虎口　永禄年間前半（一五五八～六四）

中山の付城　ストレートに入る平虎口＋櫓台　永禄年間後半（一五六四～六九）

長比城　枡形虎口＋櫓台　元亀年間（一五六九～七二）

大変大まかではあるが、朝倉氏虎口編年を組み立てることができ、その意味で芝築地山は、朝倉氏城郭を解明できる貴重な遺構と言えよう。

芝築地山城の縄張に、新旧の時代差や思想の異なる箇所は存在しない。したがって現存遺構は、同時期・同一人物によって構築されたと考えられる。それは、永禄年間前半に朝倉氏が構築したと考えられよう。もちろん南北朝時代に畑時能が使用したことを否定するものではない。ただし、それは遺構を残さぬ単純な城郭だったと推定できよう。

現存遺構は、永禄年間前半頃に朝倉氏が構築したと推定した。ところで、山麓には見事な畝状空堀群を設けている栃川城が存在する。このような畝状空堀群は他の城郭に存在せず、やはり朝倉氏の築城としたい。芝築地山城では標高が高すぎるため、山麓を実質支配するためにほぼ同時期に朝倉氏が茶臼山城を築城したのではないだろうか。

しかし、この仮設にはいくつかの疑問が残る。芝築地山城には虎口は存在するが畝状空堀群は存在しない。栃川城には虎口は存在しないが畝状空堀群は存在する。なぜこのようなアンバランスが存在するのか、残された研究課題は多い。

【参考文献】佐伯哲也『越前中世城郭図面集Ⅱ』（桂書房、二〇二〇）

（佐伯哲也）

●伝承歴史をもつ謎の広大な方形城館跡

大窪鎌太屋敷（おおくぼかまたやしき）

〔所在地〕越前町青野
〔比　高〕—
〔分　類〕平城
〔年　代〕不明。※文献…伝承、考古…未発掘
〔城　主〕大窪鎌太、鎌太正家
〔交通手段〕ＪＲ北陸本線「福井駅」下車、福鉄バス福浦線「信越化学前」停留所下車。西へ約二〇〇メートル。

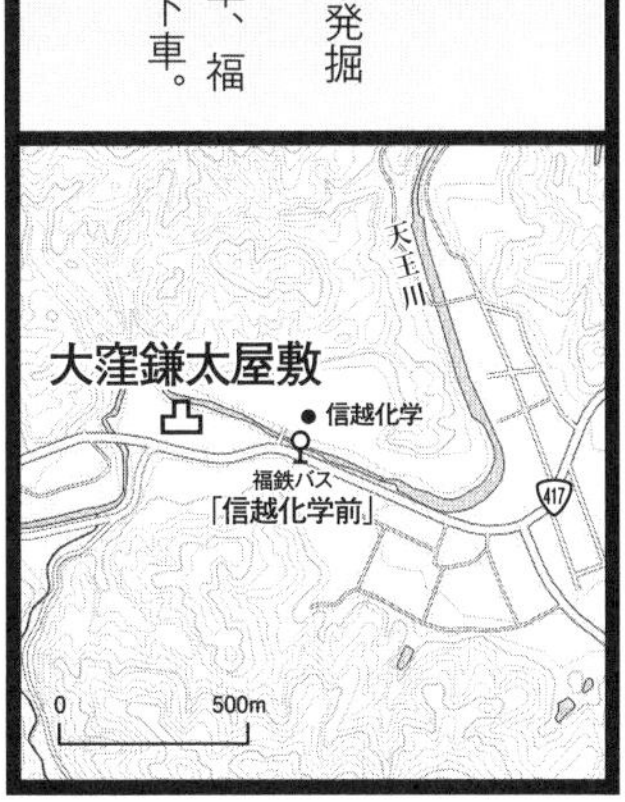

【伝えられる歴史】　大窪鎌太館とも呼ばれる大窪鎌太屋鋪は、越前町（旧朝日町）青野地区の国道四一七号線と天王川の間の林の中にひっそりと隠れるように佇む平地城館である。

位置は「信越化学前（しんえつかがくまえ）」バス停（付近に信越化学工場や白山神社）より国道を西へ約二〇〇㍍ほど進み北方面のうっそうとした林立の奥に目を凝らすと、土居が見える。なお、駐車場はない。林の中に入り近寄ると、なぜ深々としたこんなところに突如このようなものが……と思うほどの長大な長方形型館跡の登場だ。

『福井県史』や各地誌らによると、築城者は不明としているものの城館名としてつけられている平家落武者の大窪鎌太とも信長家臣の鎌太正家（まさいえ）が居していたとも伝承が残る。ちなみに、青野集落背後の裏山山頂には、青野城という山城が存在する。『越前町史』等によると、鎌田正家や鎌田隼人行重（ゆきしげ）が築いたとしている。鎌田氏なので関係性はありそうだ。

【城の構造】　さっそく、城の構造をみてみよう。まずは規模だが、東西およそ一〇〇㍍南北およそ七〇㍍の長方形の土居がぐるりと囲んでいる広さである。しかし、北側は川面になり、西側土居より東へ直角に曲がっておよそ三〇㍍までの延びで途切れ、端まで結ばれていない。

そのめぐる土居の高さは約二〜三㍍といった範囲で所々により高さが違うところや、幅においても広いところは約七〜八㍍でそれよりも狭いところもあったり、また徐々に幅が変

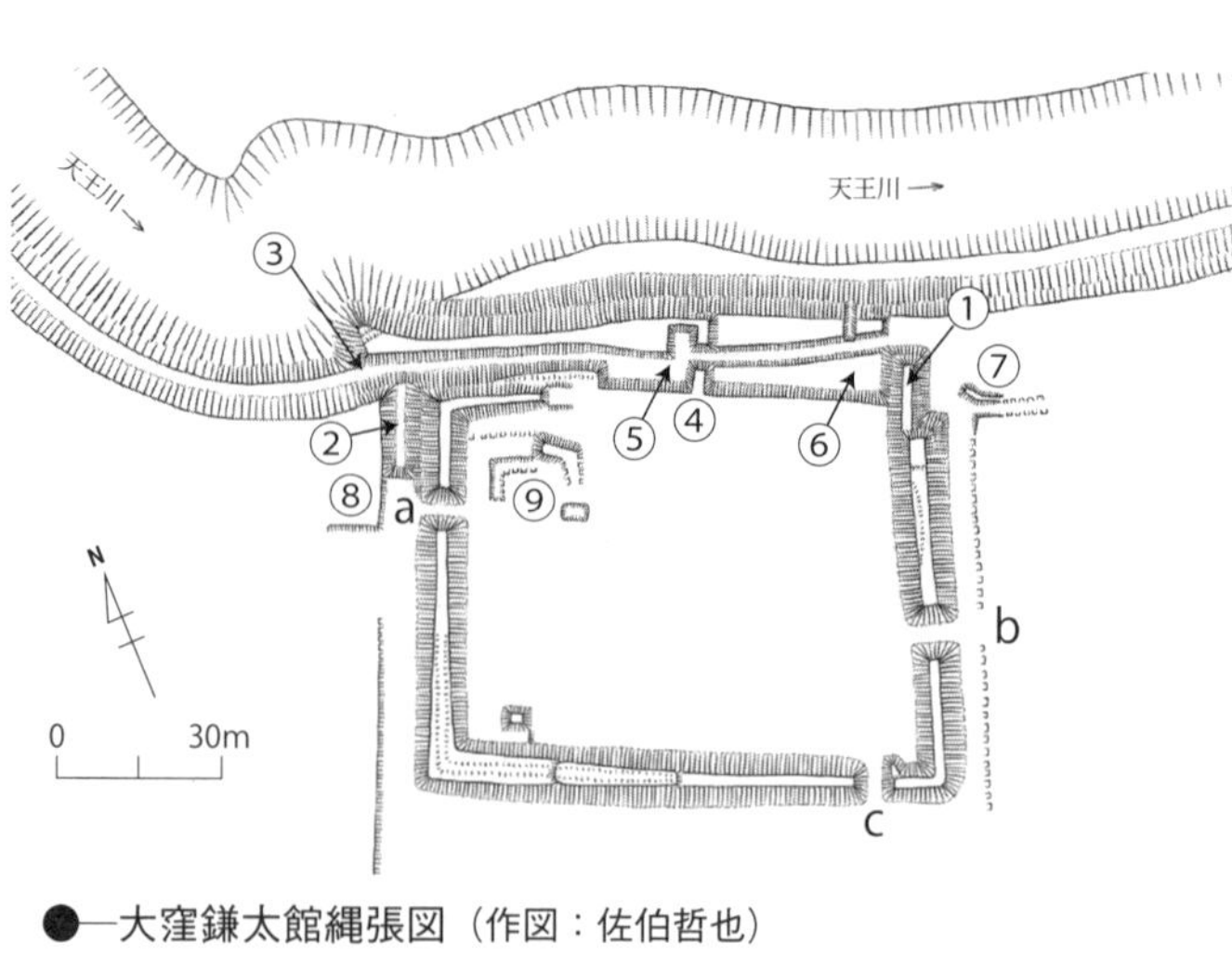

●—大窪鎌太館縄張図（作図：佐伯哲也）

わっていくといったこともみえ、さらに土居内も平坦ではなく高まりがある部分もあるような状態で、全体的に均一とした高さや幅でつくられてはいない。

北東部の隅土居は直線では設けず、わざと西側の内側に凹ませてつけたように不自然に設けられ（①）、鬼門除けのためと思われる。しかし、方形館で土居のセットといえば、外に巡る堀である。しかし、現状を留めている遺構は幅約六メートルの西側面になる。北西の長さ約二〇メートル部分（②）は特に良好に残っている。なお、東側は痕跡を留め、南側は痕跡がない。

さて、川方面の土居が築かれていない北側に目を向けてみよう。土居がない理由は川が天然の堀の役目を果たすためかと思いきや、しかしよく観察してみると、川沿いも土居状に盛り上がっており、郭とその土居状の間を西から東へと突き抜けられる堀状のものが東西の土居に遮られず城外にも続いていく。これは道で、古来より往来が多い旧道のようだ。川沿いに弧を描き西から東へ道なりに進み城域に入ろうとした端の地点（③）には、さきほどの良好に残されている堀（②）の端と土居の隅部分（ちなみに角度は約四五度）が現れ、道筋を狭ませてその先を見通せないようになっている。

その先は道を館側に通して城域に取り込み、ちょうど中央ほどで郭より道側へ突き出した土居（④）を設け、また反対側も同様に盛り上がりが押し出すようにし、行き来しにくく意識的に道幅を狭くしている。つまり、堰き止める仕切りを付けたようである。その仕切りの手前（西側）は、郭側を内側に凹ませており人だまり状のような空間（⑤）が広まっている。この場所は、人の行き来を止め関所のような役目やここで敵兵を食い止め、郭より横矢を掛けられるような防御空間といえるだろう。仕切りを東へ抜けると広い空間（⑥）となり、とうぜん郭側が高見となっているので、人の行動は常に見られている状態だ。そこを突き抜けようとすると、竪堀(たてぼり)と先述した鬼門除けの土居の突き出しにより、道幅が狭まれるようになっている。ここが城域の北東端（①）である。

鬼門除けの凹みの東外側にちょっとした土居の残骸と道状の痕跡（⑦）があり、これを城域から出た後続の道（①を通り⑦へと続く）と位置づけている考察もある。

次に虎口をみていく。現状は、東・西・南と1箇所ずつ平虎口が存在する。

●—西平虎口ａ　正面より

まずは西から見ていこう（ａ）。北端より約二〇メートルの位置に空間が開けている。虎口(こぐち)内部の両側の法面には土留めで石垣は用いられておらず、垂直にはなっていない。外側の法面と同じ角度となっている。

虎口の外正面には、段差が見られ（⑧）まっすぐにこの虎口を入れないように工夫が凝らされているので、屈曲し入城していたものと思われる。

また不思議なものが虎口より郭内に入った先に存在し、屈曲する堀状の窪みや土居（⑨）の残骸になる。これが何を表しているのか不明なのであるが、この残骸を戦国期に内枡形虎口として改修された跡と評価し、一六世紀後半の改修の可能性の推定をされている方も居られる。中途半端な痕跡である為、後世に破壊されてしまったのであろう。

●—西横堀②と平虎口ａ　大手口

このような構造を持ち西方向でもあるので、こちらの方を大手の虎口と考えている。それでは反対方向の東の方（ｂ）はというと、南端より約二〇㍍の位置に空間が開けている。西の虎口（a）との関係は、鏡のように正反対の対角線上となる位置となり、こちらを仮に搦手（からめて）とすると、館全体として食違いの関係で構築されていることがわかる。

少々注目したいのは、土居より外側に堀の痕跡がみられるが、その虎口の真向い外側のみには堀の痕跡がみられないので、もしかしたらここは土橋（どばし）であった可能性も残る。次に三つ目の南の虎口（c）である。東端より約七～八㍍の位置に空間が開けている。東側の虎口（b）と近いところに構築されていることになる。

この虎口を後世に徐々にできあがったものとみる説と虎口の内側に小盛りの土居があることから正規の虎口とみる説があるようだ。実際には発掘をしてみないと分からないところであろう。

【目的や城主を考察】 以上、構造と構築された各部位をみてきたが、城が築かれた目的を考えると、南方背後に迫る山との間は狭く、ここを通過せざるをえないので、道を抑えるためと天王川の通行も含めた監視機能としての関所的なものがあったのだろうと思われる。

しかし、通行を遮るための関所だとすると駐屯する兵の空間だけで十分であり、それにしてはやはり土居・堀がめぐらされた大きすぎる平面空間が広がっていることは不可解である。よって、監視役が常駐する居住空間も備えたものが存在していたことを想定したい。

そして、そのような重要な役目が置かれた城主を想像するに、落ち武者のような姿とは遠く離れ、現在遺構が残されている一乗谷の義景館や越前市味真野（あじまの）の鞍谷御所と比べると、それに匹敵する大きさで、少なくとも国人級や重臣級の一定の地域を治めるような人物像だと思われる。さらに想像を広げると緊迫した時期には詰めの城として、青野城を構築したと考えたい。

このように広大な屋敷・館跡が良好に残されていることは県内においても類が少ない。将来的に発掘調査などが進められて明らかになっていくことを期待したい。

【参考文献等】福井藩編集『越前地理指南』（貞享二年〈一六八五〉）、福井藩主命編纂『越前国古城跡幷館屋敷蹟』『越前国古城館屋敷改帳』『城跡考』（通称）（享保五年〈一七二〇〉）、福井県教育委員会『福井県の中・近世城館跡』（一九八七）、『織田文化歴史館』HP城館解説、南洋一郎『ふくいの山城（三四）』（福井新聞連載記事、二〇一九）、佐伯哲也『越前中世城郭図面集Ⅱ―越前中部編―』（桂書房、二〇二〇）

（浅倉尚滴）

●日野川流域を一望できる中世城郭

御床ヶ嵩城（みとこがだけじょう）

〔鯖江市・越前町史跡〕

〔所在地〕鯖江市和田、越前町佐々生
〔比　高〕約二八〇メートル
〔分　類〕山城
〔年　代〕―
〔城　主〕伝宮川出雲守要光
〔交通アクセス〕北陸自動車道「鯖江IC」から和田公民館駐車場まで車で二〇分。公民館から徒歩六〇分。

御床ヶ嵩城
熊野神社
和田公民館
104
0　500m

【景観と歴史】　御床ヶ嵩城は、鯖江市と越前町にまたがる標高約二八〇メートルの御床ヶ嵩（以下、三床山と記載）頂部を中心に築かれており、地元では三床山城と呼称されることが多い。鯖武盆地（南越盆地）西側を南北に延びる丹生（にゅう）山地東側の尾根には、御床ヶ嵩城のほか芝築地山城（福井市・越前町）、尉ヶ峰山城（越前町）、青野城（越前町）、大虫城（越前市）のほか多数の山城が確認されており、いずれも平野部を見下ろす良好な位置に築かれている。なかでも平野部に突出した標高の高い三床山からの眺望は優れ、遠く白山連峰や越前山地を東に望み、日野川水系に沿って福井平野南部から鯖江、武生、南条方面までを望むことができる。城の西側は、和田川が形成した狭い谷を隔てて丹生山地の丘陵が迫る。

三床山頂には、「式内　佐々牟志（ささむし）神社　旧御殿跡」と刻まれた石碑と近年再建された小さな社殿が建つ。この佐々牟志神社とは『延喜式』神名帳にある古社で、現在は三床山西麓の越前町佐々生に社殿がある。平安時代に宮川出雲守要光が山頂から現在地へ遷座し山頂を城跡にしたものの、保元・平治の乱により宮川氏は滅亡し神社も衰微したと伝わっている。このほか、『佐々牟志神社社記』によれば南北朝期に北朝方の斯波高経（しばたかつね）が御床ヶ嵩城に拠ったとも伝わるが真偽のほどは定かではない。

さて、三床山西麓を流れる和田川を挟んだ丹生山地一帯では良質な粘土が採れ、豊富な森林資源を背景に古代から須恵器（すえき）の生産が行われ、中世以降は六古窯の一つ「越前焼」の一

●—三床山（東から）

大生産地となった。窯で焼かれた製品は、船に乗せて広く日本海沿岸部の消費地へと運ばれたことが知られている。また、この越前焼と同じく日本海側各地に流通したものとして「笏谷石」がある。この笏谷石とは、一般的に福井市の足羽山で産出した良質な凝灰岩のことを指し、越前青石とも呼ばれる。柔らかく加工しやすいことから古墳時代の石棺利用に始まり、現代まで日常雑器や建築資材として広く利用されてきた。この種の凝灰岩は越前各地で採れ、三床山でも笏谷石と酷似した「和田石」の採掘が少なくとも江戸時代前期には始まっていた。昭和四十二年に廃坑となったが、山頂東側山麓部には今も大規模な採掘坑が眠っている。ちなみに、和田町に隣接する石生谷町の名前の由来については言うまでもない。

さて、江戸時代に記された『越前城跡考』には、「御床ヶ嵩城跡　時代不知　佐々生村ヨリ十四五町東山上堀切池形数カ所有」とあり、近世には、地元で山城として認識されていたことが確認できるが、他の史料をみても築城主や築城年代を明らかにすることはできない。三床山東麓にある和田村や下野田村などには屋敷跡に関する記載が複数あり、当地一帯は、朝倉氏が越前を支配していた頃は日野川西部に拠った千秋家の根拠地であったとみられ、彼らが築城に関わった可能性は十分に考えられる。

【城の構造】　城は、南北三〇〇メートル、東西一五〇メートルの規模で、山頂を中心とするA郭群、山頂から北側へ派生する尾根を一〇〇メートル程度下った先に展開する小さなB郭群の二つで構成される。

●―山頂からの眺望（東側）

A郭群は、山頂を中心に大小二〇以上の郭が展開し、南北両端の尾根を大規模な堀切で切断する構造となっている。郭群周囲の斜面は急峻で登るのは容易ではない。いっぽう、郭群内には一部に土塁に囲まれた区画がみられるものの堀切等は見られず、緩やかな傾斜地に階段状に郭が配置されているため郭群内部の往来は比較的容易である。このうち山頂部東側の郭内には狼煙台跡と伝わる区域があり、毎年実施されている滋賀県から福井県内各地までを繋ぐ「古里をのろしでつなごう」というイベントの際には、南の村国山（越前市）や妙法寺山（越前市）方面の白煙を確認した後、この区域付近から狼煙をあげている。このほか南側斜面では畝状竪堀の存在が指摘されているが、明確に確認することはできない。

●―和田石採掘場跡（三床山東麓）

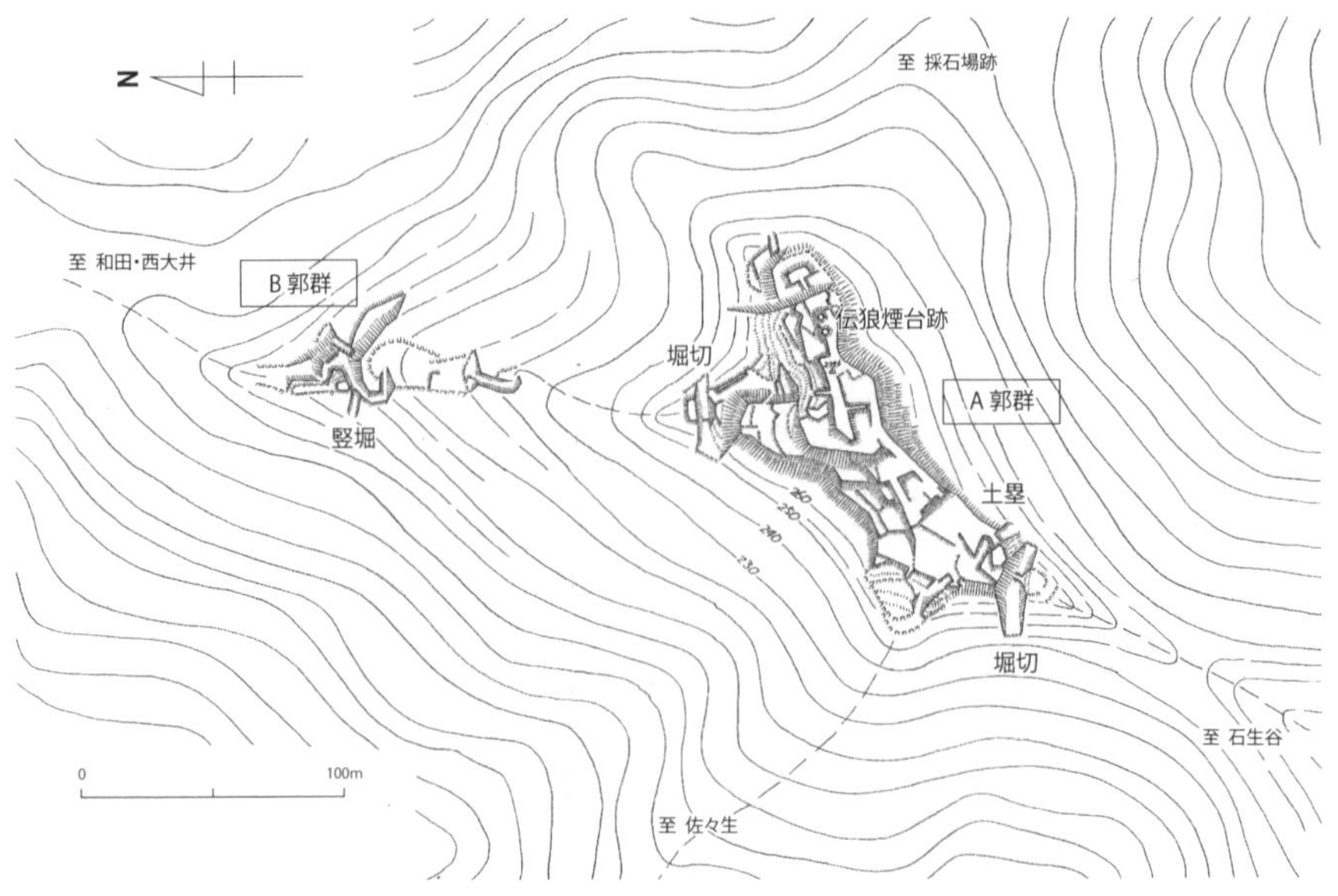

●―御床ヶ嵩城縄張図（作図：佐伯哲也）

●―地元小学校による狼煙あげ

先ほども触れたように、南側の石生谷方面からの尾根は緩やかで深い溝で切断されているが、堀切から南側へ進むと広大な平坦面があり、そこから先は急傾斜面となっている。さらにその先の尾根では千畳敷と呼ばれる広大な平坦面や堀切も確認されており、厳密に言えば城域はさらに南側へ広がっている。いっぽう、北側の和田・西大井方面からの尾根は勾配がやや急で、郭群南側に比べ守りが堅い印象を受ける。郭群北端を幅六メートル以上の大きな堀切で切断し、その内側の郭側面を高低差五メートル以上の切岸（きりぎし）とし、郭東側を城内へ向かう道には横矢（よこや）が掛かる構造となっている。なお、B郭群からA郭群へ至ると、この堀切と切岸は急斜面のため最初は見えず、突然大きな壁が目の前に現れたように感じる。

B郭群は、A郭群北端から尾根を一〇〇メートルほど下った先にある。B郭群付近の尾根はやや幅が広く、郭群の中ほどに幅一五メートル、奥行き二〇メートル程度の大きな平坦面が見られ、西大井方面からの登山道はこの平坦面北西端に取り付く。さらに平坦面下には細長い郭が配置され、屈曲を繰り返しながら上がってくる登山道脇にはハの字状に配置された竪堀、一段高い場所に平坦面が見られるなど、寄せ手を意識した非常に厳重な構造になっている。

以上のことから、御床ヶ嵩城はA郭群を中心とした縄張をもつ山城で、南北両面からの侵入阻止を意図した郭配置がなされていることがうかがえる。郭群内に大小多数の郭をひしめくように抱えている点も大きな特徴である。在地領主の詰城（つめじろ）としての性格が想定され、築城背景を検討できる文献史料の発見を期待したい。なお、青木によると北西にある青野城と縄張が極めて類似しており、同一の築造者を想定している。

【鈴越しの坂伝説】 御床ヶ嵩城の築城に関した逸話が麓の石生谷町に残されている。その昔、保科越前守が三床山に城塁を築くのに兵器・食糧を石生谷から坂道を通って運搬することになったが、尾根伝いの狭い坂道のため大変苦労した。そこで、力のある馬で運搬させたものの足取りが重く悩んでいたところ、家来の胸元に付けた鈴が落ちてチリンチリンと転がった。この音を聞いた馬が喜び前に進むようになったことから、馬の首に鈴を付けると急な坂道を登り切ったという。それからは、地元ではこの坂を、「鈴越しの坂」あるいは「鈴越しの峠」と呼ぶようになったという。

【参考文献】 青木豊昭「御床ヶ岳城」『日本城郭大系一一　京都・滋賀・福井』（新人物往来社、一九八〇）、青木豊昭・青木みな子「三床山城」「第三章　築城と落城」『三峯の城と村』（三峯城跡保存、一九九二）、豊地区誌編集委員会「地区の概観」『豊地区誌』（鯖江市豊公民館、一九九九）、鯖江市教育委員会『天神山城』（二〇〇五）、杉原丈夫・松原信之「越前国城跡考解題」『越前若狭地誌叢書　上』（松見文庫、一九七一）

（深川義之）

●河川交通の要衝に立つ山城

天神山城（てんじんやまじょう）

〈所在地〉鯖江市入町・三尾野出作町
〈比　高〉約三八メートル
〈分　類〉山城
〈年　代〉―
〈城　主〉立待和泉守、朝倉家千秋因幡守
〈交通アクセス〉北陸自動車道「鯖江IC」から山麓の天満神社まで車で一五分。

【景観と歴史】　天神山城は、鯖江市と福井市の境をなす経ケ岳から南西へ派生する低丘陵先端にある。九頭竜川最大の支流である日野川が山麓西側を北流しており、この城が三国湊と府中等を結んだ舟運や渡し場を意識して築かれた可能性が高い。城の南麓には天満神社が鎮座し、昌泰の変によって配流となった菅原道真の子に関する伝承が残る。また、天神山という名称は道真の神像を山に祀ったことに由来するといわれる。なお、城の南麓を東西に流れている浅水川は、ここより四キロほど東側にある鯖江市鳥羽付近から福井市浅水方面へ北流していたものを大正年間に現在の位置へ付け替えた人工河川で、城が使用されていた頃にはなかった。山頂からは立待地区の街並みを山麓南東側に望み、日野川中流域にあった府中を中心に東側は越前五山に数えられる文殊山、西側は越智山まで広く盆地一帯を見渡すことができるとみられるが、現在は樹木が生い茂り丹生山地の稜線が見える程度である。また、残念ながら城域北東部は宅地造成によって消滅している。

城のある立待地区は、中世の立町郷に由来する（『馬場家文書』）。地区内にはかつて織田信長と対峙した一向一揆勢の有力寺院であった西光寺があり、木ノ芽峠城塞群（敦賀市・南越前町）の最も東に位置する西光寺丸を守備した伝承が残る。江戸初期の正保六年（一六四五）には、福井藩の支藩である吉江藩が置かれ、城下を北陸道から分岐した新道と呼ばれる道が通り、現在もその名残をとどめている。ちなみに、江戸三大文豪として知られる近松門左衛門の父はこの吉江藩士であったことが知られており、幼い近松が見た風景の中にこの天神山が映っていたかもしれない。

ところで、この天神山城については戦国期の文献には一切登場しない。このため、築城年代などは不明であるが、江戸期に記された『城跡考』には、「吉江郷　西番村ヨリ二町計北西天神山続五間四方許之所其外堀切馬場之形有」とあり、城主として「立待和泉守・千秋因幡守」が記載されている。青木によると、この両者と同じ名前が『朝倉始末記』にも見られ、それによると永禄十一年（一五六八）、朝倉義景のいる一乗谷の屋形へ将軍となった足利義昭が御成りになったときの警護を行った朝倉家臣団の中に千秋因幡守の名が、また、御能役者次第の中に千秋和泉の名が見えるという。両名ともに、平安時代から鎌倉時代にかけて越前で台頭した千秋氏の一族とみられ、天神山城を含む鯖江西部付近を基盤とした在地領主と考えられている。

●―旧吉江藩城下方面から見る天神山城

【城の構造】　天神山城は、標高五四メートルの通称「天神山」頂部から東西へ延びる尾根上に築かれ、東西約二二〇メートル、南北約二〇〇メートルの規模をもつ。比高差は約四〇メートル程度で、鯖江市内にある山城の中ではもっとも低い。主に東西二つの郭群からなり、各尾根頂上の郭を囲むように多数の帯郭や腰郭を階段状に配置したいわゆる囲郭（円郭）式の城で、郭のほか堀切、空堀、竪堀、土塁が確認されていた。城域北東側については、宅地造成に先立って鯖江市教育委員会によって調査が実施され、郭、空堀（横堀）、土塁、切岸のほか、郭や土塁の下層において複数の方墳と円墳が検出され、複合遺跡であることが判明している。

西郭群では、水準点のある山頂部を中心に隙間なく大小さまざまな形状の郭を階段状かつ同心円状に配している。山頂に不整方形の主郭を配し、その東側のやや低い場所に地山を削り出したL字形の区画を設けている。西郭群では郭同士の高低差はほとんどなく、郭間の往来は容易である。西郭群から経ヶ岳方面へと続く尾根には、落差五メートル以上の切岸を設け堀切状とし、尾根稜線両側に二条の竪堀を設けている。今回、この西郭群からさらに北側の尾根において踏査を行った

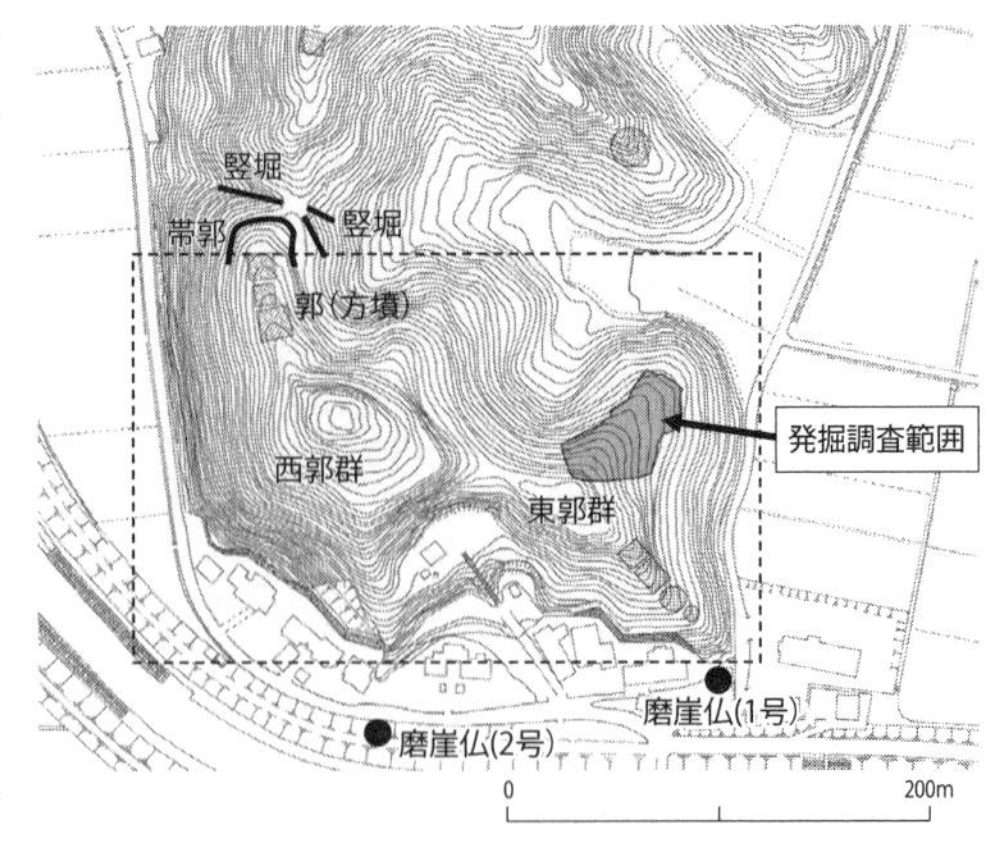

●—天神山付近の広域図

ところ、先述の堀切状遺構付近から北側約五〇メートル先にかけて遺構が分布することを確認した。方墳を利用して築かれた三つの郭の先に腰郭(こし)を配し、その先にある深い谷の両側に竪堀を配していることから、ここまでが城域とみてよい。いっぽう、西郭群から東郭群にかけての尾根は狭く、三重の土塁と堀切を築き、東郭群からの防御に重点を置いている。

東郭群は、標高約三九メートルの山頂を中心に東側へ郭を階段状にめぐらす。西郭群北東部裾から延びた空堀が、東郭群の北から東側を回り込み南側へ至ることで、東西両郭群が一つの城域としてのまとまりを生み出している。発掘調査によって、古墳時代の方墳や円墳が確認され、空堀手前にある方形の郭Cが方墳を利用して築いたことが確認された。ちなみに

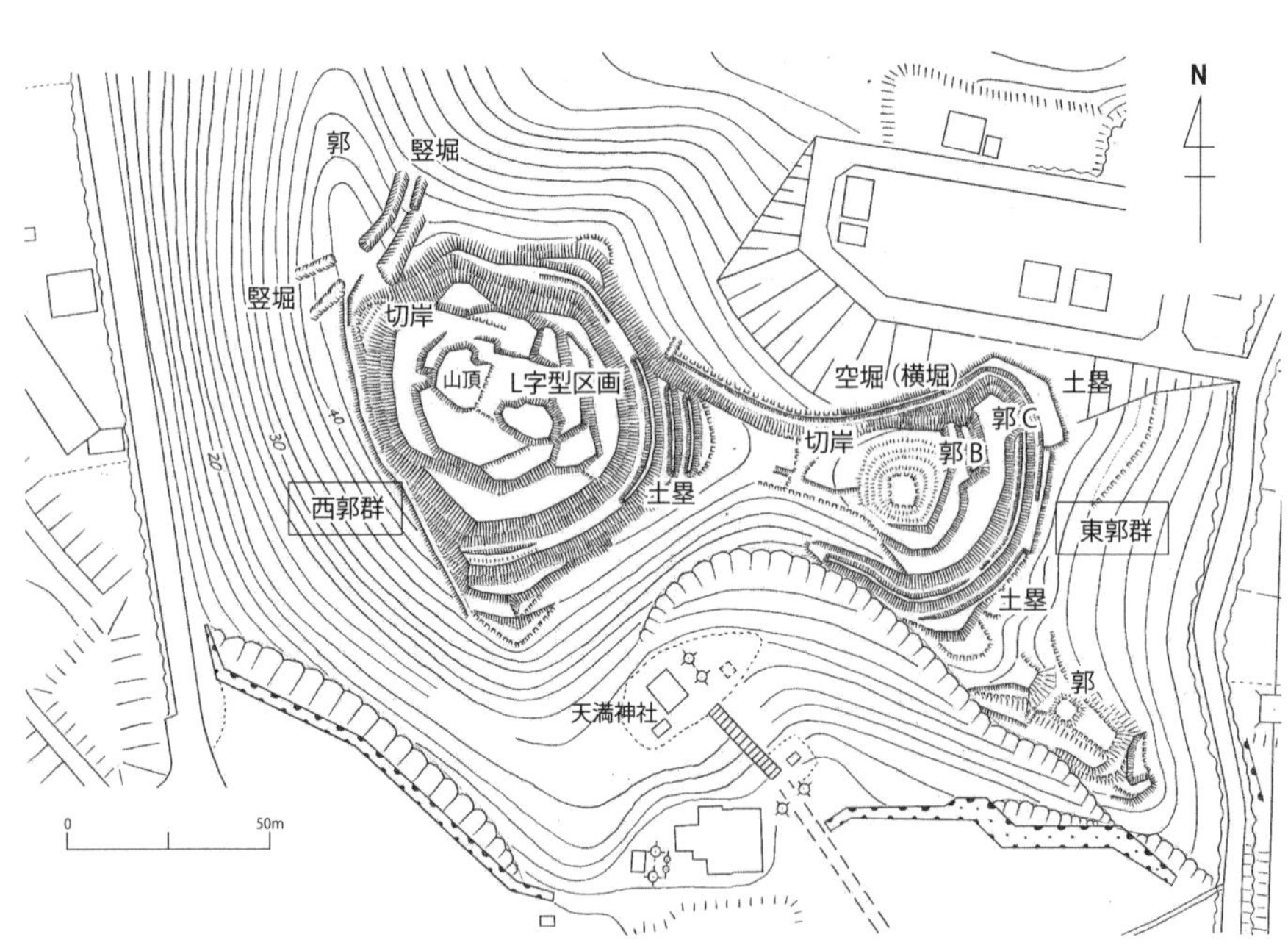

●—天神山城縄張図（作図：佐伯哲也 一部復元）

郭Cと空堀底面の比高差は約三・五メートルを測る。この郭C平坦面の西端で直線状に延びる深さ〇・三メートル前後の平面方形の柱列を検出し、根石が残されていたことから郭Bと郭Cを隔てる柵列状の構造物があったと考えられる。さらに郭Cの下層において古墳の埋葬施設一基を検出し、土層堆積状況から判断して、郭造成時には地山まで完全に削り出すことはせずに柱穴列掘削面とほぼ同一レベルで整地したようである。最も外側をめぐる空堀底面からは、一三世紀から一四世紀頃の越前焼の鉢や甕が出土した。これらは東郭群付近に存在した中世墓にともなう蔵骨器とみられ、築城以降に廃棄されたものと推測される。これら東郭群から南東方向へ延びる尾根上にだけ、墳墓・古墳を利用した小さな郭が点在しており、付近に集落方面からの登山道が存在したものと思われる。以上のように、重層的に配した郭群の外側に幾重にも長大な堀や土塁をめぐらすあり方は、市域では他に類例がなく本城の大きな特徴と言ってよい。

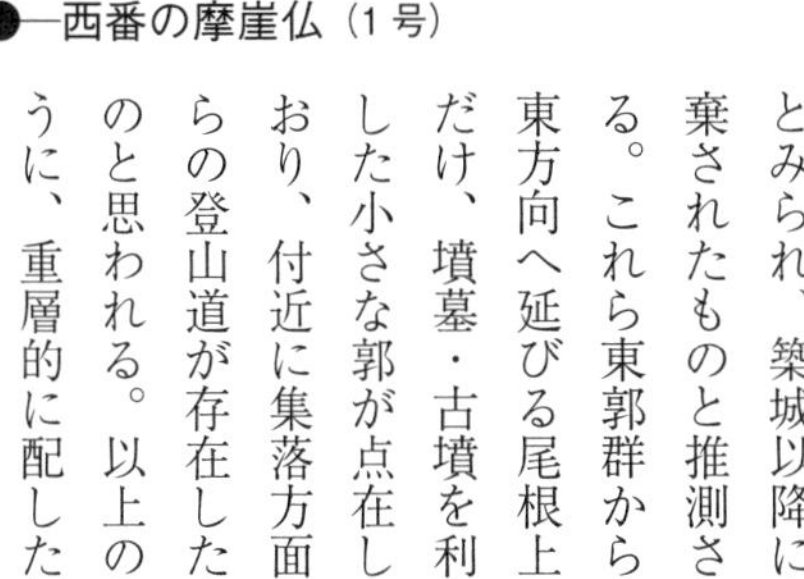

●—西番の摩崖仏（1号）

【摩崖仏と城】　本市で唯一の摩崖仏が南麓で二基確認されており、市指定文化財に指定されている。先述した東郭群から南東方向へ延びる尾根先端に「西番の摩崖仏（1号）」があり、安山岩に陽刻された阿弥陀三尊とともに「天文十五（一五四六）八月二日」の銘文が見られ、尼僧によって造立されたことが分かっている。摩崖仏は、集落方面にもっとも近い尾根先端に位置することから、願主は近郷の有力者に連なる女性であったのかもしれない。この頃の越前は朝倉氏の安定した支配下にあり合戦の記録は少ないが、列島を覆う不安定な世相を反映した浄土信仰が人々の間に浸透していたことがうかがえる。なお、東郭群の真南にある浅水川堤防内に「西番の摩崖仏（2号）」があるが、こちらは江戸時代前期の造立とみられる。

【参考文献】青木豊昭「天神山城」『日本城郭大系一一　京都・滋賀・福井』（新人物往来社、一九八〇）、青木豊昭・青木みな子「天神山城」「第三章　築城と落城」『三峯の城と村』（三峯城跡保存会、一九九二）、鯖江市教育委員会『天神山城』（二〇〇五）、杉原丈夫・松原信之「越前国城跡考解題」『越前若狭地誌叢書 上』（松見文庫、一九七一）

（深川義之）

●戦国期一乗谷を防衛する南の〝要〟

三峰城

〔鯖江市史跡〕

〔所在地〕鯖江市上戸口・西袋・福井市鹿俣
〔比　高〕約三六五メートル
〔分　類〕山城
〔年　代〕一四世紀～一六世紀
〔城　主〕平泉寺衆徒
〔交通アクセス〕北陸自動車道「鯖江IC」から三峰村跡まで車で三〇分。三峰村跡から徒歩で約二〇分。

【景観と歴史】　三峰城は、鯖江市と福井市にまたがる標高約四〇五メートルの城山頂部を中心に築かれている。福井平野南端にそびえる文殊山から越前東部山地へと派生する尾根上にあり、ちょうど越前国今立郡（鯖江市側）と同足羽郡（福井市側）の境に位置する。山頂には昭和十五年（一九四〇）建立の「脇屋義助卿守戦之地」と揮毫された石碑が建ち、ここから北側では戦国大名朝倉氏が拠点とした一乗谷や福井平野が眼前に見下ろせ、さらに遠く三国湊やその奥に広がる日本海までも臨むことができる。いっぽう、山頂南側から西側は木が高く生い茂っているため確認できないが、鯖武盆地（南越盆地）を広く望むことができるほか、「二峯城」（鯖江市）、「大滝城」（越前市）、「栗屋（厨城山）城」（越前町）が眺望可能とされる。

城から北側へ延びる尾根の先、標高三〇〇メートル付近の山中には昭和十六年に廃村となった三峯村の平坦地が階段状に四〇ヵ所ほど広がっている。ここでは墓地跡とともに村跡の発掘調査が実施されており、中世寺院「三峯寺」が前身であったことが判明している（『東寺百合文書』）。村跡には、白山信仰の開祖とされる泰澄の伝説が残る銀杏の巨樹や平安時代後期の木造聖観音菩薩立像を安置していた白山神社跡があり、古来より当地域で盛んであった山岳信仰の面影を見ることができる。

南北朝期の建武四年（一三三七）に、北朝方から南朝方へ属した平泉寺の衆徒等が〝三峯ト云所へ打出、城をカマヘテ敵ヲ侍所〃とあることから、この頃に城が築かれたとみられる（『太平記』）。その後、三峯衆徒は杣山城（南越前町）へ使者を立てた結果、新田義貞の弟である脇屋義助が遣わされたとされるほか、脇屋配下の河島蔵人惟頼が日野川の合戦の折、三峯城より出陣したとされるなど南朝方の一拠点となった。越前での激しい攻防は新田義貞の死によって北朝方有利となり、暦応三年（一三四〇）、城山の東尾根に押し寄せた北朝方の三山重行によって攻め落とされている（『熊谷家文書』）。その後、城に関する記述は確認されていないため城の変遷を詳らかにすることはできないが、戦国大名朝倉氏の城下として栄えた一乗谷の南に立地することから、戦国期には一乗谷の出城として機能していたとみられる。

●―三峯城から見る一乗谷

【城の構造】　地元では城山頂付近の主要部を三峯城と呼んでいるが、山頂から北へ三〇〇メートル地点にある土橋までを含めると城域はさらに広がる。その先の文殊山方面へと至る尾根には複数個所で堀切が築かれており、これらは一乗谷の防衛ラインを示す特徴とされる。主要部の面積は約四〇〇〇平方メートル余りで、山頂尾根に築かれた郭Ⅰを中心に三方向へ郭が連なる構造となっている。山頂部から北へ延びる尾根は幅四〇メートル前後と比較的広く、ここに郭Ⅰと堀切を挟んで長方形状の郭Ⅱを置き、さらに堀切を挟んで三つの階段状坦面をもつ郭Ⅲと、堀切を挟んだ先に土塁Ⅱを配置する。

●―旧三峯村墓地跡

この土塁Ⅱから北側尾根は急激に細くなっていて、旧三峯村方面からの登山道が土塁Ⅱ

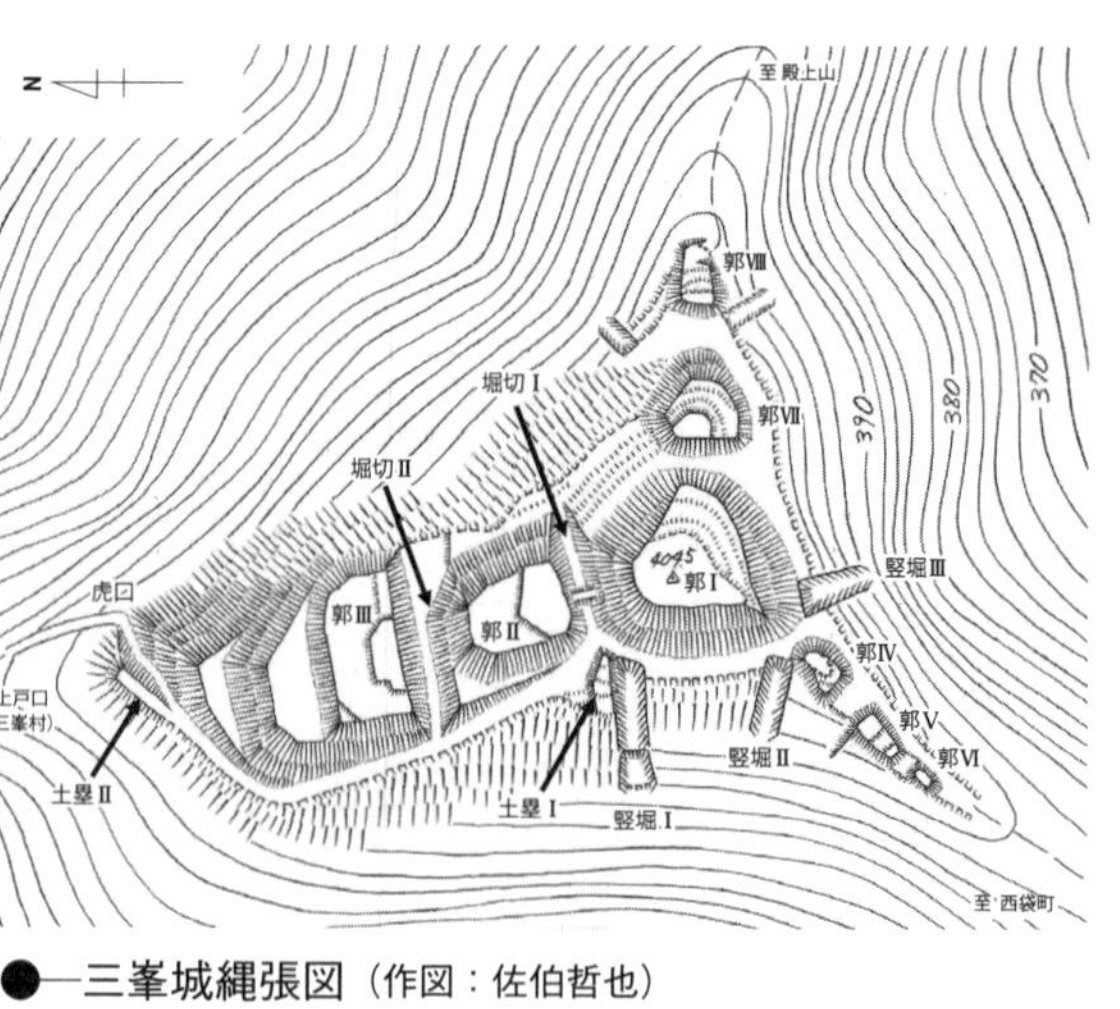

●—三峯城縄張図（作図：佐伯哲也）

と郭Ⅲの間に直角に折れ曲がって取り付くことから、ここに虎口を設けていたものと考えられる。旧三峯村方面からこの虎口へ至るには人一人しか通れない急勾配の坂道を登る必要があり、横矢を掛けられる土塁脇を進まなければならない。虎口を抜けた先も、土塁Ⅱと郭Ⅲに挟まれた急峻な坂道が続き、登山道は郭Ⅲの北西角で直角に折れて南へ進むが、土塁Ⅰと竪堀Ⅰが行く手を阻む。なお、土塁Ⅰの東側に堀切Ⅰがあるが、厳密には、堀切Ⅰ中央部に郭Ⅰと郭Ⅱを結ぶ陸橋があり、堀切Ⅰを東側へと抜けることはできない。一方、郭Ⅰのある山頂から南東側へ延びる尾根はやや狭く、尾根両側に設けられた二つの竪堀を挟み、長方形状の小さな郭（郭Ⅳ・郭Ⅴ・郭Ⅵ）を連ねる。郭Ⅵの先に堀切等はなく、尾根は緩やかに延びていく。また、山頂から東側へと延びる尾根では、主郭Ⅰの下に緩傾斜状の平坦面を持つ郭Ⅶを築き、さらに東側では、小さな郭Ⅷとの間に竪堀を尾根両側に設ける。この郭Ⅷから尾根東側においても堀切等の遺構はない。

このように、三峯城は北側の防御に重点を置いた構造であり、山頂から北側へ連なる大きな郭群の配置は、旧三峯村（三峯寺）方面からの寄せ手を想定したものとみられる。一方で、主郭南西側と東側の防御的機能は北側のそれと比較して高いとは言えず、最も手薄な東側から攻め寄せられ落城した事実については先述したとおりである。なお、現在見られる縄張は、基本的には戦国期の所産とみられる。

【城と寺】 これまでみてきたように三峯城はシンプルな構造で規模が小さく、『太平記』等に記載されているような大勢の兵士を収容できる広大なスペースは見当たらない。もちろん史料にある兵数は誇張されている可能性もあるが、平泉寺衆徒によって築城された経緯からも明らかなように実態としては城から北へ約六〇〇メートルの地点にあった三峯寺や山麓部を居住空間にしていたと考えられ、詰め城としての役割を有していたものとみられる。この三峯寺は奈良時代に起源をもつ福井県内最古の山中寺院で、密教系の寺院と考えられている。墓地跡から出土した越前焼の甕棺や石塔類の年代から、少なくとも築城時期を遡る一三世紀末頃から造墓活動が始まり、一五世紀から一六世紀にかけてもっとも造墓活動が活発になっている。石塔類には「権大僧都法印良倫」ほか高位僧の存在を示すもののほか、「正妙禅尼」といった一般女性の戒名を示したものもみられ、僧侶以外にも朝倉系の武士やその縁者が居住していた可能性が指摘されている。南北朝期に山中寺院を利用した山城が各地で多く見られるが、やはり三峯においても城と寺は無関係ではなく、有事においては一体的に機能したものとみられる。

●―木造聖観音菩薩立像
（鯖江市指定文化財）

ところで、墓地跡では「天正元年（一五七三）八月十□□」銘のある一石五輪塔が確認されており、寺僧以外の人物が八月十日以降に没したことがわかる。通常、墓石が建てられるまで一定日数を要すると考えられるが、同年八月十三日に敦賀刀根坂の戦いで朝倉軍は織田軍に敗北を喫し、同二十日に目と鼻の先にある一乗谷が焼亡している。このような緊張状態にあっても寺では造墓・造塔が行われており、一乗谷焼亡後も寺は機能していたと推測されている。これは、天正二年、「三嶺ノ観音……（中略）悉ク焼亡シケル」（『朝倉始末期』）という記録からもうかがえ、三峯寺は織田信長の越前侵攻後に起こった一向一揆（いっこういっき）による旧仏教系寺院の焼討ちによって滅んだものとみて間違いない。そして、この時までに城の機能も完全に失われ、以降は村として現代に至ったものとみられる。ちなみに、「三嶺ノ観音」とは先述した木造聖観音菩薩立像を指すと云われ、表面には所々炭化した跡が残っており、数少ない三峯の記憶を今に伝えている。

【参考文献】青木豊昭「三峯城」『日本城郭大系一一　京都・滋賀・福井』（新人物往来社、一九八〇）、青木豊昭・青木みな子「三峯城」「第三章　築城と落城」『三峯の城と村』（三峯城跡保存会、一九九二）、鯖江市教育委員会『三峯寺』（二〇〇五）、南洋一郎「越前の中世城館」『一乗谷城の基礎的研究―中世山城の構造と変遷―』（南洋一郎、二〇一六）、中井均『城館調査の手引き』（山川出版社、二〇一六）

（深川義之）

●榎坂越えを監視する城

丹波岳城（たんぱだけじょう）

〈所在地〉鯖江市大野
〈比　高〉二八〇メートル
〈分　類〉山城
〈年　代〉一六世紀後半
〈城　主〉越前斉藤氏？
〈交通アクセス〉JR北陸本線「北鯖江駅」下車、タクシーにて三〇分、徒歩三〇分。

【朝倉街道監視の城郭】 榎坂を越える通称朝倉街道は、一乗谷城下町の大手道とされている。朝倉氏が一乗谷に本拠を構えた一五世紀においては大手道だったが、一六世紀になると美濃街道が重視され、大手道ではなくなったと筆者は推理する。

それはともかくとして、朝倉街道は一乗谷と直結した重要街道であることに変わりはなく、監視する城郭が多数存在する。その一つが丹波岳城である。

【歴史】 丹波岳城に関する一次史料はもちろんのこと、古記録や伝承等一切残っておらず、城主等の詳細も不明である。『日本城郭大系』では山麓に存在する春日明神や般若寺の存在から、城主は越前斉藤氏一族と推定しているが、根拠薄弱で賛同できない。もしこれを肯定するならば、丹波岳城の縄張が春日明神や般若寺と緊密な構造になっている、あるいは丹波岳城と春日明神・般若寺の存続期間がラップしていることを証明しなければならない。しかし、残念ながらいずれも証明できない。

【城跡へのアプローチ】 丹波岳登山道として整備されており、頂上（城跡）への案内板も設置されているため、非常にわかりやすい。城跡のブッシュもきれいに苅払われ、観察しやすい状況になっている。

【周辺の城郭】 丹波岳城は、朝倉街道が通る榎坂越え道を監視する山上に選地する。対岸の春日山城と同様に榎坂越え道と密接に係わった城郭と言える。この榎坂を含む文殊山塊に

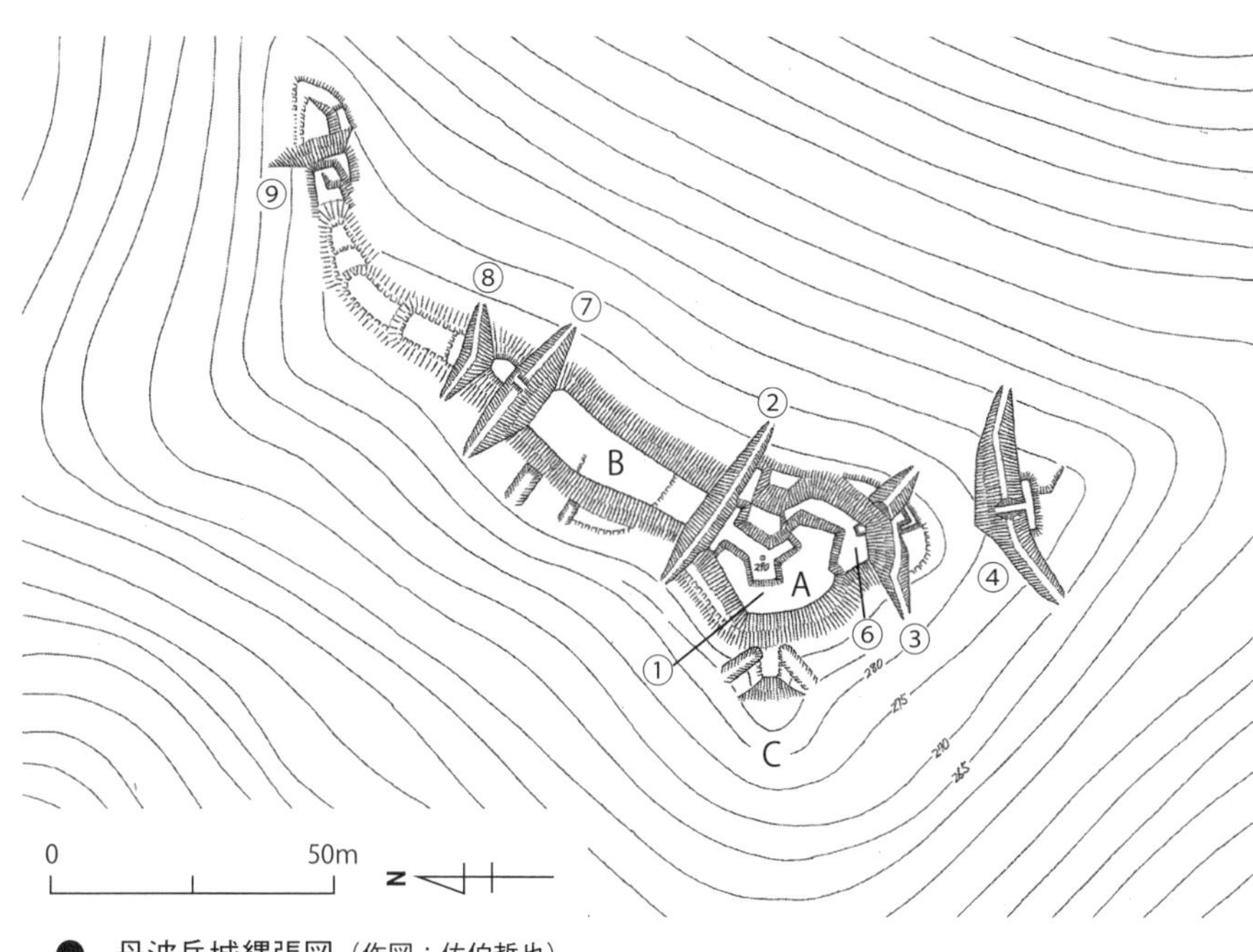

●—丹波岳城縄張図（作図：佐伯哲也）

は、文殊山城・北茶臼山城・春日山城・丹波岳城・四方谷城と5城が狭い地域にひしめき合っている。もちろんすべて同時に存在したと考えるのは早計である。したがって文殊山城が主城で、他は支城と考えるのも早計である。特に丹波岳城は北茶臼山と違い、登拝道等で直接文殊山城と繋がっていない。同じ山塊に位置するが、主城・支城という関係は希薄といわざるを得ない。しかし、榎坂を監視する重要地点だったという点では一致する。

【縄張の概要】　A曲輪が主郭である。北側の尾根続きには堀切②を設け、防御力を増強するために城内側に土塁①を設けている。さらに土塁を東斜面にも伸ばし、敵軍が斜面を迂回するのを防いでいる。つまり堀切と土塁がセットになった防御施設であり、現存遺構の構築年代が一六世紀後半に下ることを推定させる。土塁①は主郭Aの中央で櫓台となる。ここが城主の指揮所で、堀切②方向を監視していたのであろう。

櫓台は堀切の端部に存在するが、主郭Aに入る虎口は明確にできない。特に枡形虎口は存在しない。したがって一六世紀末以降の織豊政権武将による改修は考えにくい。

南側の尾根続きは、堀切③・④で遮断する。堀切④は城外側に土塁を設け、土橋と連結している。土塁の東脇に平坦面

●—主郭Ａ現状　ベンチ等が整備されている

があり、城兵達の駐屯地と考えられる。堀切③の城外側にもL字形の土塁が付属しており、城兵の駐屯地となっている。つまり丹波岳城は、堀切の外側に城兵を駐屯させていたのである。ここに駐屯する城兵達の戦死率は高かったと考えられ、もはや城兵は消耗品という考えである。

L形土塁が駐屯地という考えは、上部の窪地⑥が虎口であり、駐屯地と虎口⑥が連絡していたと思われるからである。堀切④方向の尾根は急峻なため、とても城道が存在していたとは思えない。しかし、堀切③・④を設けて警戒していることから、やはり重要な城道が存在していたと考えざるを得ない。かつては麓の大野集落から登る登城道が存在していたのであろうか。

●—堀切②　大手方向を遮断する

C尾根方向には、両竪堀(たてぼり)と切岸(きりぎし)を設けているのみである。城主がこの方面を重要視していなかった証拠である。同じ急峻な地形なのに、城道が存在していたと推定される堀切④方向とは、やはり防御形態は違う。

B曲輪は小規模な段が二ヵ所あるのみの単純な曲輪。しかし多数の城兵を駐屯できることから、主郭Aを防御できる重要な曲輪といえよう。この先は、堀切⑦・⑧・切岸⑨を設けて遮断する。堀切⑦は上幅八メートルの大型堀切で、城主はやはり尾根伝いを警戒していたのである。

●—登城口の看板　これを目指して訪城すればよい

【築城者を推定する】　以上、丹波岳城の縄張を概説した。現存遺構は一六世紀後半に構築された可能性が高いことが判明した。城道が大野集落に伸びている可能性が高いことも判明した。しかし、比高が二八〇メートルもあるため、在地領主の城郭とも思えない。

このように考えるなら、国人級の領主が一六世紀後半に構築したと考えられる。それは当然朝倉氏関係武将であろう。文殊山城では高すぎるため、より具体的に榎坂越え道を監視・掌握するために、丹波岳城を構築したとする仮説が提唱できる。城兵達は大野集落から出入りするために城道を設け、それを防御するために堀切③・④等を設け、出入り用として虎口⑥等をもうけたのではなかろうか。

以上、丹波岳城の築城時期を一六世紀後半、築城者を朝倉氏と推定した。これは戦国期になっても朝倉街道が重要な街道として認識されていたことを物語る。

しかし、それは一乗谷から若干離れた場所に位置する。これは同じく一乗谷を防御するために一六世紀後半に改修された成願寺城にも該当する。一六世紀後半は、既に一乗谷のみを考える時代ではなく、越前全体を考え城郭を配置する時代へと変化していたのである。

【参考文献】佐伯哲也『越前中世城郭図面集Ⅱ』（桂書房、二〇二〇）

（佐伯哲也）

●池田町最高所に築かれた城

ナットヶ岳城

〔所在地〕池田町常安
〔比　高〕三二〇メートル
〔分　類〕山城
〔年　代〕一六世紀
〔城　主〕不詳（池田氏か）
〔交通アクセス〕ＪＲ北陸本線「武生駅」下車、福鉄バス「上荒谷」停留所下車、徒歩五分。または四七六号線から上荒谷集落へ入り、八幡神社から直登。徒歩一時間。

【城への行き方】　上荒谷集落の八幡神社に参拝がてら車を停めさせて貰い、尾根を直登し、一時間ほどで城域へ達する。他にも常安集落背後から林道が伸びているのだが、荒れ放題になっているうえ、迷路のように道が分かれているため、あまりお勧めできない。

【城の由来】　ナットヶ岳城は、常安・市・上荒谷集落にまたがる山の標高五五〇メートル付近に築かれた、まったく史料に登場しない城である。池田歴史の会の方々が、池田町内の山々を踏査され、一冊にまとめた、『郷土史探求』という冊子に唯一紹介されているのみである。したがって、城主は正確には分からないのだが、周辺の城の位置関係から恐らく池田氏が築いたものと考えられる。

池田町は周囲を山に囲まれ、総面積の九〇パーセントは山地である。山々には多くの山城が築かれており、山城密集地になっている。ナットヶ岳城はその多くを見渡すことのできる位置に存在している。また上荒谷集落内には金刀比羅宮が祀られており、実は神社自体が堀切を備えた分野城と呼ばれている。つまり、こちらが集落の詰めの城であり、その遥か上方に位置するナットヶ岳城は明らかに築城目的が異なるのである。これらの点からナットヶ岳城は、その眺望の良さを活かし物見を置き、敵が侵入した際は一早く狼煙などで連絡を取る、池田の郷を統括する役割を担っていたと考えられるのである。

さて、その池田氏である。室町時代初期、越前守護には斯波氏が就任し、池田氏は斯波氏に重用され、やがて越前守護代々にまで昇りつめ、池田を領し池田勘解由左ヱ門と称した。

『朝倉始末記』によれば、朝倉氏の越前支配が強まると、文明六年（一四七三）、池田は朝倉掃部が領主となる。しかし、その後約八〇年間も池田氏による池田領内寺社への寄進状がいくつも残っている点をみるに、朝倉一族の完全統治には至っていなかったのかもしれない。これは、朝倉氏側が古くから池田領主となっていた池田氏の実力と強固な領地支配体制を無視できず、ある程度の監視体制の下に池田を治めさせた方が得策と考えた結果ではないだろうか。池田氏と朝倉氏は越前国内で出世街道を競ったいわばライバルであったが、遂に名門池田氏はその傘下に与し、多少領地は失ったものの、代官として池田領の約半分を治めていたと考えられている。

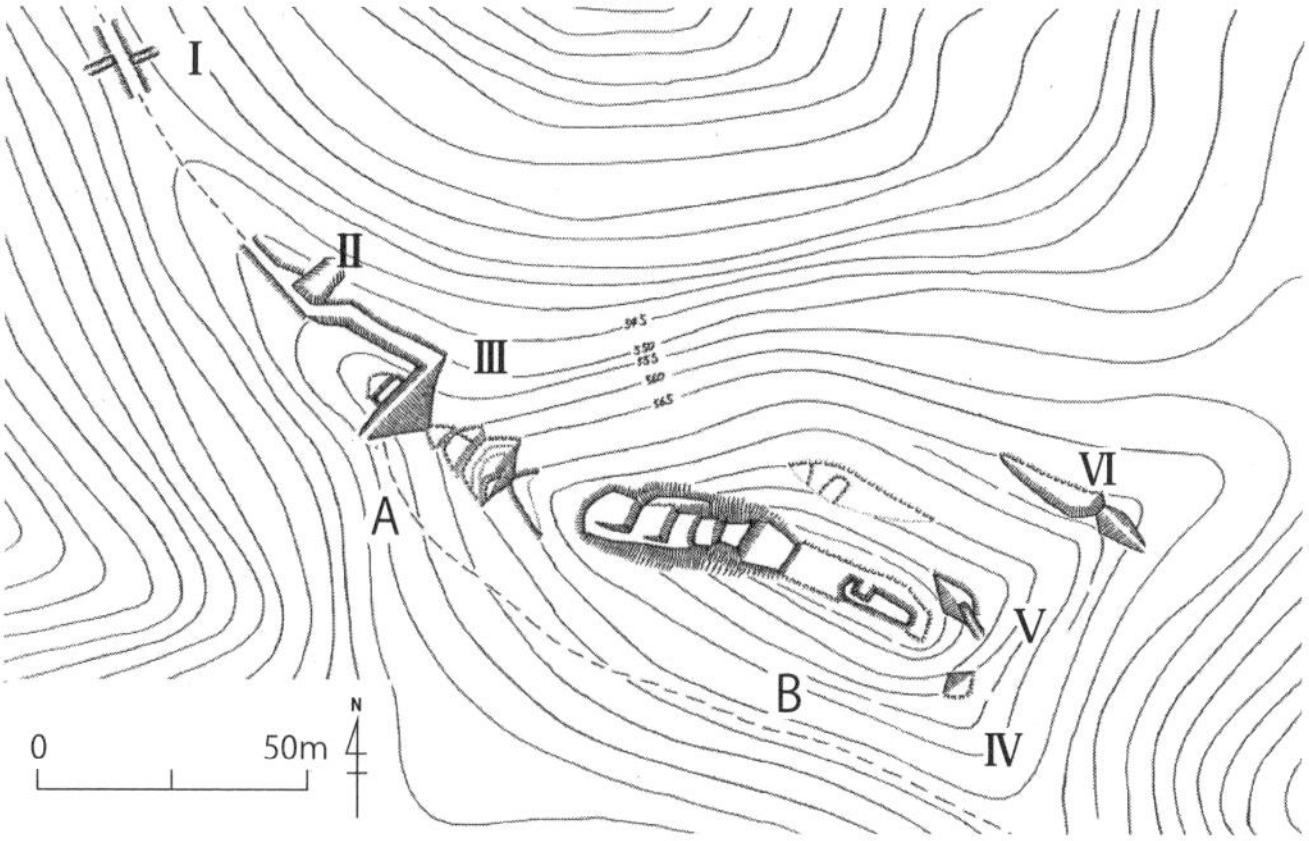

●―ナットヶ岳城測量図（作図：佐伯哲也　一部改変）

両者の関係は微妙なパワーバランスの下に成り立っていた。実は池田は朝倉氏の本拠一乗谷の背後に位置し、山を越えれば一時間以内に攻め入れる距離にあるのである。しかも山城の数から相当の動員兵力を囲っていた可能性が高い。朝倉氏が池田氏を後背の不気味な実力者と捉えていてもおかしくない。実際池田勘解由左ヱ門の子、隼人助は朝倉氏が織田氏に大敗した柳瀬の合戦の際に、事前に織田方への謀反が露見し、義景に逆に誅されているのである。当時は朝倉一門からも離反者が出るほどだったので、致し方ないのかもしれないが。

【城の構造】ナットヶ岳城は池田領内の山城の中では最高所に位置するものの、集落から離れ過ぎる山頂には築かれていない。あくまでも他の山が見渡せる位置にある点からも、麓との関連性と、物見の役割が感じられるのである。

恐らくもう一つ、ナットヶ城には重要な役割が存在していたと思われる。実は城内に峠道が通っているのである。その

●―A部の通路兼堀切Ⅲ

峠道を城内に組み込み、峠の関所の役割を果たしていたと考えられる。

佐伯哲也の測量図に沿ってその構造を見ていきたい。ナットヶ岳城は竪堀Ⅰ・Ⅱ・堀切Ⅲと通路を備えたA部と、切岸Ⅳ・竪堀Ⅴ・堀切Ⅵと小曲輪群を備えたB部に大別される。

先ず注目したいのが、A部に峠道が間を通っている点である。西から進んだ場合、竪堀Ⅰにより尾根道を進まされ、竪堀Ⅱにより極端に道幅が狭められている。さらに櫓台はないものの、通路南側の高まりからいくらでも横矢を掛けられるようになっている。通路を南に折れると、今度は堀切Ⅲの間を進まされ、東西両側の高まりから攻撃を受けてしまう。恐らくこの辺りに木戸か何かがあって、峠を越える者に不信な点はないか誰何していたのだろう。実際に現地を歩いて恐ろしい構造だなと震撼したものだ。ここを越えて南に目を向けると美濃方面へと遥かなる山塊が続いている。主に平地で活動する現代人とは異なり、昔の人は山伝いにどこまでも歩くことを厭わなかった。当城は越前～美濃間の一つの起点になっていたと考えられるのだ。

次にB部に目を向けると、段曲輪が続き、主郭と思しきトップ部に出るのだが、曲輪一つ一つが大した広さがなく、とても大人数が籠れるものではない。その代わりに見晴らしは良好である。切岸Ⅳ・竪堀Ⅴ・堀切ⅥもB部を守るというよりも、南北方向に派生する尾根を断ち切り、通行を妨げる目的が主だったと思われる。A部が関所なら、B部は物見台兼情報の発令所だったと考えるのが妥当ではないだろうか。

【登城の際の注意点】 ナットヶ岳城は端的に言えば、登城しにくい城である。林道ルートは背丈を超えるススキと笹の海と化し、絶望的である。八幡神社から尾根伝いに直登する方がはるかに楽なのだが、途中城域に達する手前で林道に出てしまい、結局はススキの海を越えて行かなければならない。林道は一見便利なのだが、グルグルと迂回を繰り返すため、方向感覚が狂いやすく、思わぬ所に連れていかれることが多い。そんな時は、既に利用している人も多いかもしれないが、スマホ用位置アプリがお勧めである。

電波の届かない山奥でも、事前に目的地を表示させておけば自分の現在地が分かるし、登城ルートのログまで残せるので元来た道を逸れにくい。登山道のない直登が余儀なくされる山では、登りよりも下りで気付けば尾根を一本逸れているなんてこともしばしばである。そういった場面でより位置アプリの効果を実感する。また、人の手を離れた林道は藪化して視界が悪く、野生動物に突如遭遇するリスクが格段に高まるため、あまり筆者は利用しない。ススキは夏から秋にかけて葉の勢いが高まるので、葉の枯れる初冬が見学には適しているかもしれない。当城はマダニが多いので、そういった面でもマダニの少なくなる初冬がお勧めである。

ここでマダニについて少し触れたい。筆者もこれまでに何度もマダニに咬まれている。そのたびに皮膚科に行っては、悪い感染症にかかっていないか戦々恐々とした思いをするのである。断言するが、福井の山はマダニが多い。これは野生動物が多いことと無関係ではないだろう。藪に突入する限り、一〇〇パーセントの対策はない。しかし、登山道がある山でもマダニはいるので、対策をするにこしたことはない。とにかく素肌をさらさない、衣服と肌の間に隙間を作らない、これに尽きる。基本的にマダニは下から上に身体を這い上がってくるので、長袖・長ズボンは当然として、靴下にズボンの裾を入れると、隙間からマダニが入ってこられないので、防ダニ効果が格段に高まる。首筋も同様にタオルなどを巻いて隙間を埋めるとよいだろう。衣服の素材もツルツルとした生地の方が簡単にマダニを払い落とせるのでお勧めである。帽子も三六〇度につばの付いたサファリハットなら、頭部から首筋に落下してくるマダニを防げるだけでなく、藪に突入する際に俯き加減にすれば、顔面への草木の直撃を軽減できるので重宝する。

【おわりに】　ナットヶ岳城へは、越前でも五本の指に入るほどの難路が待ち構えている。五体満足に麓まで下りる、無理そうなら諦める、それが絶対の真理である。苦労した先には、峠道を巧みに防御設備に取り込んだ面白い遺構が待っているので、皆様心して登城して頂きたい。それにしても、築城当時は峠道を多くの人が往来していたのであろうが、現在では人通りも絶え、手入れも絶えた山は荒れ放題になっている。山の管理をし続ける難しさを、まざまざと見せつけられるようで考えさせられるものがある。

【参考文献】『郷土史探求』（池田歴史の会、二〇〇五）、『池田町史』（池田町史編纂委員会、一九七七）、国土地理院地図電子国土ＷＥＢを一部改変

（久保好史）

●府中の歴史を刻む三城
府中城・新善光寺城・龍門寺城
〔越前市史跡（新善光寺城跡・龍門寺城跡）〕

〔所在地〕越前市　府中城＝府中一丁目、新善光寺城＝京町二丁目、龍門寺城跡＝本町
〔比　高〕〇メートル
〔分　類〕平城
〔年　代〕南北朝期～明治維新
〔城　主〕斯波氏、朝倉氏の家臣（府中奉行人、伝・山崎吉家）、府中三人衆、木村氏、青木氏、堀尾氏、本多氏
〔交通アクセス〕三城いずれもＪＲ北陸本線「武生駅」下車、徒歩一五分圏内。

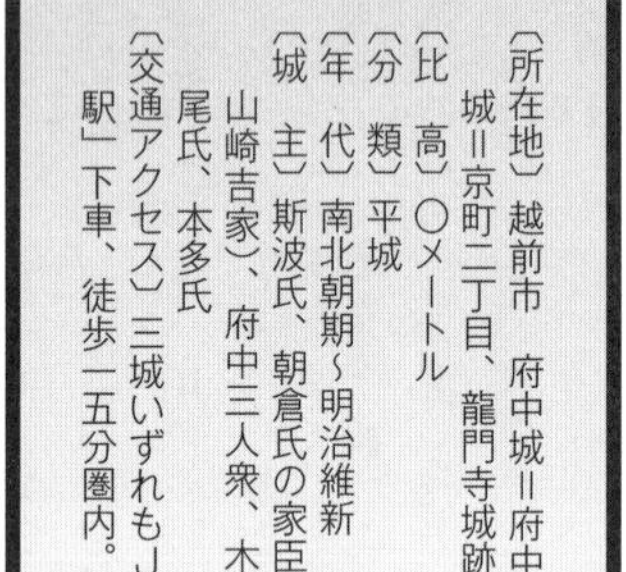

【府中の領主と府中城】　日野川の西岸、武生盆地の中央に位置する府中（現越前市市街地）は、古代の越前国府が置かれた。中世には守護所が置かれ、越前支配の拠点となった。府中は南北に北陸道が貫き、西へは馬借街道などで敦賀へ繋がる交通の要衝であった。さらには、多数の寺社が存在し、門前町の性格も有した。このように、府中は古くから流通・経済の発達した都市であった。

南北朝・室町期に越前守護を務めた斯波氏は、国内の在地支配のため府中には小守護代を置いた。しかし、守護代甲斐氏の台頭により、府中は応仁の乱までに甲斐氏の影響下に入ったと考えられている。斯波氏に代わり越前国主となった朝倉氏は、府中に府中両人（府中奉行人）を置き、南条郡・今立郡・丹生郡の民政にあたらせた（功刀、二〇一一）。

府中城の起源は朝倉氏の府中奉行所にあるとされるが、これについては文献史料にみえず、遺構も残っておらず不詳である。後世の史料ではあるが、『朝倉盛衰記』（『朝倉始末記』の異本）の「朝倉家士居住之事」の項には「一、南仲条郡　府中　山崎長門守（吉家）」と記されている。同様に、近世以降加賀藩士となった朝倉氏旧臣の山崎家に伝わった『山崎家譜』（金沢市立玉川図書館加越能文庫蔵）所収の「山崎作右衛門系図帳」にも、先祖の来歴を記した箇所に「代々府中ニ居城仕候」とみえる。『朝倉盛衰記』によれば、吉家の他にも、府中から南に展開する杣山（南越前町阿久和）・今庄（南越前町今庄）・鉢伏（南越前町板取）の各城に朝倉氏内衆の河

合吉統・年寄衆の魚住景固・年寄衆の印牧美満が在城したという。佐藤圭は、朝倉義景治世の末期にあたる元亀争乱（一五七〇〜七三）前後の軍事状況を鑑みれば、山崎吉家の府中城主としての在城は十分想定し得るとの見方を示した（佐藤、二〇〇五）。その時期に特例的に、府中方面の内政については府中奉行人が担い、軍事については吉家が担った可能性も考えられなくはないだろう。

織田信長による越前平定の後、天正三年（一五七五）に前田利家が府中城に入城した。利家の加賀移封後は、豊臣大名の木村常陸介、青木一矩、堀尾可晴の諸氏が相次いで城主となった。関ヶ原合戦以後、結城秀康の越前入国（慶長六年・一六〇一）にともない、府中城は本多富正に預けられ、以降本多氏が明治維新まで府中とその周辺などを治めた。明治維新を迎え廃城となり、跡地は小学校などに利用され、昭和三十一年（一九五六）に市役所が建設され、現在に至っている。

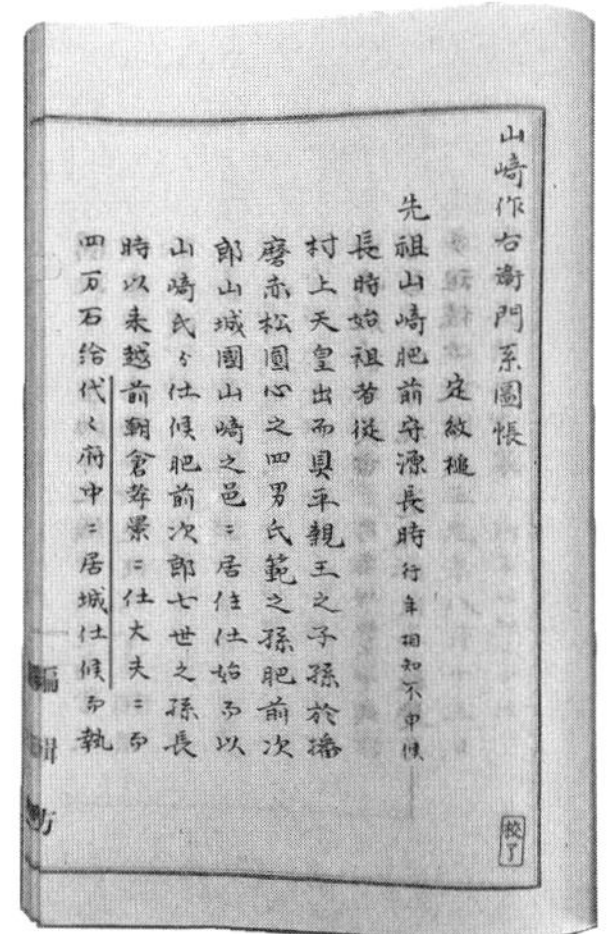
山崎作右衛門系圖帳
定紋梅
先祖山崎肥前守源長時 行年相知不申候
長時始祖者従
村上天皇出而具平親王之子孫於播
磨赤松圓心之四男氏範之孫肥前次
郎山城國山崎之邑ニ居住仕始而以
山崎氏ヲ仕候肥前次郎七世之孫長
時以来越前朝倉義景ニ仕大夫ニ而
四万石給代々府中ニ居城仕候而執
校了

●—『山崎家譜』（部分）に傍線を加筆（金沢市立玉川図書館加越能文庫蔵）

【新善光寺城・龍門寺城】 新善光寺城は、『太平記』に越前守護・斯波高経の居城としてみえ、南朝方の瓜生氏や新田義貞軍との争奪戦が繰り返された。暦応三年（一三四〇）に高恒軍が当城を奪回して以降は高経の城として定着する。その後、中央で失脚した高経が越前に落ち延び、貞治五年（一三六六）、新善光寺城の跡地は施入されて正覚寺の寺地となり、城郭としての役目を終えたと考えられる。

曹洞宗・龍門寺は、寺伝によると正安元年（一二九九）創建といい、一六世紀前半には確かな史料に存在を確認できる。ところが、天正元年の朝倉氏滅亡時に一時中絶した。同年八月十八日の『信長公記』の記述に「府中竜門寺に至つて御陣を居〔構〕ゑさせられ」とあり、朝倉氏を滅ぼした織田信長が当地に居陣したことがうかがえる。その後、朝倉氏旧臣で信長に寝返った富田長繁に「府中の城」（龍門寺城のことか）が与えられた（『浅井三代記』）。天正三年、一向一揆の制圧のため再び越前へ侵攻した信長は、「八月十五日夜に入り、府中竜門寺三宅権丞（一揆方の武将）楯〔立〕籠り候構へ忍び入り乗取り」、「御陣（信長の本陣）を寄せ」たという（『信長公記』）。その後、府中三人衆の一人・不破光治が龍門寺城を修築し、

●—新善光寺城跡の土塁・堀（西から）（瀬戸浩太郎 写真提供）

●—龍門寺城跡の石垣（南から）（瀬戸浩太郎 写真提供）

子の直光（なおみつ）も在城したと考えられている。そして、天正十三年に府中に入部した木村常陸介が若狭から高僧を招き城内に龍門寺を再興したといい、城郭としての機能はここで終わったとみてよいだろう。

【現地に残る遺構】　正覚寺の本堂北側の駐車場と総社大神宮の敷地を画す位置に、新善光寺城の土塁（どるい）と堀の遺構が東西方向に約三〇メートルに渡って残る。この土塁の高さは約一・五メートル、基底部の幅は約七メートルである。また、本堂西側の墓地の西端にも、二本の大木に挟まれるかたちで土塁がわずかに残るが、樹根や忠魂碑などの影響で残りはよくない。

龍門寺の本堂南側の墓地一帯は窪地になっており、これが龍門寺城の堀の名残と考えられる。本堂と墓地の間の斜面に、腰巻き状の石垣の遺構が東西方向に一五メートルほど残る。石垣の東部約五・五メートルは石の間にコンクリートが詰められており、往時の姿をとどめていない。

●—正覚寺山門（瀬戸浩太郎 写真提供）

なお、府中城については、平成二十八・二十九年度に現越前市役所東側で越前市が行った発掘調査により、南北方向に総延長約四〇メートル・最大の高さ約三メートルの張出部をもつ石垣が検出された（府中城跡Ⅰ地点）。越前市内の山で産出される流紋石の自然石を使った野面積の石垣で本多氏入城以前に遡る可能性も指摘されたが、正確な年代は特定されていない。同調査区からは礎石建物跡や池状遺構も検出された。しかし、これらの遺構は現越前市役所の建設により消滅した。

【旧府中城の表門と伝わる正覚寺山門】 正覚寺は、新善光寺城内に良如によって貞治五年（一三六六）に創建された越前初の浄土宗寺院だといい、近世には府中城主本多氏の保護を受け栄えた。その山門は旧府中城の表門を移築したと伝わる高麗門であり、高麗門は近世城郭の外門によくみられる様式である。本門は、足羽山（福井市）で産出される笏谷石製の瓦で葺かれている点が注目される。また、懸魚（屋根の飾り）には本多家の家紋・立葵があしらわれている。残念ながら建立年代は不明であるが、旧府中城に由来する唯一の建造物として重要である（越前市指定文化財）。

【参考文献】佐藤圭「朝倉氏の重臣山崎氏について」『一乗谷朝倉氏遺跡資料館 紀要二〇〇四』（福井県立一乗谷朝倉氏遺跡資料館、二〇〇五）、『文化財からみる越前市の歴史文化図鑑』（越前市、二〇一六）、功刀俊宏「戦国大名朝倉氏の二つの拠点 一乗谷と府中」『東洋大学人間科学総合研究所紀要』二三号（二〇二一）

（石川美咲）

●織田政権の越前支配を物語る城

小丸城

〔福井県史跡〕

〔所在地〕越前市五分市町
〔比　高〕〇メートル
〔分　類〕平城
〔年　代〕天正三年（一五七五）～天正十一年（一五八三）
〔城　主〕佐々成政
〔交通アクセス〕JR北陸本線「武生駅」下車、福井鉄道バス入谷線「五分市本山口」停留所下車。徒歩一三分。

262
198
小丸城
鞍谷川
文室川
福井鉄道バス
「五分市本山口」
0　500m

【交通の要衝・五分市】　小丸城跡は、越前市味真野地区の南と東に広がる山地の谷間を流れる鞍谷川と文室川が形成する味真野扇状地の扇端の五分市町に位置する。付近の池泉町、清水頭町といった町名からも、湧水の豊かな土地であることがうかがえる。

小丸城跡から南に約一キロの場所に、室町期の越前守護・斯波氏の一流である鞍谷氏の拠点とされる鞍谷御所跡（越前市池泉町）がある。また、小丸城跡から西南西に一キロほどの場所には、朝倉氏の家臣・真柄十郎左衛門直隆の屋敷跡と菩提所・興徳寺（時宗・越前市宮谷町）がある。このように、小丸城跡は中世以来の武家勢力の拠点にもほど近い立地にあった。

五分市の地は、戦国期に北陸道の脇往還として朝倉氏の流通支配を支えた「朝倉街道」が走り、府中へ至る道との分岐点をなす要衝であった。室町期以降、「五分市鋳物師」と呼ばれる職人集団が現れ、筑前芦屋釜（福岡県遠賀郡芦屋町）の工法を取り入れた越前芦屋釜（茶釜）の鋳造がなされるようになった（武生市教育委員会、一九八七）。

【佐々成政による築城】　天正三年（一五七五）八月十五日、越前一向一揆制圧のため三度目の越前侵攻を果たした織田信長によって、越前府中は攻略された（『朝倉始末記』など）。こうして越前全土が織田領国に編成され、信長は北庄を中心とする八郡を柴田勝家に、府中とその周辺二郡（今南西・南仲条郡と丹生北郡の一部）を府中三人衆の前田利家・佐々成政・不破光治に与え、彼らを越前支配に当たらせた（『信長公記』など）。このうちの佐々成政の居城となったのが小丸城である（寛文五年〈一六六五〉成立『総社縁起』）。成政が小丸城に居城した旨を記す同時代史料はない。だが、成政は味真野地区に北接する粟田部周辺の検地を担当しており（「木津群平家文書」）、このことは小丸城居城を傍証しよう。天正九年に成政は富山に移封となり、小丸城には成政の家臣が城代として入ったと推測される。最終的には、天正十一年の柴田勝家の滅亡により、廃城となったと考えられる。

貞享二年（一六八五）成立の『越前地理指南書』には「五分市村」の項に「北ニ佐々内蔵助成政城跡アリ、百八拾間四方」とみえ、城域は一八〇間（約三二〇メートル）四方と把握されていた。享保五年（一七二〇）に福井藩が編纂した『城跡考』には、本丸台・穴蔵・櫓台三ヵ所・大手口櫓台の所在についても記述がある。弘化二年（一八四五）の用水関係の絵図（越前市所蔵）から、幕末に至るまで小丸城跡の堀が用水路として機能していたことがうかがえる。

【注目される遺構・遺物】現在、本丸跡（主郭A）は史跡公園として整備されている。この本丸跡の東側を画す堀は、か

は、小字・伝承地名

●—小丸城跡測量図（武生市教育委員会『武生市埋蔵文化財調査報告書Ⅴ 小丸城跡』〈1987年〉の挿図第61「小丸城付近平面図」に一部加筆。図面の引用にあたっては，越前市教育委員会の許可を得た）

つての水堀の名残で今も沼地となっている。本丸跡の外側を二の丸（曲輪B）が帯曲輪状に取り巻き、その北東・南西・南東隅の三ヵ所に櫓台を視認できる。二の丸の南に曲輪C・曲輪Dと続き、その先の曲輪Eは白鳳期の野々宮廃寺の遺構を利用した方形の曲輪である。佐伯哲也は、曲輪Eを曲輪Dに接続する馬出と評価し、この方面を大手と捉えた（佐伯、二〇二一）。

特筆すべき遺構としては、本丸跡南側にある窪地（五間×三間）があげられる。この窪地の周囲には、高さ約二メートルの石垣が設けられている。この石垣は昭和期の忠魂碑によって一部改変されているものの、おおむね天正年間前半の様相を留めていると考えられる。佐伯はこれを「越前大野城天守にもほぼ同サイズ（五間×四間）の穴蔵が残っていることから、小丸城主郭窪地も天守穴蔵としてよい」と評価している（佐伯、二〇二一）。

昭和六十一年（一九八六）、城跡での宅地開発の計画が契機となり、急遽、武生市教育委員会（当時）による発掘調査が実施された。調査は、二の丸南辺をめぐる外堀跡の約五五〇平方メートルで実施され、調査後に埋め立てられた。二の丸跡の南西に遺存していた土塁の東半分は、発掘調査より前に民間の土取り工事によって削り取られ消滅した（武生市教育委員会、一九八七）。

遺物では、昭和七年の開発工事にともなう調査に際し、二の丸跡の西側の区画（現在の常安楽院の境内地）から大量に出土した燻し瓦が注目される。これらは、天正年間前半の特徴をよく示しており、成政在城期のものと評価されている。その一つに、次のとおり箆書文字が残る。「此の書物後世に御らんじられ、御物かたり有るべく候。然れば五月二十四日いきおこり、其のまま前田又左衛門殿、いき千人ばかりいけとりさせられ候也。御せいはいはりつけ、かまにいられ、あぶられ候哉。此の如く候て、一ふて書とどめ候」（書き下し）。つまり、この瓦は、天正三年の織田軍による一向一揆制圧の翌年にも一揆衆の殺戮が行われたことをありありと伝えているのである。

小丸城は存続期間が短いことから、越前で織田政権によって築かれた城郭の指標となる存在である。加えて、同時代史料にみえない越前戦国史の一局面を伝える瓦が出土していることから、その歴史性も高く評価できる貴重な城郭といえよう。

【参考文献】武生市教育委員会『武生市埋蔵文化財調査報告書V 小丸城跡』（一九八七）、佐伯哲也『朝倉氏の城郭と合戦』（戎光祥出版、二〇二一）

（石川美咲）

●一乗谷城下構造と酷似する城

杣山城（そまやまじょう）

〔国史跡〕

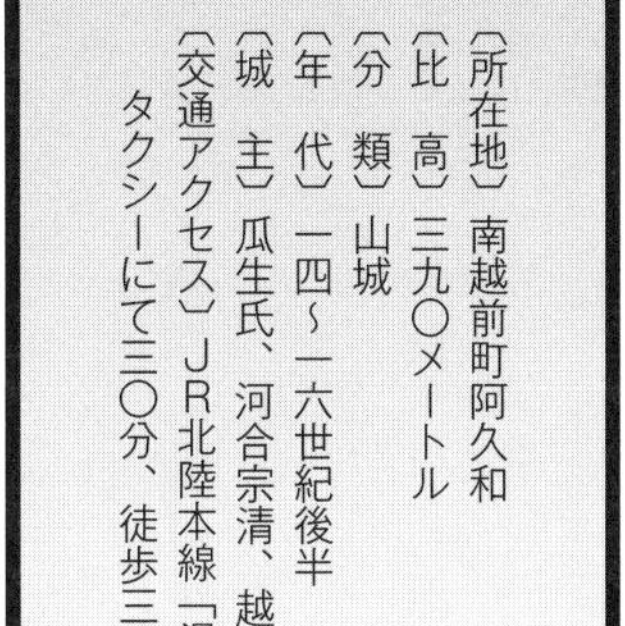

【一乗谷城下町と酷似】　杣山城は、南北朝時代天然の要害を頼りとして築城・使用された城郭として有名である。しかし、それ以上に着目したいのが、城下町の構造である。谷を塞ぐようにして土塁・堀を設け、その内側に居館・町を設ける構造は、まさに「小一乗谷」の様相を呈していると言ってよい。杣山城の大きな特徴と言えよう。

【歴　史】　鎌倉末期以降、杣山荘を支配した瓜生氏代々の居城として知られている。南北朝時代、たびたび『太平記』や軍忠状等に姿を見せており、延元元年（一三三六）金ヶ崎城に入城した新田義貞を瓜生氏が援護したことが知られている。

戦国期に朝倉氏が越前を支配すると、家臣の河合安芸守宗清が在城する。天正元年（一五七三）八月刀祢坂の合戦で織田信長は朝倉軍に大勝し、朝倉軍戦死者の名前を上杉謙信に送った書状（「織田信長朱印状」『福井市史資料編2』）で列記している。その中に記載されている「河合安芸守」は河合宗清その人であろう。

天正二年杣山城に一向一揆が籠城したと言われるが、詳細は不明。ただし『信長公記』によれば、天正三年八月織田軍越前侵攻にあたり、一揆軍の大将下間筑後守が「今城・火燧が城」を改修して籠城したとしている。「今城」に該当する城郭は現在確認されていない。「火燧が城」は燧ヶ城だが、発掘調査から杣山城は一六世紀後半も存在していたことが確実なため、今城は杣山城の可能性が高いと筆者は推定する。

〔所在地〕南越前町阿久和
〔比　高〕三九〇メートル
〔分　類〕山城
〔年　代〕一四～一六世紀後半
〔城　主〕瓜生氏、河合宗清、越前一向一揆
〔交通アクセス〕JR北陸本線「湯尾駅」下車、タクシーにて三〇分、徒歩三〇分。

ただし、ここでは可能性を指摘するだけにしておきたい。

以降、杣山城は使用された形跡はない。恐らく天正三年（一五七五）をもって廃城になったのであろう。

【城跡へのアプローチ】　山頂からの眺望は素晴らしく、また、切り立った断崖絶壁に守られた天然の要害である。南北朝期の城郭としてふさわしい山容と言える。ただし、現在は中腹まで舗装道路が設けられ、終点には駐車場も設けられている。また遊歩道も整備されているため、ハイキングコースとして親しまれている。

●—Ⅰ地区の東御殿　杣山城の主郭でもある

中世において近江と越前を繋ぐ街道として重要視されてきた北国街道と、美濃へ抜ける高倉峠越えの街道が山麓直下で交差する交通の要衝である。さらに重要な宿場町だった湯尾と今荘の集落も眼下に見下ろす。これらのことを考慮して選地されたことは言うまでもない。特に美濃との関係が重要視され始めた一六世紀中頃以降は、杣山城の重要性も高まったに違いない。

【山上の城郭遺構】　城域は広く、山頂のⅠ地区（通称本丸・東御殿）、Ⅱ地区（通称西御殿）、Ⅲ地区に

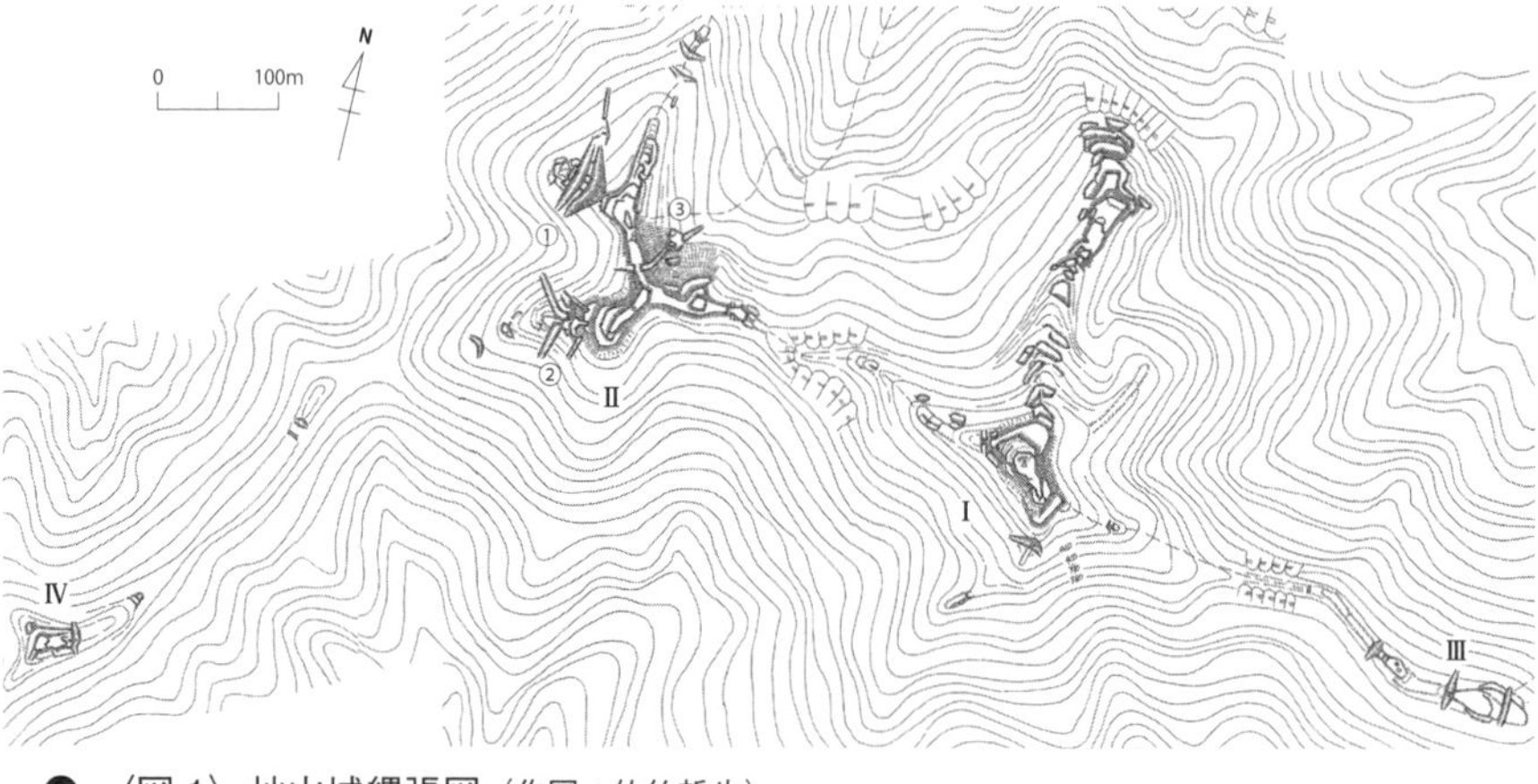

●—〈図1〉杣山城縄張図（作図：佐伯哲也）

遺構が存在する（図1）。さらにⅡ地区の西尾根にもⅣ砦（図1）・Ⅴ砦（図2）が確認できる。杣山城本丸（Ⅰ）からは、北国街道が見えない部分が多く存在する。Ⅳ・Ⅴ砦からは眼下に見下ろすことができる。このような弱点部分をカバーする支城として、Ⅳ・Ⅴ砦が築城されたのであろう。明確な遺構を残す城郭群の形成は、一六世紀になってからのことであり、現遺構は朝倉氏（河合氏）時代に整備されたことを物語る。

随所に岩盤が露頭した天然の要害で、南北朝期城郭の典型といえるが、全体的な遺構としては、堀切・竪堀・削平地が認められ、さらに二重堀切と竪堀をセットにした防御ライン①や、竪堀で尾根続きを防御した②は、一六世紀後半の様相を示す。③は通称殿池と呼ばれる井戸で、現在も湧水を認めることができる。城兵達の貴重な飲料水だったと考えられる。

●―〈図2〉 杣山城Ⅴ砦

●―二重堀切①　戦国後期の築造である

●―殿池③　山上の貴重な飲料水である

【山上城郭の発掘調査】 昭和四十五～五十六年にかけて南条町による発掘調査が実施され、貴重な事実が判明した。

まず、これほど狭隘な高山にもかかわらず、西御殿・東御殿から礎石建物が出土していることである。いずれも小規模なものだが、西御殿で二棟以上、東御殿で二群三棟が検出された。恒常的な建物の存在を推定できる。遺物は、越前焼・土師器・美濃焼・染付・金属製品・石製品が出土し、一三～一六世紀後半の年代と推定された。つまり考古学的にも一六世紀後半まで使用されたことが判明し、縄張学と考古学の成果が一致したのである。河合宗清や一向一揆が在城していたことは事実として認めてよいであろう。

【山麓の遺構】　山麓には、阿久和川の谷を塞ぐ土塁（通称二ノ城戸、図3）と、城主居館と推定される通称大屋敷（図4）が残る。二ノ城戸は高さ三メートルもある大土塁で外側に堀をもち、かつては長さが一〇〇メートルもあり、完全に谷を塞いでいたことが判明した。これは一乗谷川の下城戸と同様であり、遺構からも一乗谷朝倉氏との関連を推定することができる。ちなみに福井県内の城郭で、谷を塞ぐ土塁が現存するのは一乗谷を除けば杣山城だけであり、これだけでも貴重な遺構と言える。

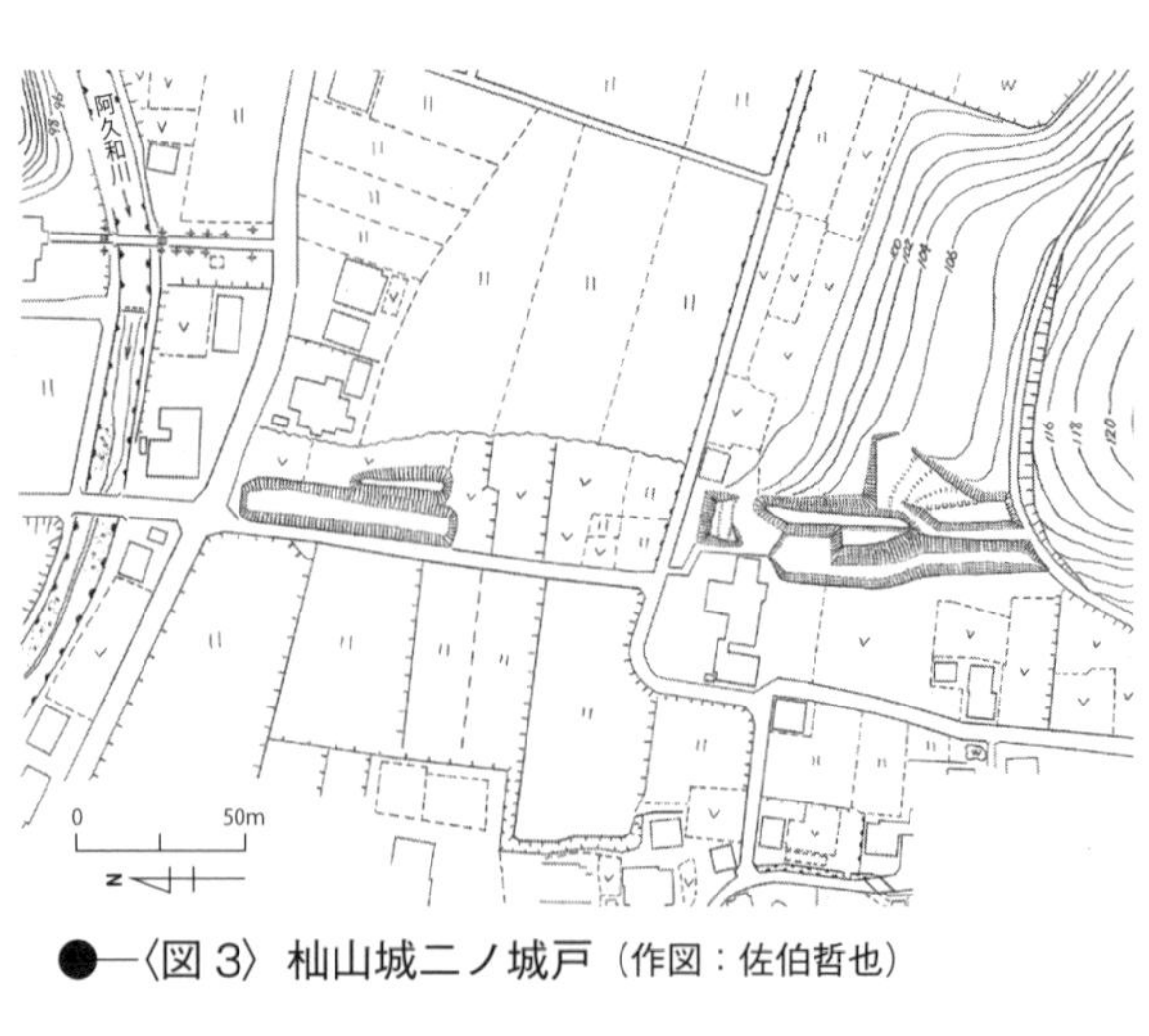

●―〈図3〉杣山城二ノ城戸（作図：佐伯哲也）

●―〈図4〉杣山城大屋敷（作図：佐伯哲也）

【城戸内の様相】　二ノ城戸の内側について具体的にどのような構造だったのか、不明な点が多い。ただし、「上八王子」「神明」「下不元寺」等の地名が残ることから、多数の寺社を構えた地域だったことが推定される。また伝飽和宮跡の発掘調査では、一三世紀末～一五世紀中葉の遺物が出土した。山上城郭のように、遺物の年代が一六世紀後半まで下らないことに注目したい。

【居館の発掘調査】　二ノ城戸から谷の上流約九〇〇メートルの場所に、城主居館大屋敷がある（図4）。平成十一～十三年に実施された発掘調査（『史跡杣山城跡保存管理計画書』南越前町教育委員会、二〇〇八）では、礎石建物が二棟確認されている。おおむね一五世紀前半に拡張され、掘立建物から礎石建物へと変化したと考えられた。

遺物は居館に相応しく土師器・越前焼・瀬戸美濃焼・青磁・白磁・瓦質土器・鉄製品・石製品と多種多様にわたり、一四万点も出土した。ところが遺物の年代は一四世紀末〜一五世紀後半であり、一六世紀の遺物はほとんど出土しなかった。つまり一六世紀には館は廃絶していたと考えられるのである。

●—二之城戸現況　現存する中世城戸遺構として貴重

一部ではあるものの、城戸内の発掘調査結果でも、遺物の下限は一五世紀中葉まで で、一六世紀には入らない。従って現段階では、居館を含む城戸内の下限は一五世紀末であり、一六世紀後半まで存続した山城とは存続年代がラップしなくなったのである。

全国的にも一六世紀を境として、居住場所を山麓居館から山上に移行する山城が多く確認されている。発掘調査から杣山城もその可能性が高くなった。しかし遺物の中身・量からいって「居住」としてよいのか、まだまだ不明な点が多い。そもそも山上居住の実態とはどのようなものなのか、ほとんど明らかになっていない。

ただし、山上に礎石建物が残っていることは、山城としては大きな転換期だったと推定でき、一六世紀以の山城に変化が起きていた証拠となろう。

一方、谷の入り口部に土塁を構築して城下町の内外を明確に区画するのは一乗谷と同じである。恐らく杣山城は一乗谷城の重要な支城として機能していたのであろう。

杣山城は山上遺構のみならず、山麓遺構も良好に残す中世城郭である。一乗谷城と共に慎重に研究を進めていくべきであろう。

【参考文献】南越前町教育委員会『史跡杣山城跡Ⅲ』（二〇〇七）

（佐伯哲也）

●北陸街道の関門

燧ケ城〔南越前町史跡〕

〔所在地〕南越前町今庄
〔比　高〕一三〇メートル
〔分　類〕山城
〔年　代〕一一～一六世紀末
〔城主〕仁科守弘、今庄浄慶、魚住景固、下間筑後守
〔交通アクセス〕ＪＲ北陸本線「今庄駅」下車、徒歩三〇分。

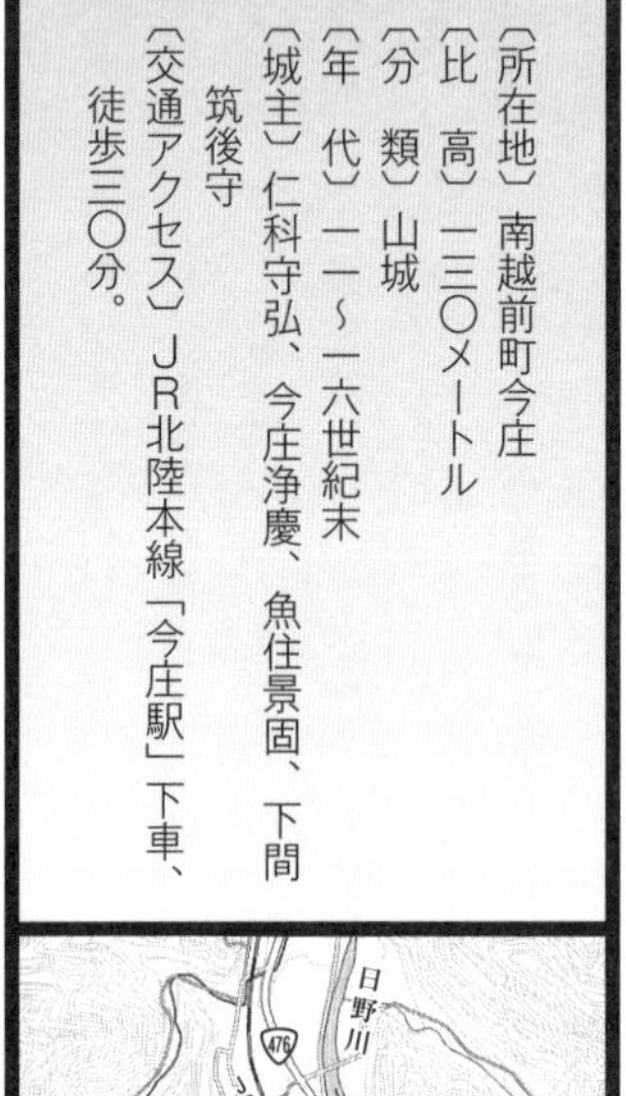

【北陸と畿内を繋ぐ関門】　古代より北陸と畿内を繋ぐ重要な街道だった北陸街道は、今庄辺りでは両側からせり出した尾根によって関門のように細くなっている。その尾根上に位置するのが燧ケ城であり、燧ケ城は北陸街道を監視する関門だったと言えよう。

古代からの要衝の地に立つため伝承は古く、寿永二年（一一八三）木曽義仲が仁科守弘に命じて築城したと伝わる。その後、南北朝時代には北朝方の今庄浄慶、戦国時代には朝倉氏の重臣魚住景固も居城したと伝えている。景固は元亀二年（一五七一）から四年の朝倉氏滅亡まで奉行衆を務めた義景の近臣である。燧ケ城を突破されれば、敵軍は越前中央部に一気になだれ込んでしまう。杣山城とともに最後の防衛線として、朝倉氏は重臣を置いて防御にあたらせたのであろう。

【越前一向一揆総大将の城】　燧ケ城が良質な史料に登場するのは天正三年（一五七五）である。すなわち『信長公記』によれば、同年八月織田信長越前侵攻にあたり、越前一向一揆軍の総大将下間筑後守頼照が「今城・火燧が城」を改修して籠城したとしている。「火燧が城」は燧ケ城として良いであろう。『信長公記』では下間筑後守が「丈夫に構へ」ていた燧ケ城だが、八月十五日夜に侵攻した織田軍に「木目峠・鉢伏・今城・火燧城にこれある者共、跡を焼立てられ胆を潰し、府中をさして罷退き」とある。つまりさしたる抵抗もせず一揆軍は総崩れとなり、鉄壁と思われた国境線は簡単に突破されたのである。

府中に退却した一揆軍に安住の地はなく、二〇〇〇余騎が切り捨てられたと『信長公記』は述べる。ちなみに村井長頼(より)宛て織田信長書状によれば、下間筑後守は朝倉孫三郎(景健)(かげたけ)が籠城する風尾要害へ逃亡中、土民に殺され、首は信長陣所に届けられている。信長は土民達を「誠気をさんし候」と褒めている。かつて生神様として崇め奉られていた一揆の首謀者達は、恩賞目当ての殺害対象でしかなくなっていたのである。

一揆軍制圧後、柴田勝家の家臣が一時期在城したと伝えているが、詳細は不明。しかし柴田勝家にとって燧ヶ城は自領越前を防衛する重要地点であり、遺構からも柴田時代にも使用されていた可能性は高い。

【城跡へのアプローチ】　城跡からの眺望は素晴らしく、北陸街道や今庄の宿場町を一望することができる。宿場町から城跡までは遊歩道が整備され、また、説明板や案内板も設置されているため、迷うことなく城跡へ行くことができる。宿場町は江戸時代の雰囲気が色濃く残り、時間があればこちらも散策してほしい。ただし、専用の駐車場はなく、宿場町のため道も狭い。迷惑がかからないよう、自己責任でお願いしたい。

【城跡の概要】　燧ヶ城の縄張は、A・B・Cの三曲輪に大別

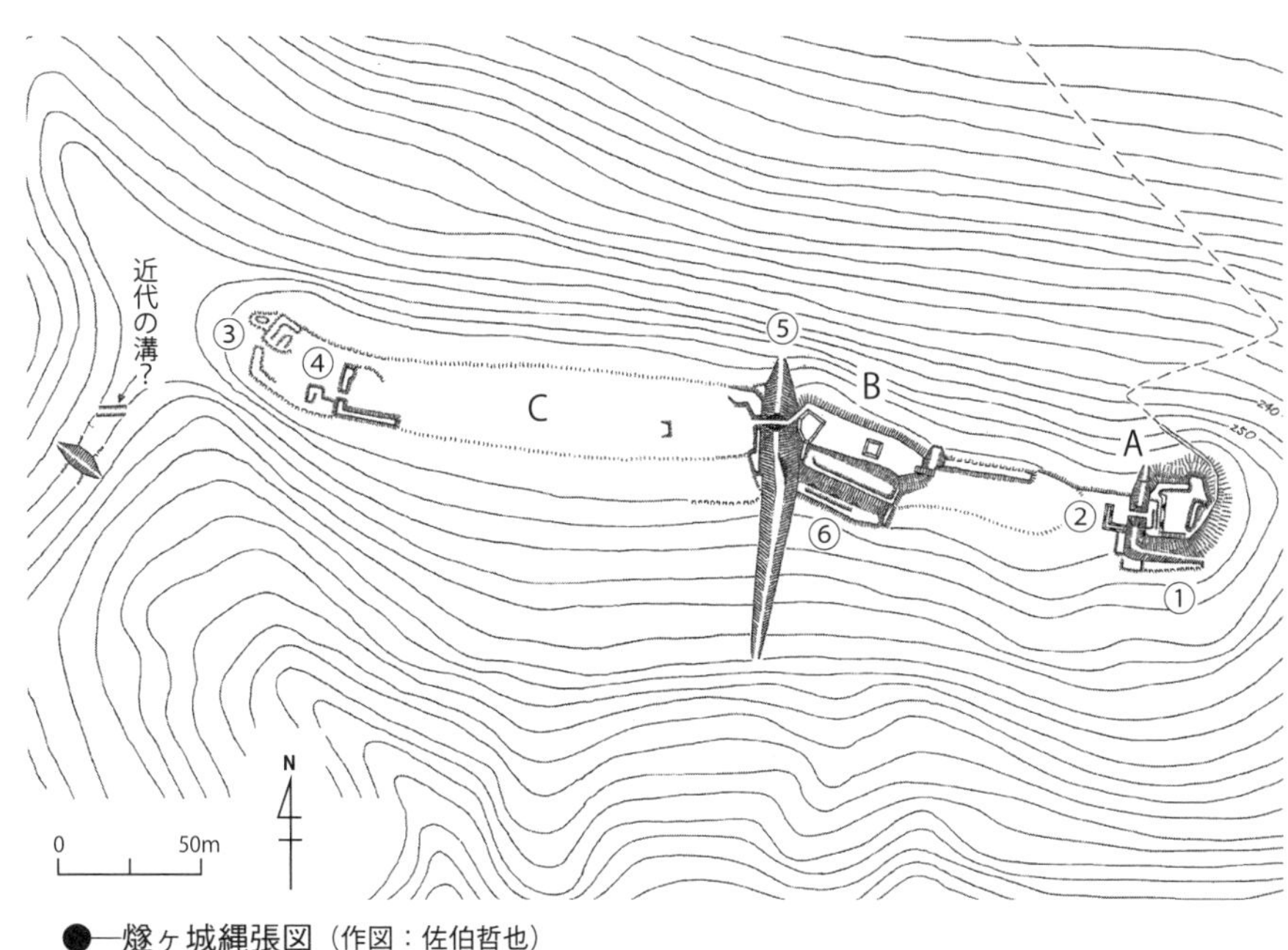

●―燧ヶ城縄張図（作図：佐伯哲也）

●—A曲輪の石段と石垣　後世の石垣である

●—B曲輪現況　燧ヶ城の主郭でもある

できる。B曲輪には、後世のものと推定される石垣基壇の小堂跡が二ヵ所残る。小堂にともなう参道が麓からA曲輪を経由して設けられており、この結果、A曲輪にも後世の改変が認められ、後世のものと思われる石垣が残る。

右記のように、現在の登城路は後世の参道であり、城本来の登城路ではない。当時の登城路は土塁道①を通過し、外枡形虎口②を入ってA曲輪に到達したと考えられる。もちろん土塁道①を通過するとき、A曲輪から長時間横矢に晒される。つまり外枡形虎口②は従来の考え方だとB曲輪の虎口と思われていたが、A曲輪の大手虎口だったのである。

さらに従来の考え方と大きく異なっている点がある。それは、A曲輪はB曲輪の馬出ではないということである。A・

B曲輪の間には広々とした自然地形が広がっており、これでは馬出になりえない。B曲輪にとって、尾根の先端を守る保塁、あるいは街道（宿場町）を監視する出城として A曲輪が構築されたのであろう。それにしても A・B両曲輪の連携は悪い。織豊系武将では考えられないことである。ちなみに外枡形虎口②の石垣はできすぎである。後世の改変も視野に入れて考えるべきである。

●―堀切⑤　尾根続きを遮断する

C曲輪は、西端に土塁囲みの平虎口③・④が認められるものの、曲輪そのものはほぼ自然地形である。城兵達の駐屯地と考えられる。

【柴田時代の改修か】

B曲輪の東西両端は後世に改変され、旧状は保っていない。しかし現状からは技巧的な虎口は存在していなかったと推定される。

注目したいのは、大堀切（ほりきり）⑤や腰（こし）曲輪⑥に残る石垣で、高さ四メートル以上の高石垣だったと推定される。さらに石垣の残骸と思われる石材が散乱していることから、かつては総石垣で固められていたと推定される。A曲輪の参道下にも石垣の残骸が散乱している。A曲輪もかつては石垣で固められていたのであろう。朝倉氏城郭に石垣はほとんど見られず、もちろん高石垣の存在は皆無である。したがって石垣構築期は朝倉時代では考えられない。柴田時代とすべきであろう。さらに軍事的緊張下の一時的な改修とも思われない。柴田勝家が越前入国後、越前口防衛拠点として、燧ヶ城を改修したと考えるべきであろう。

基本的な縄張は、朝倉・一向一揆時代に構築されたと考えられる。ただし現存する高石垣は、やはり織豊系武将によって構築されたと考えてよい。織豊系武将にとっても燧ヶ城は、越前平野部を防御する重要な城郭だったのである。

問題は外枡形虎口②の扱いである。旧状を保っているならば、石垣構築年代は天正後半に下ると考えられ、柴田勝家（かついえ）後（丹羽長秀（にわながひで））の使用も想定しなければならない。

【参考文献】村田修三編『図説中世城郭事典二』（新人物往来社、一九八七）

（佐伯哲也）

●一向一揆が築いた、越前屈指の行きづらい城

虎杖城（いたどりじょう）

〈所在地〉南越前町板取
〈比　高〉約三八〇メートル
〈分　類〉山城
〈年　代〉一六世紀後半
〈城　主〉一向一揆
〈交通アクセス〉北陸自動車道「今庄IC」から車で一〇分。下車後、徒歩二時間。

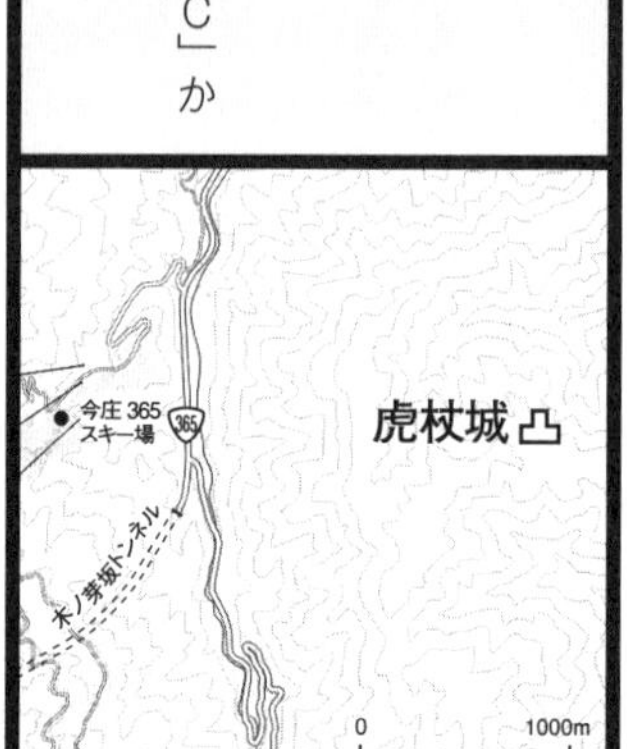

今庄365スキー場
365
虎杖城
木ノ芽峠トンネル
0
1000m

【城への行き方】 今庄（いまじょう）ICから国道四七六号線を南下、一〇分程で左手に板取集落へ入る側道が見えるので側道に入り、集落の白山神社前に駐車させて貰う。登山道はなく、神社裏手の尾根を直登。二時間程で城域に達する。

【城の歴史】 天正元年（一五七三）八月、朝倉氏が滅んだ後、越前国の支配は、大まかに見て、前波吉継（まえばよしつぐ）を筆頭とする旧朝倉家臣団、富田長繁（ながしげ）、越前一向一揆、本願寺の直接支配へと、多くの血を流しながら推移する。織田信長がどこまで先読みしていたかは定かではないが、すぐさま織田家直接支配に乗り出さなかったのは、朝倉氏滅亡後も国内に燻る（くすぶる）一向一揆の存在を脅威と捉えており、間接的に支配を任された朝倉旧臣は、一向一揆の不満を受け止める、クッション的役割に利用されたとも見て取れる。

朝倉旧臣らを血祭りにあげ、勝利を勝ち取った越前一向一揆側としては、ある程度主権を持った「百姓の持ちたる国」になると信じ、往生極楽のために団結して権力者に抵抗してきたはずが、実際は本願寺が派遣した坊官達と、本願寺派有力寺院（大坊主）の支配に組み込まれ、搾取されるという、以前と変わらない状況が待っているだけであった。これに不満を持った在地の一揆を指導した道場坊主や国人・末端の信者が坊官を攻撃する事件も発生し、越前国内は不協和音に包まれていった。

そんな不穏な空気の中、織田信長が再度越前を攻めるという情報が流れ、『信長公記』によれば天正二年（一五七四）、

その備えとして、本願寺坊官は木ノ芽峠を中心とした城砦九つからなる防衛網を構築し、木ノ芽峠側に鉢伏城・西光寺丸城・河野丸城を、北国街道を挟んだ東側の通称「小割谷山」に虎杖城を築いた。

翌天正三年八月、事前に内応工作や地元への協力要請を済ませた織田軍が、大挙して木ノ芽砦城砦群に押し寄せる。虎杖城には下間和泉守頼俊を主に、久松照厳寺・宇坂本向寺が守りに入っていたが、以前から問題化していた本願寺坊官と大坊主、加賀一向一揆衆、越前一向一揆の被支配層との軋轢がここへきて噴出し、戦意もまとまりも著しく低かった。実際に集まった守兵の人数は不明だが、そう多くはなかったであろう。本来越前国を守るための乾坤一擲の戦いのはずが、織田軍の大攻勢に恐れをなし、虎杖城も他の城砦と同様逃散者が続出し、一日も持たず織田軍に抜かれ、越前府中までの進軍を許してしまうのである。その後の越前国内の凄惨な一揆狩りを思うと、ため息しか出ない有り様であった。

【城の構造】 木ノ芽峠とは北国街道を挟んだ、小割谷山（六七八メートル）山頂に築かれた臨時的な城である。麓に立つと垂直かと思える様な急峻な山上にあり、その地の利を活かして守りきる自信があったのか、予測される侵攻方向の南側にしか防御施設は見られない。あるいは一枚岩ではなかった一向一揆の実情が表れているのか、作りかけの城の様にもみえる。山上は想像以上に広く、ある程度平な自然地形が広がっている。何棟も小屋掛けして、十分な人数を駐留させることが

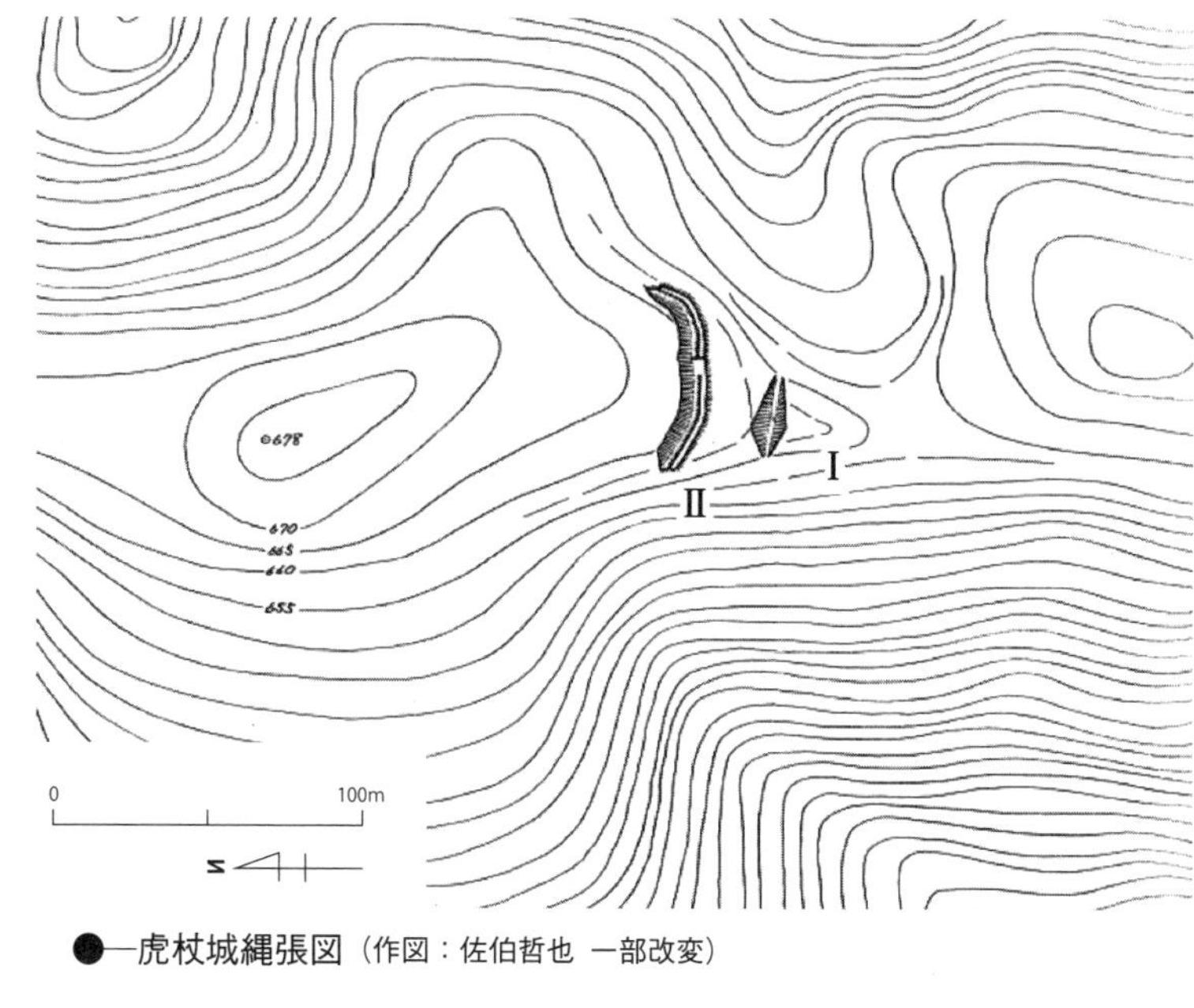

●—虎杖城縄張図（作図：佐伯哲也　一部改変）

●—主郭南側斜面を囲む横堀

可能ではある。

主な防御施設として、主郭南側の尾根を断ち切る堀切Ⅰと、その上部に主郭南側を囲い込むように掘られた横堀Ⅱがある。大変興味深いのがこの横堀で、人一人が横になれるほどの幅があり、しかも少し上に緩傾斜が付けられている。横堀には柵のような物が設けられていたはずで、仮に敵に堀切を越えられたとしても、腹這いになって柵の隙間から鉄砲を撃てば、斜面が死角になって鉄砲のような下からの直線的攻撃を軽減する効果が得られるのである。このような近代戦のトーチカのような役割を担う横堀は、余り越前国に類例がなく、本願寺から派遣された坊官、下間和泉守の発案によるものかもしれない。一方、堀切と横堀を連動させ強固な防御力を見せる南側とは対照的に、主郭北側はがら空きである。単純に北からの侵攻の可能性が低かったからとも考えられるが、守兵の戦意の低さを鑑みるに、堀切などを排することで、いつでも逃げられる準備をしていたようにも思えてならない。

もう一つ面白いのが、山上に大きな池が存在する点である。この辺りは越前国内でも有数の豪雪地帯であり、木の芽峠側にはスキー場まである。現代の猛暑の夏場に行っても干上がっていなかったところをみると、残雪からの雪解け水や雨水が溜まりやすい地質的要因があり、池が昔から存在していた可能性もある。逆に言うとこれだけの高所だと、水の確保ができなければ大人数が駐留するのに大変不都合がある。水の確保ができたからこそ、当所が城砦群の一つに選ばれたと言えるのではないだろうか。

【登城の際の注意点】 登山道は存在せず、麓から傾斜が急な尾根を這いつくばるように延々と直登しなければならない。逆に帰りは急傾斜の滑りやすい道を下りる羽目になり、大変危険である。しかも尾根には藪椿などの低灌木が覆い茂り、歩き難いこととこの上ない。山上に出てからも稜線に沿って、背丈ほどの笹が林となって待ち構えている。山の直登・藪こぎが苦手な方は諦めた方が賢明である。

次に、マダニの存在である。経験上、笹の葉が落ちている地面はマダニが多いものだが、当城もご多分に漏れず非常に多い。マダニ除けの虫除けスプレーなど気休めである。マダニは下から上に身体を這い上がってくる場合が多いので、少し歩いてはマダニが付着していないか身体をチェックする必要があり、往復に余計に時間がかかる。そもそもマダニが無理だという方にはお勧めできない。

最後に登城しやすい時期の問題がある。冬季は雪に閉ざされるので論外として、通常遺構が見やすい春先には残雪が残り危険であり、しかも一年でもっともマダニに咬まれる可能性が高い。夏から秋にかけては笹が元気で視界が極端に狭くなり、身体に枝や葉が刺さって歩くのが困難になる。草木が枯れ、熊などの野生動物も冬眠を始める初冬がもっとも安心・安全に登城できると思うのだが、余り遅過ぎると、今度は雪が降ってきてしまう。虎杖城は登城時期の見極めが非常に難しい城なのである。

【訪城にあたって】虎杖城は色々な要因から、越前屈指の行きづらい城と言えるだろう。それゆえに、訪城した人間は両手で数えられるほどに少ない。一定以上の登山能力と、危機回避能力がなければ怪我をする可能性もある。山城初心者の方は、他の山城で経験値を積んでから来ることをお勧めする。かく言う筆者もこれまでに三回登城したが、毎回〝二度と行きたくない〟と思うほど、大変な苦労の末に虎杖城に辿り着く訳である。しかし、あの見事な横堀が見られただけで苦労が吹き飛んでしまい、気付けばまた足を向けているのである。

一向一揆が築いた、『信長公記』にも登場する虎杖城は、福井の城郭ファン憧れの存在である。と同時に、登城の難しさから人を寄せ付けない高嶺の花のような城でもある。行った人間だけが味わえる感動がそこにはあるので、安全に最大限気を配って登城して頂きたい。無理だと思ったら引き返す勇気も必要である。

【参考文献】辻川達夫『織田信長と越前一向一揆』（誠文堂新光社、一九八九）、隼田嘉彦・白崎昭一郎・松浦義則・木村亮共著『福井県の歴史』（山川出版社、二〇〇〇）、佐伯哲也『朝倉氏の城郭と合戦』図版日本の城郭シリーズ一五（戎光祥出版、二〇二一）、太田牛一著　中川太古訳『現代語訳　信長公記』（新人物往来社、二〇〇六）、地理院地図電子国土WEBを一部改変

（久保好史）

●越前最強の国境防衛の城塞群

木ノ芽峠城塞群

〔南越前町史跡（木ノ芽峠城跡など）〕

〔所在地〕南越前町二ツ屋
〔比　高〕木ノ芽峠から鉢伏山まで約一〇〇メートル
〔分　類〕山城
〔年　代〕築城　永禄一二年（一五六九）
廃城　天正三年（一五七五）
〔城　主〕朝倉氏、織田氏、一向一揆宗徒
〔交通アクセス〕北陸自動車道「木之本ＩＣ」から、国道三六五号線で今庄三六五スキー場をへて木ノ芽峠の下まで。駐車場なし。

【城の歴史】　木ノ芽峠は戦国期に近江（滋賀県）から越前（福井県北部）に抜ける北国街道の要衝であった。そのため戦国の争乱では木ノ芽峠に城塞を築き国境防備の要となった。この峠道の通過を防ぐために、朝倉氏、織田氏、一向一揆宗徒が改修を重ね強固な城を築いた。それが木ノ芽峠城（観音丸城を含む）、西光寺城、鉢伏山城である。この城塞群はそれぞれが独立しているものの、互いに連携し同一の目的を持った城なのである。

木ノ芽峠城塞群の創築が確認できるのは、戦国時代である。永禄十二年（一五六九）朝倉氏が織田信長の越前侵攻に備えて国境の木ノ芽峠などに城を構えた事に始まる。翌年信長は突然越前に侵攻し、木ノ芽峠を越えたが、浅井長政の裏切りにより大敗した。

その後、改めて越前を占領した織田信長は、木ノ芽峠城の重要性を考え、修築を命じた。この時織田系の城の技術で改修したと思われる。

しかし朝倉氏滅亡後の越前は大混乱におちいり、ついには一向一揆によって、越前は支配されることになった。勢いに乗り一揆勢は、要衝の木ノ芽峠の城を取り囲み、開城させ占領した。

信長は天正三年、一向一揆に支配された越前を回復すべく進軍を開始した。一向一揆側の木ノ芽峠も防備を固めたが、織田軍は大軍で攻め寄せたので難なく奪回に成功した。

【城の構造】　**・木ノ芽峠城**（図❶）　木ノ芽峠の空堀状の峠道

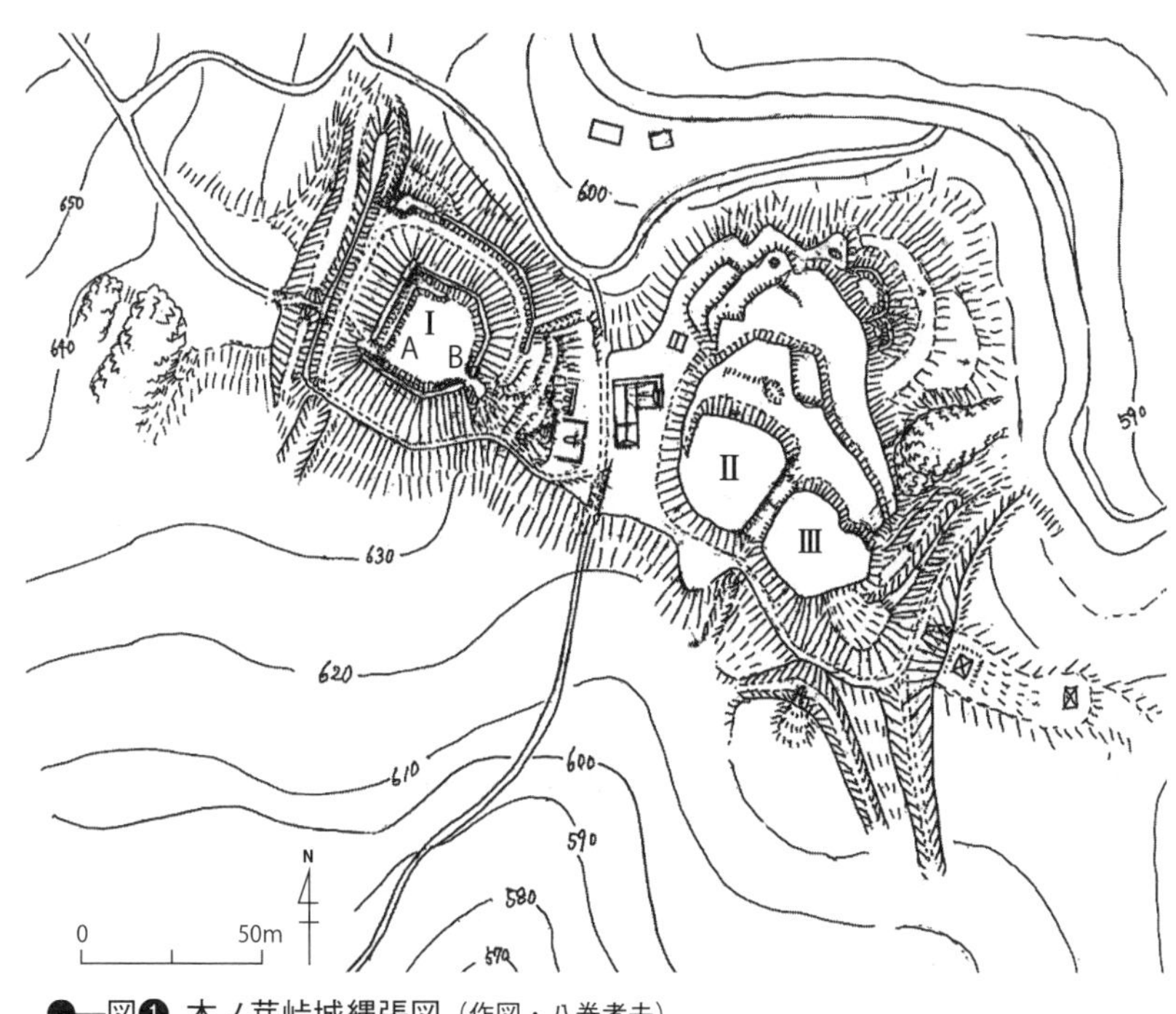

●—図❶ 木ノ芽峠城縄張図（作図・八巻孝夫）

を挟んで両側の丘の上に築城している。峠道には今なお民家が残って北国街道の風情を残している。しかし本来はここに厳重な関門と番屋があったであろう。平時は通行できるが、戦時になれば厳重な柵列、城門で防御体制を取ったはずである。木ノ芽峠城塞群の存在意義を表す最重要な空間といってよいだろう。

峠道の西にある曲輪Ⅰが観音丸（かんのんまる）である。この曲輪を独立した城ととらえる考えもあるが、峠道を確保するための城なので、東西の曲輪群は一つの城として考えなければならない。観音丸はあくまで曲輪名なのである。さてこの曲輪Ⅰは全面を土塁（どるい）で囲んでいる。西の方向は尾根伝いでもあり、土塁は裾の方を二段にしてかなり高く築いている。また、小さな石を積んだ石垣を造っている。視覚的にも本格的な曲輪として位置付けられているのがわかる。虎口（こぐち）はAとBの二ヵ所である。Bは下の関所空間に繋がる坂虎口である。Aは外からの連絡用と考えられる。曲輪の周囲には西、北、東に横堀をめぐらしている。北の横堀の角から大きな竪堀（たてぼり）を落としている。そして北西の尾根続きは敵の来襲する方向なので、もう一本大きな堀切（ほりきり）を入れる。堀の中央部に土橋（どばし）を造り外へと出ることができる。

峠道の反対側には大きな曲輪ⅡとⅢがある。この曲輪は耕作のためほとんど面影がない。それでもⅡとⅢの間の空堀が浅くなりながらも残存している。曲輪Ⅲの南には城域を画する大きな堀切が三本残っている。いずれも必見である。

最後にこの城の主部（本丸）はどこだろうか。間違いなく曲輪Ⅰの観音丸である。峠道を直下におさえ、しかも石垣などを使った権威的な曲輪である。ただし本来のこの城の役割からすると、直下の関所空間こそが主郭だとしてもいいかもしれない。

・西光寺丸城（図❷）　木ノ芽峠城から東南に尾根伝いに進むと、約二〇〇メートルで西光寺丸城に着く。中央のやや広い平地が曲輪Ⅰである。真中の立派な石碑は西光寺丸に立て籠もり亡くなった真教法師の供養塔である。この曲輪はかなり幅が広い土塁に囲まれている。土塁上に何らかの防御施設を建てたのかもしれない。虎口Aは木ノ芽峠城から入る虎口で、虎口Bは曲輪Ⅱにつながる。曲輪Ⅱは外郭にあたり南と西から曲輪Ⅰを包み込む形になっている。曲輪Ⅱの虎口はCであるが、土橋を渡った先に馬出がある。かなり大きな角馬出で城内唯一の施設である。この馬出は織田方の改修かもしれない。

この城には見どころが多い。一つは曲輪ⅠとⅡの東側は折りを重ねた土塁、空堀が続く。極めて技巧的に造られているが、馬出を境に曲線的な土塁と空堀のラインになる。また、ここで注目すべきは、方向による防御の違いである。北西の方向は、木ノ芽峠城へ続くので堀切など入れず防御は弱い。東南の方向は敵の来襲が予想されるので馬出や大きな堀切で

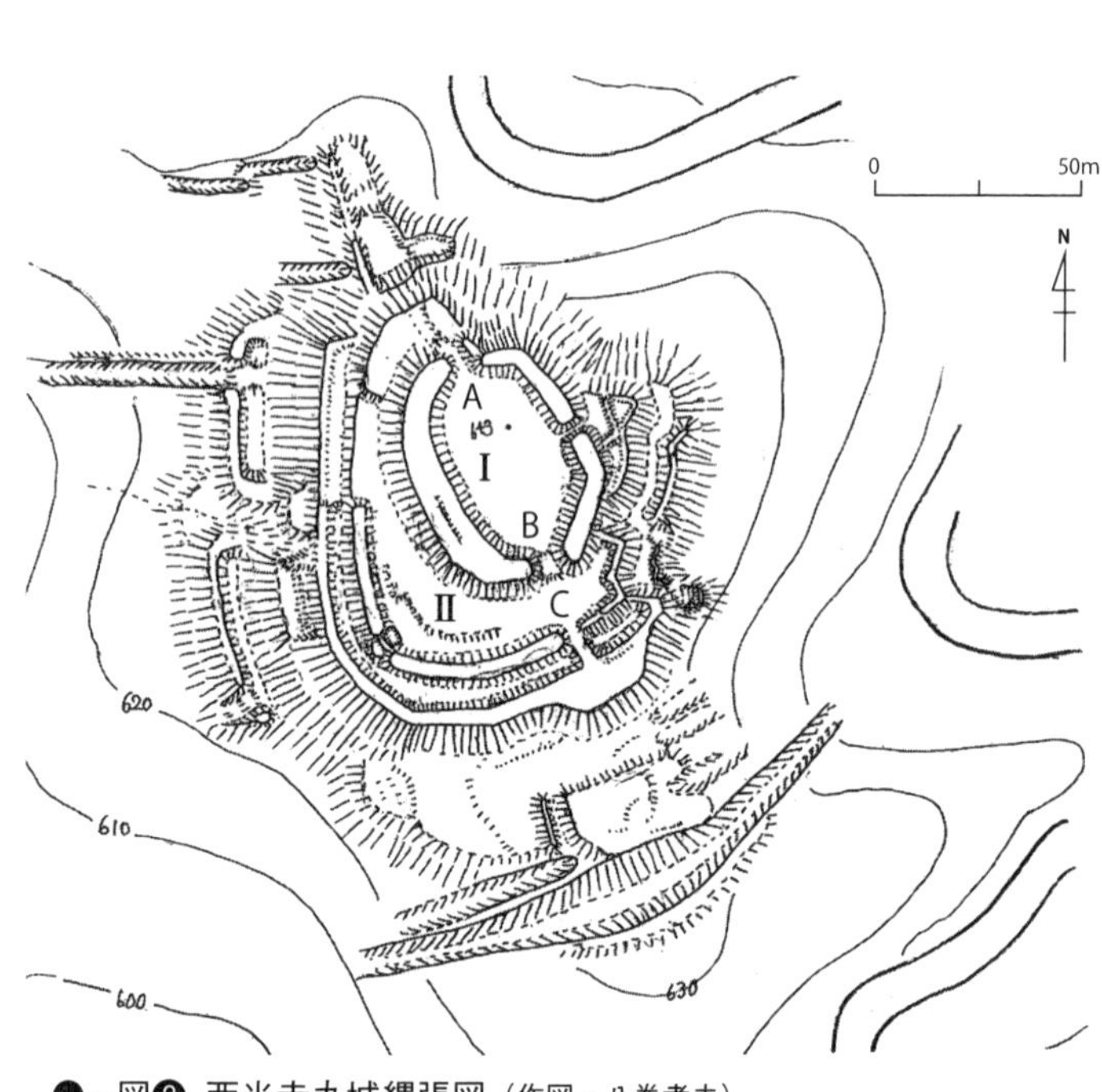

図❷　西光寺丸城縄張図（作図・八巻孝夫）

防御を固めている。これはこの城が木ノ芽峠城の東南の前進基地として築城されたことを雄弁に語っていると思われる。

•鉢伏山城（図❸） 木ノ芽峠の西の尾根続き約七〇〇メートル先の鉢伏山の山頂にある。木ノ芽峠との比高差は約一〇〇メートルもある。城の東端間近にスキー場の敷地が迫っているが、この敷地に面して堀切がある。この堀切を土橋で渡るようになっている。これが往時の虎口であるかは即断できない。堀切の中はかなり大きな曲輪がある。曲輪はこれ一つである。周囲には土塁がかつては全周していた。虎口は先ほど入ってきた東の虎口Aと西の虎口Bがある。虎口Aの現在の土橋による通り道は、土塁の状況から桝形であり、Cのところから入った可能性がある。虎口Bはここも桝形を形成していたと考えたい。この曲輪から北西の方向に降りると尾根の鞍部に二本の堀切を入れている。鉢伏山城は木ノ芽峠城塞群の中で一番高い山頂に位置している。いわば見張り場的な権能とともに、この場所に築城しておき、侵攻する敵の足がかりになるのを防ぐためであろう。

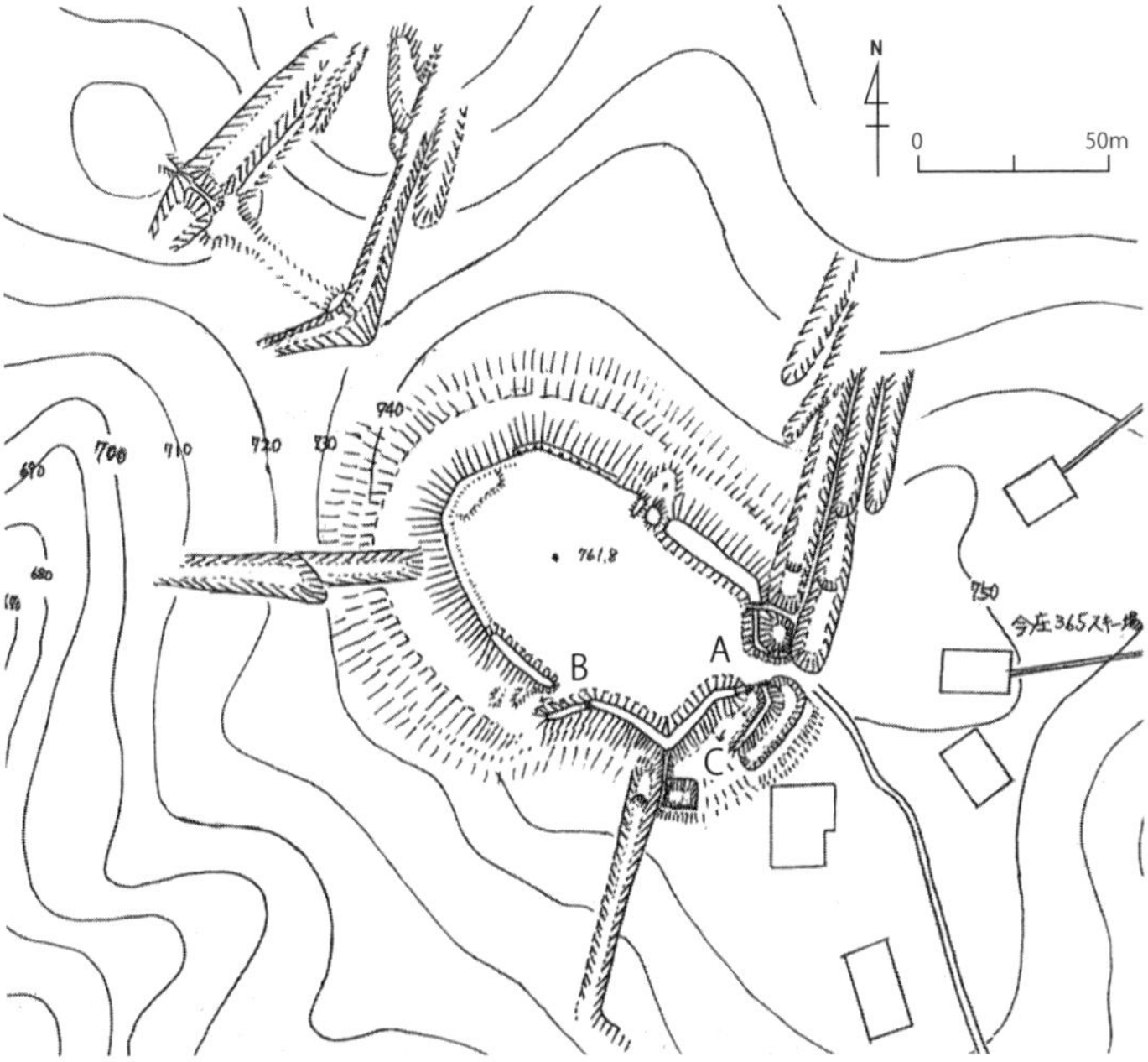

●—図❸ 鉢伏山城縄張図（作図・八巻孝夫）

※注意……木ノ芽峠のあたりは私有地です。見学の場合は峠の民家の方にご挨拶をお勧めします。

【参考文献】『信長公記』（角川文庫、一九六九）、『朝倉家録』（富山県郷土史会、一九八二）、『今庄町誌』（今庄町、一九七九）

（八巻孝夫）

●大谷吉継と運命を共にした平城

敦賀城（つるがじょう）

〔所在地〕敦賀市結城町・三島1丁目
〔比　高〕〇メートル
〔分　類〕平城
〔年　代〕天正十一年（一五八三）～元和二年（一六一六）
〔城　主〕蜂屋氏、大谷吉継、結城秀康、松平忠直
〔交通アクセス〕JR北陸本線「敦賀駅」下車、市内循環バスで「市立病院前」停留所下車、〇分。

【城の歴史】　ここに記載する敦賀城は、天正十一年（一五八二）賤ヶ岳合戦後に羽柴秀吉が五万石で敦賀に封じた蜂屋頼隆によって築城された敦賀城である。敦賀城の記録は養和元年に木曾義仲に敗れた平通盛が津留賀城に拠ると『玉葉集』にあり、『朝倉家記』には長禄合戦の戦いの記事に敦賀城と記したものがあるが、いずれも表記の敦賀城のことではない。

天正元年に朝倉氏を滅亡させた織田信長は、武藤舜秀を敦賀郡代とした。武藤は金ヶ崎城の対岸に越前攻めの折、信長が陣所とした花城山に城を構えた。舜秀の死後は子康秀が代わって敦賀を領したが、天正十年本能寺の変の翌年天正十一年に賤ヶ岳合戦で勝利した羽柴秀吉が蜂屋頼隆を敦賀に封じた。蜂屋頼隆は花城山城を捨て、敦賀湾最奥の浜に敦賀城の築城を開始した。天正十七年に新たに五万七〇〇〇石で城主に封じられた大谷吉継は城域の拡張に着手した。慶長五年（一六〇〇）に関ヶ原の戦いで大谷吉継が敗死し、慶長六年には越前福居藩領となった。藩主結城秀康は、敦賀城番に重臣清水孝正を置いた。慶長十二年秀康の死後、長男松平忠直が藩主となり、元和元年（一六一五）に一国一城令が出されて翌元和二年に敦賀城が破却されたが、城内の施設を統治機関として存続させていた。寛永元年（一六二四）に小浜藩領となった後もそれは続き、御茶屋、陣屋、町奉行所として幕末まであった。

【縄張の概要】　縄張の詳細は、すでに市街地化が進み市立病院、小学校等や宅地で埋め尽くされており不明である。現存

する文書資料等では敦賀城が存在していた慶長年間に作られた「越前国絵図」（松平文庫）に三重の天守を持つ敦賀城が笙の川の西岸、気比の松原と町の間に描かれている。享保年間に書かれた『疋田記』には慶長五年に敦賀城が失火によって焼失したとあるが、焼損したものをその後結城秀康によって修築されたものと思われる。敦賀城が破却された六七年後の天和三年（一六八三）に書かれた永建寺文書には寺が文禄四年（一五九五）まで北の浜堤上の梟江あたりにあったが城主大谷吉継の命により慶長二年に明け渡して現在の地に移転したとあり、本丸、二の丸、三の丸が笙の川の西岸に北から南北に並んでいたとある。この時には北側にあった町屋を旧笙の川の東に退去させ、城の周辺を整備している。幕末に書かれた地誌『敦賀志』には城の外周を巡る堀について、寛文五・六年頃に城内の乾（北西）の隅に移転してきた真願寺の西に流れる川が西堀、寺の北を流れる赤川が北堀、赤川の東端で合わさる旧笙の川が東の堀、徳市村の北、三の丸との間が南堀とある。また、慶長六・七年頃には東堀を埋めて築屋敷とし、東堀もの川の笙橋まで確認できるが、北堀と西堀が細い水路となって堀の面影はない。西堀の一部は市立病院等で埋め立てられ確認はできない。二の丸付近に城屋敷、三の丸付近に土居原の小字名が残り、いまも三の丸の標柱が立っている。

●—越前国絵図に描かれた敦賀城（福井県史資料編16の一部転載）

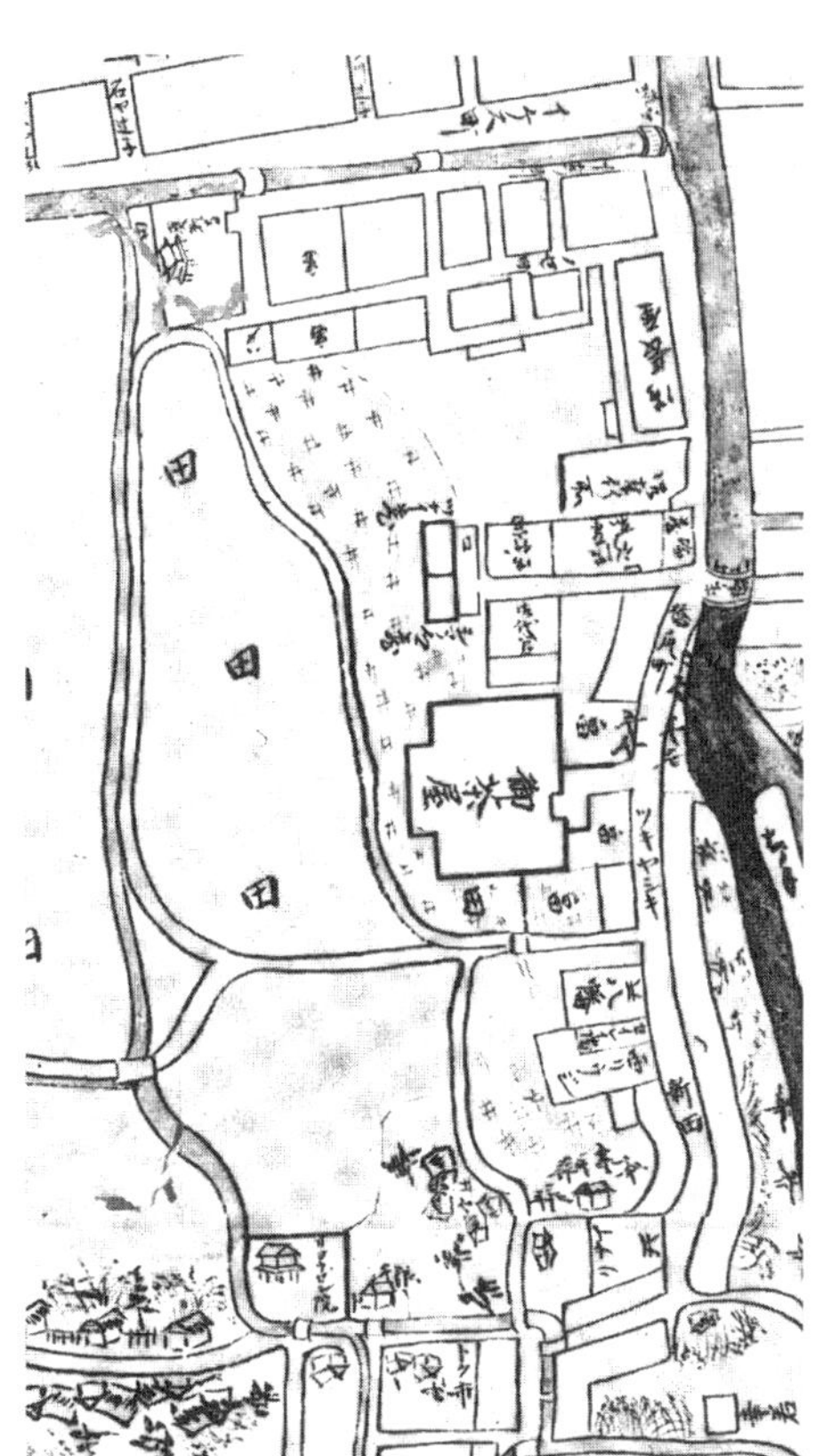

●—敦賀町絵図（敦賀市史資料編第五巻付図(1)を転載）

【発掘調査】敦賀市教育委員会は、平成二十一（二〇〇九）・二十

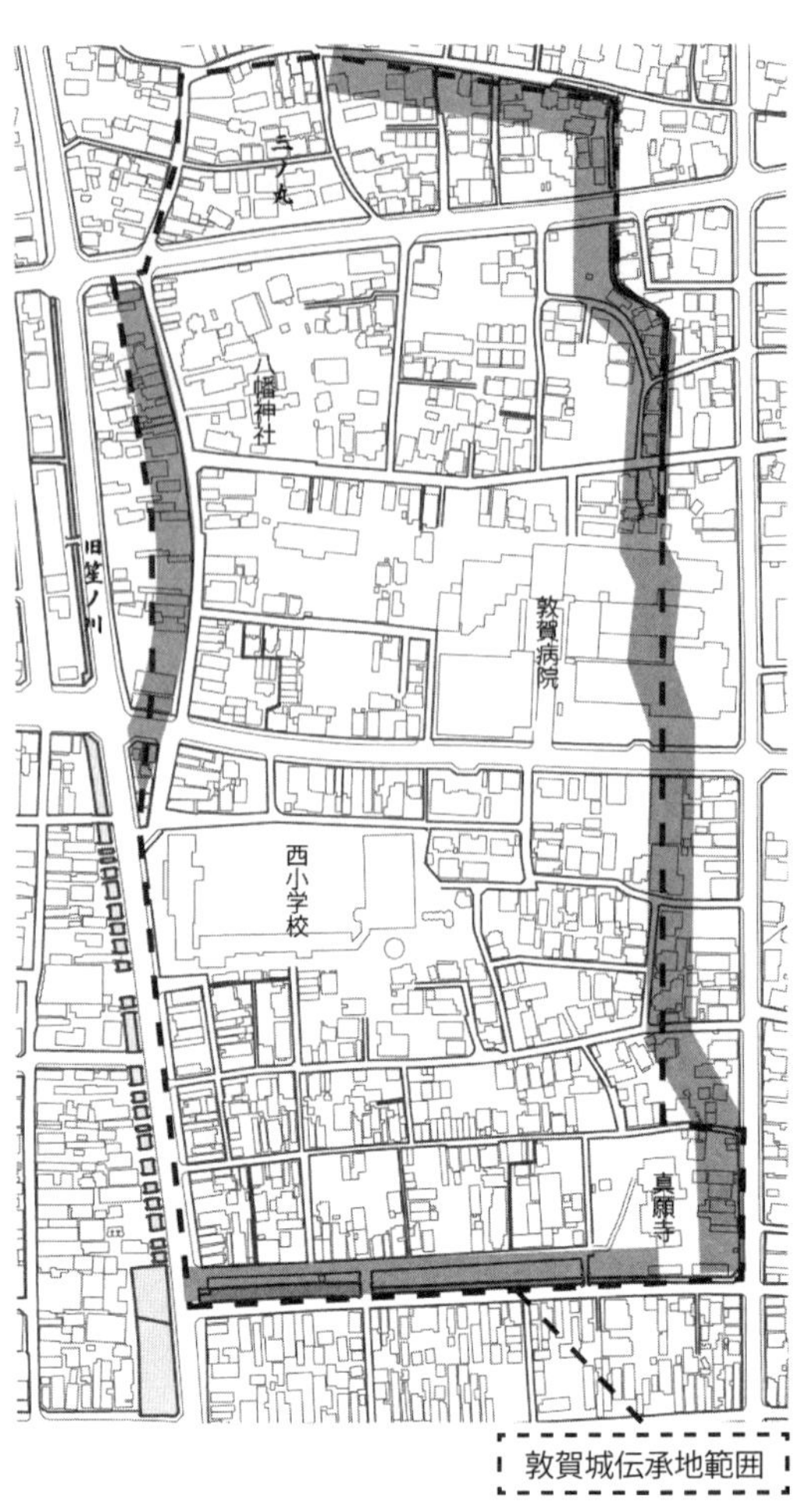

●—網掛け部分が堀（敦賀市教育委員会作図）

三年度に城内にある西小学校の建て替え等の工事にともなう発掘調査を本丸推定地で実施している。発掘報告書によれば上層から敦賀区裁判所、敦賀県庁関連遺構、敦賀奉行所関連遺構、戦国期の建物遺構、室町期の低湿地環境が確認されている。戦国期の層からは複数回建て替えられた本瓦葺の礎石建物跡と大量の瓦や陶磁器が出土した。焼けた遺物や炭を含む層は『疋田記』にある敦賀城天守焼失の記事と符合している。平成三十年には市立病院駐車場整備にともなう試掘調査を実施し、二の丸推定地で南北に延びる石垣と堀を検出した。この石垣は後に御茶屋・陣屋となった二の丸の東側にあたる。石垣下には筏地業を行った形跡は確認できなかった。

【城の占地】 敦賀城は、敦賀湊、敦賀の町と笙の川で隔てた低湿地に築かれている。敦賀湊と敦賀の町は日本海側と太平洋側を結ぶ陸路、海路の軍事的、経済的重要拠点であり、敦賀湾を一望できる地で敦賀の町と湊の経済活動を妨げることがない地を選んで隣接した地に占地したと思われる。若狭道が城内東辺を通過していた可能性もあるが確証はない。

【参考文献】石塚資元「敦賀志」（嘉永年間）『敦賀市史』史料編第五巻（一九七九）、「疋田記」『敦賀郡誌』（敦賀郡役所、一九一五）、「永建寺文書」『敦賀市史』資料編 第三巻（一九八〇）、『敦賀市史』通史編 上巻（一九八五）、敦賀市教育委員会『敦賀奉行所跡～敦賀市立敦賀西小学校建替工事に伴う発掘調査概報～』（二〇一二）

（山口　充）

●敦賀の在郷武士・疋壇氏の居城

疋壇城（ひきだじょう）

〔福井県史跡〕

〔所在地〕敦賀市疋田
〔比　高〕約二〇メートル
〔分　類〕山城
〔年　代〕文明年間～天正元年
〔城　主〕疋壇氏
〔交通アクセス〕ＪＲ北陸本線「新疋田駅」下車、徒歩一〇分。またはＪＲ「敦賀駅」下車、コミュニティバス愛発線「疋田」停留所下車、徒歩七分。または北陸自動車道「敦賀ＩＣ」から車で一〇分。

【歴　史】疋壇城は、敦賀市疋田の集落の西方、笙ノ川源流の五位川左岸に形成された河岸段丘端の小山の上に築かれた山城である。疋田は五位川と奥麻生川の合流地点に位置し、塩津越、七里半越、刀根越といった近江と越前をつなぐ主要街道の分岐・合流地点にあたる交通の要所である。古代三関の一つ「愛発関」の有力な候補地に挙げられているほか、江戸期には小浜藩主本陣や女留番所が置かれ、街道の宿場町としてにぎわった。

　疋壇城は、疋壇対馬守久保によって文明年間（一四六九～一四八七）に築かれたとされる。疋壇氏は、『尊卑文脈』によれば藤原利仁の系譜に連なる疋田斉藤氏を祖とするという。藤原利仁は敦賀の豪族と婚姻しており、今昔物語の説話やそれを題材にした芥川龍之介の小説『芋粥』にある五位某を敦賀に誘い芋粥を振る舞うエピソードは有名である。疋田を流れる五位川もこの説話にちなんだ名称であり、疋壇氏が利仁を祖とする説が確からしく思える。ただし、『幻雲集』に久保は菅原氏とあり、また『福井県史』では利仁系疋田斉藤氏は現在の坂井市金津の地を祖とするとの見解も紹介されているなど、その系譜には異論もある。

　久保の史料上の初出は西福寺宛に出した文明十年（一四七八）の書状で、西福寺にはそれよりやや遡るとみられる疋壇（刑部）亨存の書状も残されている。また、奥野にある疋壇氏の菩提寺・宗昌寺は、享徳三年（一四五四）に疋壇兵庫頭宗昌によって開基されたと伝わる。朝倉氏が敦賀をその支

●―疋壇城主郭と東の空堀

配下に置くようになったのが文明四年（一四七二）ごろのことであるから、敦賀の在地武士であった疋壇氏が、朝倉氏の越前平定に際しその配下に属し、疋壇城を築いたものと考えられる。実際、久保の嗣子・景保は朝倉教景の「景」の字を賜っており、朝倉家の国衆として従臣している。

疋壇氏は久保以降七代にわたって当地に居したとされるが、西福寺文書などで実在の確認できる「久保」「景保」と言った名が菩提寺である宗昌寺の記録などと対応せず、その系譜は判然としない。

疋壇城に関する歴史上の事件としては『疋田記』にある塩津の熊谷平次郎の疋田侵攻がある。弘治元年（一五五五）十二月二十六日、熊谷平次郎が塩津から三千騎を率いて疋壇城の正面にある定広院正覚寺に陣取り疋壇城を攻めた。正月の休戦をはさんだものの熊谷勢が正月二日には攻撃を再開し、東郭は焼き落とされ、城兵は一時裏山へと退却した。熊谷勢はその後塩津に帰陣し、城郭は修復された。

こうして塩津からの侵攻を防ぎ落城を免れた疋壇城も、元亀元年（一五七〇）の織田信長の朝倉攻めの際には、金ヶ崎城・天筒山城とともに落城した。その後、信長が浅井氏の裏切りに遭い撤退したためふたたび敦賀には朝倉勢が入り、疋壇城には栂野三郎右衛門尉や藤田八郎左衛門尉らが布陣した。

天正元年（一五七三）、近江の浅井氏攻略を目指し小谷城を包囲した信長に対し、朝倉義景は余呉へと出陣した。しかし、大嶽砦など主要な城塞を落とされると刀根越で疋田・金ヶ崎を目指して退却、織田勢はこれを猛追して刀根坂でとらえ、義景の諸将は悉く討ち取られた。この際、疋壇城主・疋壇六郎三郎も闘死し、城は完全に破却された。

【城の構造】 城の規模はおよそ東西一五〇メートル・南北三〇〇メートルにわたる。五位川と奥麻生川の合流地点の河岸段丘端にある背後（西側）が緩降する小高い丘を利用して築かれており、東側は段丘崖の落差をそのまま利用し、西側は元々の丘の斜面に空堀（からぼり）や土塁（どるい）を加える形で防御を固めている。中央に主郭を設け、南と北にそれぞれ副郭（そえぐるわ）が築かれていたが、南郭は昭和二十七年（一九五二）の西愛発小学校の建設に際し造成され、現在は地区のグラウンドになっている。主郭および北郭の一部は現況では畑地になっており、北郭の北端には日吉（ひよし）神社が置かれている。さらに、昭和三十二年に北陸本線の線路が付け替えられた際、城の西側が一部改変されている。

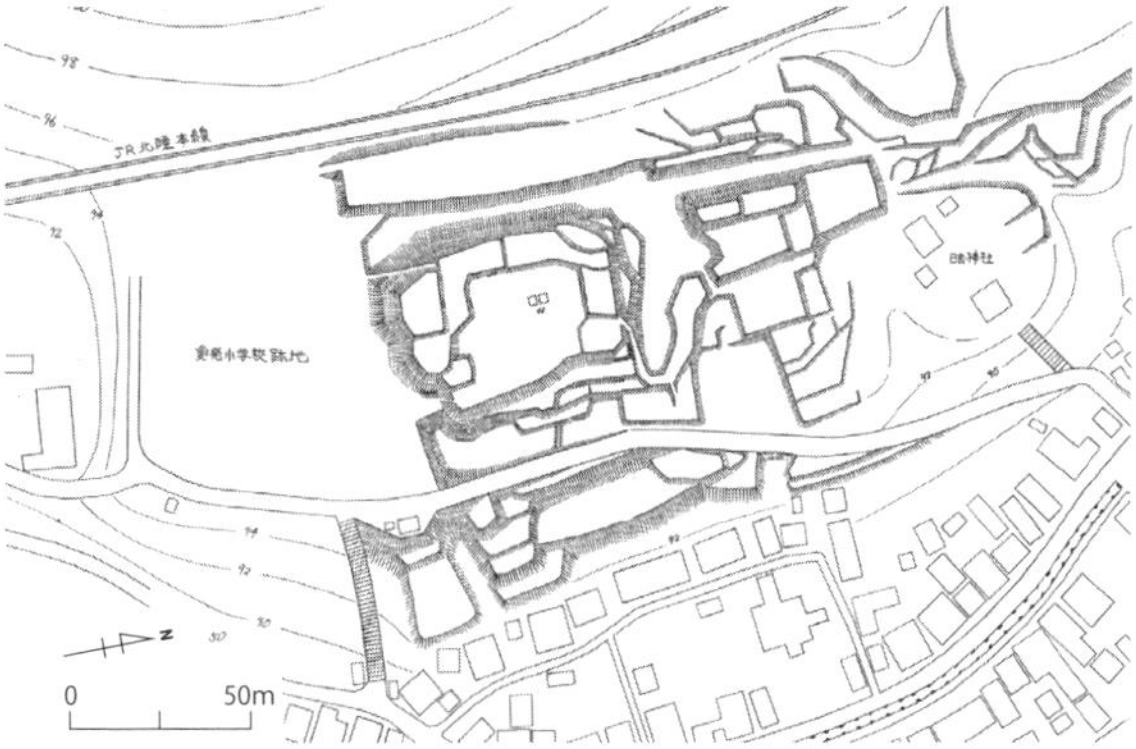

●—疋壇城縄張図（現況）（作図：佐伯哲也）

『敦賀郡史』には大正三年（一九一四）の実測図が掲載されており、これらの土地改変前の城の状況をうかがい知ることができる。廓や空堀に組まれた石垣の多くは現在も良好に遺存している。

主郭は、東西約四四メートル、南北約七〇メートルの矩形を呈す。北、東、南の三方にコの字状の高台が設けられており、さらにその南西角に一段高くなった櫓台（やぐらだい）と見られる部分がある。この廓の四方に空堀が配置されているが、現在は東、西、北面の三方のみ残存し南面の空堀は南郭とともに西愛発小学校建設の際に埋め立てられている。主郭の西方、城の背後（山手）に、現在は上面が平らな土塁状高まりがあるが、これはおそらく北陸本線の敷設に際して土盛されたものであり、城の遺構と認識すべきではない。『郡史』の図面ではほぼ同じ位置に空堀が描かれており、城の背後を二重の空堀で防御していたものと思われる。主郭の東側（街道側）には堀を挟んで土塁を設け、その東の一段下がったところに、南北に細長い曲輪が接する。疋田の小字では「大倉」となっていて、その名のとおり蔵などの貯蔵施設が置かれたであろうか。この廓のすぐ東（段丘崖の下）に小字（こあざ）「大門」があり城の正面にあたる。なお、疋田には他にも「堀殿（ほりどの）」「井陳」「的場（まとば）」「馬場の下」など城下に関連するとみられる小字が残っている。

北廓は、主郭とは空堀によって隔てられ、主郭の北東隅から伸びる陸橋によって連絡している。西側は主郭の外側の空堀が北郭側にも伸ばされ区画されていたようだが、この付近も現況と『郡史』の図がかなり異なり、北陸本線敷設の際に諸処の改変を受けている。主郭側（南側）には石垣が組み上

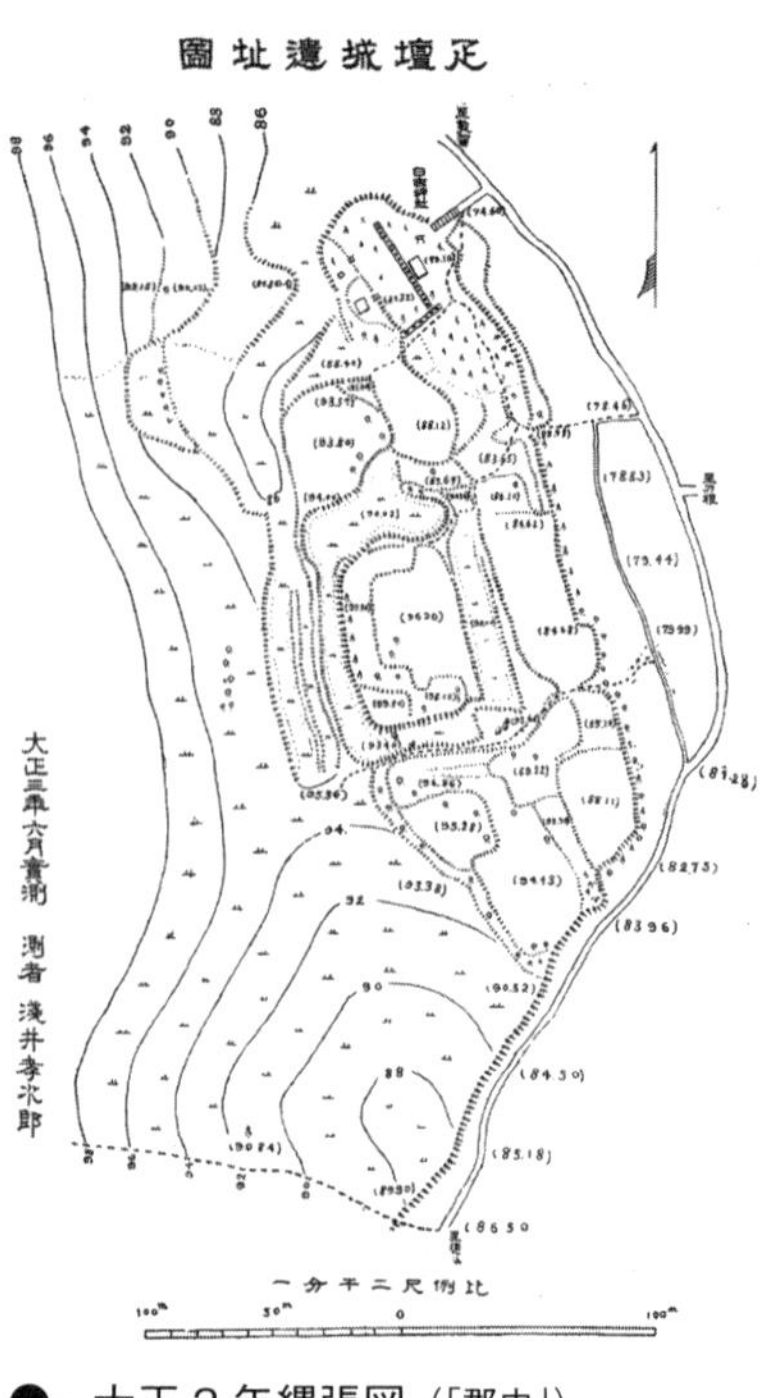

●—大正３年縄張図（「郡史」）

げられた小廓が連なり、北側は日吉神社の本殿、摂社、拝殿が置かれている。『敦賀郡神社誌』によればこの神社は延暦二年（七八三）の勧進とのことであり、築城当初からこの付近に鎮座していた可能性もある。ただし、境内付近は元々の廓の段差を利用しつつも近世以降にある程度整備造成されていると思われる。

南郭は失われており現在では旧状を偲ぶべくもないが、『郡史』の図面を参考にするならば、西の山手側に土塁を設けて防護しつつ、北郭同様に東の自然崖に向かって徐々に比高を下げながら、不整形の廓が連なる構成を取っていたようである。

『疋田長谷川氏諸事書留』によると疋壇城周辺は、城の北西の市橋地籍を「サラノ山出城」、城の東の川向かいを「イラ谷山出城」、「大タケ山城」が固め、七里半越方面は追分までを固めていたようである。刀根越方面は特筆すべき出城等の記載はなく、やや手薄の感があったとみられる。

【疋壇城周辺の関連遺物】　疋田地区には疋壇城の時代を偲ぶことができる遺物がいくつか残されている。

定広院墓地には笏谷石（しゃくだにいし）製・肉彫の石仏三十三躯が並んでおり、朝倉文化との関係が考えられている（市指定文化財）。日吉神社境内摂社・若宮八幡宮の石殿には永禄八年（一五六五）、「河瀬左近将監（さこんのしょうげん）継□造立」の紀年銘が確認できる。元は集落の北端にあったものを日吉神社境内に移したといい、河瀬氏は疋壇氏の家臣と考えられている。疋壇氏の菩提寺である奥野の宗昌寺には五代・景継（かげつぐ）の墓碑と疋壇一族の墓所がある。

【参考文献】　山本元編『敦賀郡誌』（福井県敦賀郡役所、一九一五）、河原純之ほか『日本城郭大系』第一一巻（新人物往来社、一九八〇）、敦賀市史編さん委員会『敦賀市史』通史編　上巻（敦賀市、一九八五）、松原信之「朝倉氏による敦賀郡支配の変遷（下）」『若越郷土研究』四九巻一号（福井県郷土誌懇談会、二〇一六）

（奥村香子）

●陸海交通の要所を守る天然の要害

金ケ崎城・天筒山城

〔国史跡（金ケ崎城跡）〕

〔所在地〕敦賀市金ケ崎～天筒山
〔比　高〕金ケ崎城八〇メートル
天筒山城一七〇メートル
〔分　類〕山城
〔年　代〕一二世紀頃～一六世紀
〔城　主〕気比社、朝倉氏
〔交通アクセス〕JR北陸本線「敦賀駅」下車、ぐるっと敦賀周遊バス「金崎宮」停留所下車すぐ。

【城の歴史】　金ケ崎城は、敦賀平野の東南部にある天筒山山系から敦賀湾へと突き出した尾根上に位置する。敦賀は古来大陸との交流や日本海沿岸交易の拠点として栄えてきた港町であるが、城はまさにその港と敦賀湾、そして敦賀平野を眼下に納める位置に築かれている。

金ケ崎から尾根伝いに南下すると標高一七一メートルの天筒山へとつながる。天筒山城はこの金ケ崎から続く尾根上に築かれ、金ケ崎城の枝城であったと考えられている。

金ケ崎城の築城時期は不明だが、『玉葉』養和元年（一一八一）九月十日条にある、越前・加賀の国人に敗れた平通盛が籠城した〝津留賀城〟が金ケ崎城のこととされる。

南北朝の戦い（延元の戦い）では、延元元年／建武三年（一三三六）十月、後醍醐天皇の皇子である尊良親王・恒良親王を奉じて敦賀へ下向した新田義貞軍が金ケ崎に籠城したものの、城は北朝方の高師泰らの攻撃を受け翌年三月に落城した。新田軍を金ケ崎城へといざなったのが氣比社の大宮司・気比氏治であること、金ケ崎のふもとに今も残る金前寺に中世氣比社の奥の院としての所伝が残っていることもあり、当時は氣比社の支配のもとで整備・利用されていたと思われる。その後、南朝方が一時城を奪還、正平六年（観応二年〈一三五一〉）には足利直義が足利尊氏に対抗すべく立てこもるなど、南北朝期を通じて戦時拠点としての利用が続いた。

室町時代においては当初は越前守護斯波氏の統治下にあったとみられるが詳細は定かではない。長禄三年（一四五九）

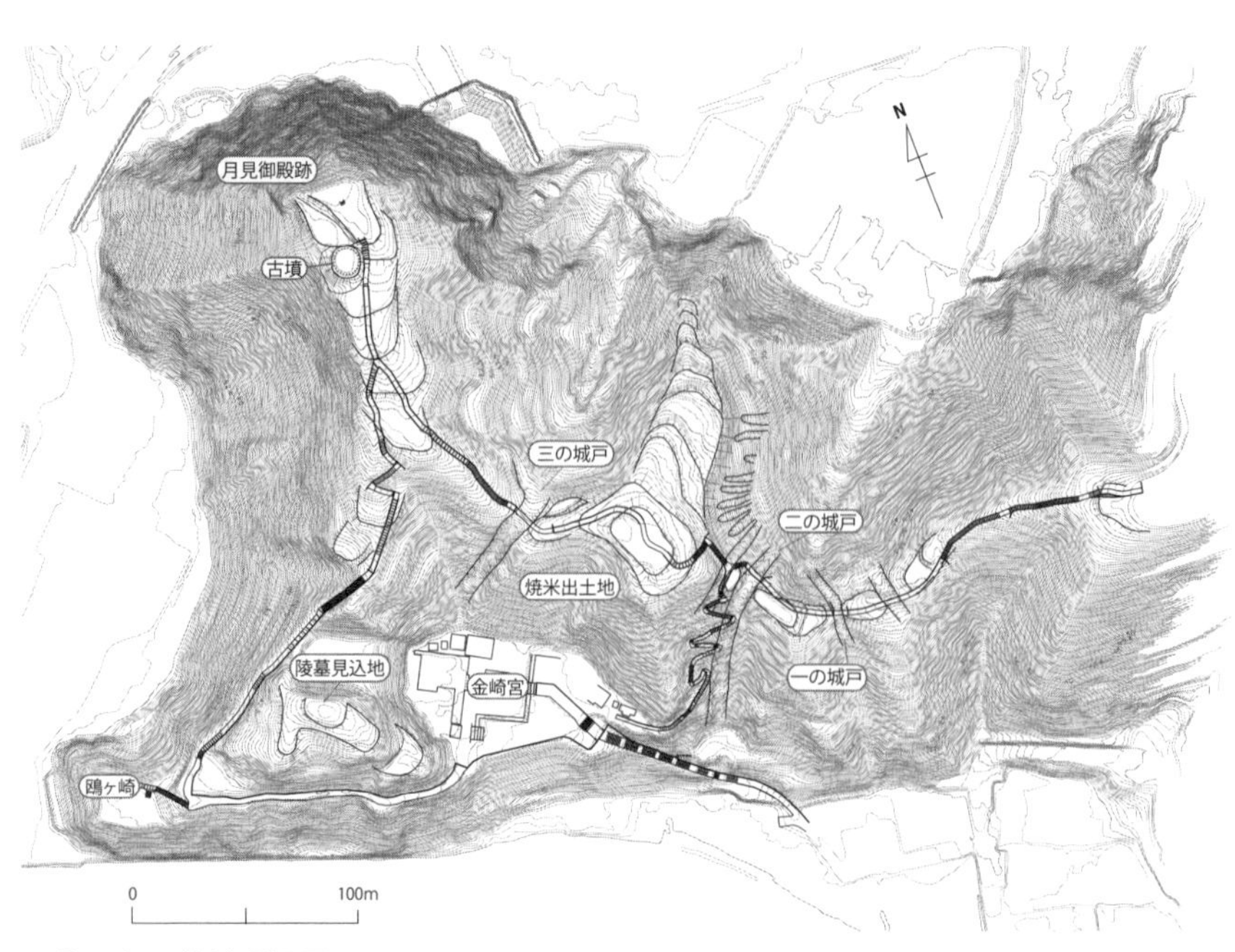

●—金ヶ崎城現況図（作図：敦賀市教育委員会）

には、守護代甲斐常治が守護斯波義敏との抗争時に金ヶ崎に籠城している。

朝倉氏の越前統治が始まると敦賀には朝倉一族の郡司がおかれ、城は「敦賀城」「金前城」の名で敦賀郡司の拠点として利用されていた。文亀三年（一五〇三）に朝倉景豊が謀反を起こした際、三代当主朝倉貞景は「前坂山」から敦賀城（金ヶ崎城）を攻略した。「前坂山」は現在の「舞崎（天筒山南端の尾根）」を指すと思われ、朝倉期のこの時点では金ヶ崎から天筒山までの一帯を「敦賀城」と認識していた可能性もある。

元亀元年（一五七〇）越前への侵攻を開始した織田信長はまず天筒山城を陥落させ、金ヶ崎城を降伏させた。その際、信長は金ヶ崎城に職人を派遣し本格的な城の増改築をはかったという。しかし、近江の浅井長政の裏切りの報に接して若狭経由で一時撤退したため城の改築には失敗し、天正元年（一五七三）に刀根坂の戦いに勝利したのちに信長から敦賀を与えられた武藤舜秀は、金ヶ崎城ではなく敦賀湾の西側にある花城山城に居した。豊臣政権下においては、蜂谷頼隆、次いで大谷吉継によって笙ノ川西岸の海辺に平城が築かれ、そのころには金ヶ崎城は利用されなくなっていたと思われる。

●—金ヶ崎城・天筒山城（空撮 敦賀市教育委員会提供）

【城の構造】　金ヶ崎城・天筒山城は、敦賀湾の東側に南北に伸びる天筒山系一体を利用して築かれている。山際から尾根筋までがかなり急峻な地形となっており、さらに周囲を海に囲まれた金ヶ崎はまさに天然の要害であった。天筒山も山頂から敦賀平野を一望でき、さらに背後に「池見」と呼ばれる低湿地が広がるなど堅牢な地形である。

　金ヶ崎城および天筒山城は、いずれも尾根伝いに郭を連ね、鞍部を堀切で区画するのみの簡素な構造を基本としている。郭として利用されたとみられる平坦地はいずれもしっかりと削平・整地した痕跡がなく、切岸も不明瞭である。現在残されている遺構は基本的には朝倉時代のものと考えられるが、『太平記』の記述などを参照すると、南北朝期から大きくは手を加えられていないようにも思われる。

•**金ヶ崎城**　金ヶ崎城の登口は、麓にある金前寺の裏手にかつて東の福浦湾（埋め立てにより消滅）へと抜ける小道があり、その付近と認識されている。『太平記』の記述を引き合いに、尾根筋に出てすぐ西のところにある堀切を「一の城戸」と呼び、そこから尾根伝いに北西（金ヶ崎の先端）に向かって順に現れる堀切を「二の城戸」「三の城戸」と呼んでいる。一の城戸の東（天筒山側）にも堀切が一つあり、この堀切と周辺の小郭までが金ヶ崎城跡の範囲であったと考え

●—畝状竪堀（敦賀市教育委員会提供）

られる。

二の城戸は一部公園の園路に転用されているため分かりにくいものの、二重堀切である。二の城戸と三の城戸の間には「焼米出土地」と呼ばれる比較的広い平坦地がある。この場所に朝倉氏の兵糧庫があり、元亀元年の戦いで焼けた米が出土したといわれている。焼米出土地の東斜面には二の城戸の堀切に連続して八条ほどの畝状竪堀が設けられている。二の城戸の二重堀切と併せて朝倉期の造作と同定できる遺構である。

三の城戸を超えてさらに金ヶ崎の先端部へと上がっていくと「月見御殿」と呼ばれる本丸に至る。本丸の海側は半分ほど崩落し旧状をとどめておらず、また城郭遺構の痕跡も乏しい。古墳（円墳）が一基ある。

金ヶ崎の南側には明治期に造成された金崎宮と幕末に台場が置かれた鷗ヶ崎があり後世にかなりの土地改変がされている。金崎宮本殿背後の尾根にある「尊良親王自刃見込地」は、幕末に発見された経塚を明治期になって陵墓候補地として比定したもので、城郭に関連する遺構ではない。

•**天筒山城**　金ヶ崎城から尾根沿いに天筒山方面へ向かうと、城跡としての人為的痕跡が極端に乏しくなる。鞍部を区画する堀切がいくつか確認できるものの、廓遺構については

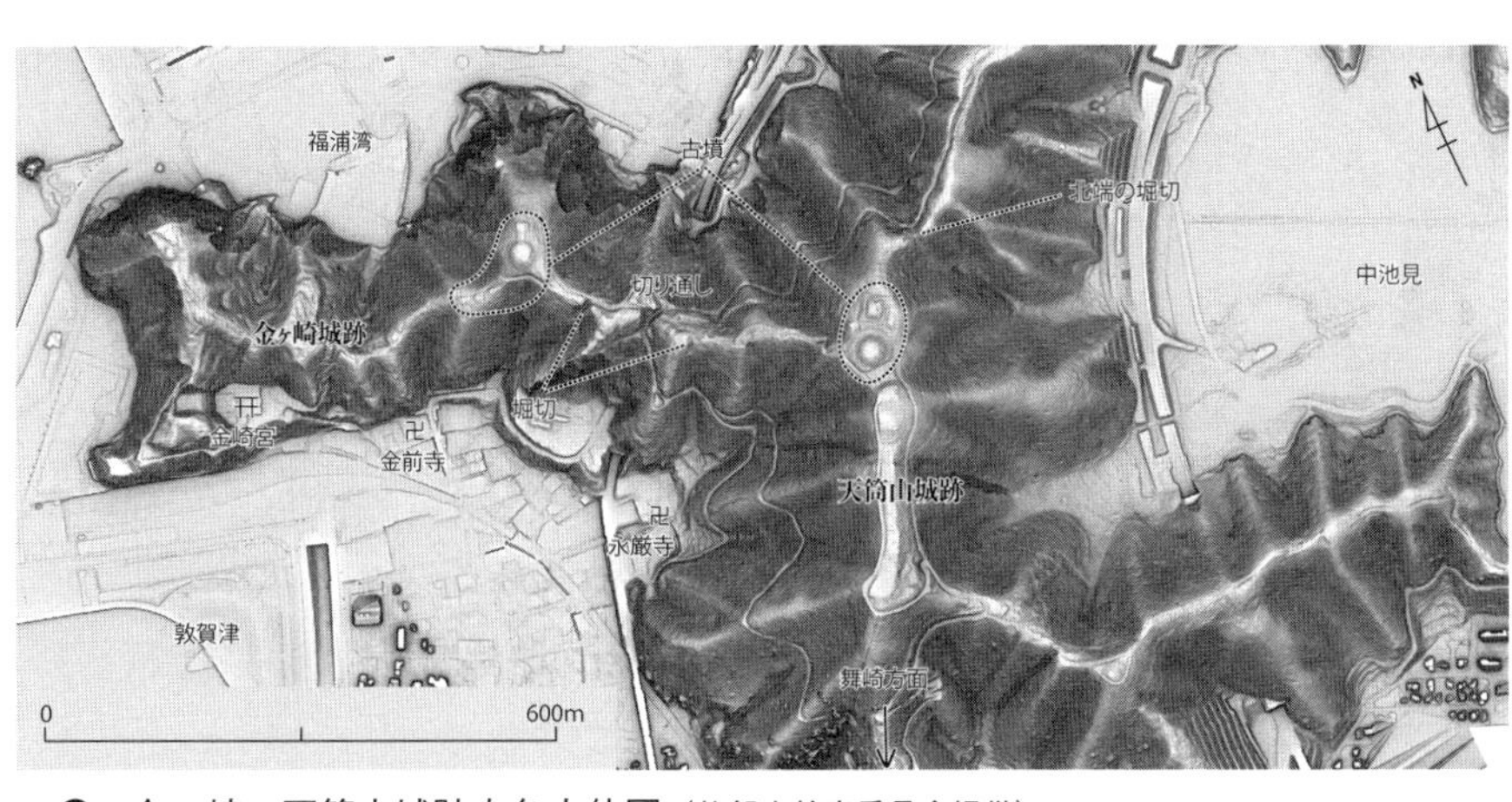

●—金ヶ崎・天筒山城跡赤色立体図（敦賀市教育委員会提供）

かなり不明瞭である。

金ヶ崎城「一の城戸」から西に尾根沿いを上がっていくと約二〇〇㍍で山頂に築かれた前方後円墳と数基の小墳墓からなる古墳群がある。特に手を入れることなく城郭に利用しているものと思われる。ここから尾根伝いに南東へ下ったところに東浦・河野方面へと抜ける大きな切通（きりどおし）がある。南北方向に延びる天筒山山系に東西方向に延びる金ヶ崎がぶつかる地点でもあり、あるいはここまでを金ヶ崎城とみることも可能かもしれない。

切通からさらに東へ急な尾根を上がると主郭と位置付けられる天筒山山頂へ到達する。約三〇〇㍍にわたって南に緩急する平坦面が続くが、公園の山頂広場となっていて公園建設時の造成と廓遺構との判別が難しい。北端に古墳時代中期と思しき円墳および方墳があり、これも往時には城郭に利用されていたであろう。尾根筋に少し北へ足を延ばすと大きな堀切があり、これが天筒山城北端の境界とみられる。

天筒山山頂から南へ尾根を下っていくと、南に延びる「舞崎」方面の尾根と、東の「池見」方面に抜ける尾根の二つに分岐する。この分岐点から池見方面の尾根には城郭遺構らしきものはほとんど見られない。舞崎方面は現在道がなく確認が難しい状況であるが、いくつかの堀切があるようである。舞崎の先端は北陸道をにらむ絶好の見張り位置であるが、発掘調査では弥生時代の高地性集落、古墳、経塚が検出されたものの城郭に関する遺構や遺物は出土しなかった。

（奥村香子）

【参考文献】河原純之ほか『日本城郭大系』第一一巻（新人物往来社、一九八〇）、敦賀市教育委員会『史跡金ヶ崎城跡保存活用計画書』（二〇一七）

お城アラカルト

朝倉氏ゆかりの築城指南書『築城記』

石川美咲

『築城記』は朝倉氏五代当主・義景（一五三三〜七三）ゆかりの築城・建築技術に関する指南書である。本書の奥書には、義景・窪田三郎兵衛尉（義景家臣で弓の名手）・窪田長門守（若狭武田氏の家臣で三郎兵衛尉の親類）の手をへて、長門守から伝授を受けた幕臣の河村誓真が永禄八年（一五六五）十月二十七日に書写した、とまとめられている。河村が写したものが伝世する写本の源流と考えられる。しかし、この奥書に記された相伝の経緯に関する真偽は不明であり、どのようにして義景に伝えられたのか、あるいは義景自身の創作なのかといったこともわかっていない。

本書は、四四ヵ条の条書と挿図三点で構成されている。四四ヵ条を内容によって大別すると次のとおりである（番号は条書の順番を示す）。

①山城の意義と立地条件について。
②・③山城の塀と狭間について。
④〜⑥矢蔵について。
⑦〜⑩山城の木戸について。
⑪・⑫狼煙と篝について。
⑬平城を設計する際の縄打について。
⑭〜㉔虎口について。
㉕〜㉘柵と虎落・逆虎落について。
㉙〜㊶主として平城の矢蔵と塀について。
㊷城の内外の植栽について。
㊸山城に竪堀（タツ堀）を設けるべきこと。
㊹勢溜りについて。

滋賀県立安土城考古博物館では、『築城記』をもとに中世城郭の一部を実物大復元した展示を見ることができる（常設展示）。福井からひとあし伸ばして、ぜひご見学いただきたい。

【参考文献】『朝倉氏の家訓』（福井県立一乗谷朝倉氏遺跡資料館、二〇〇八）

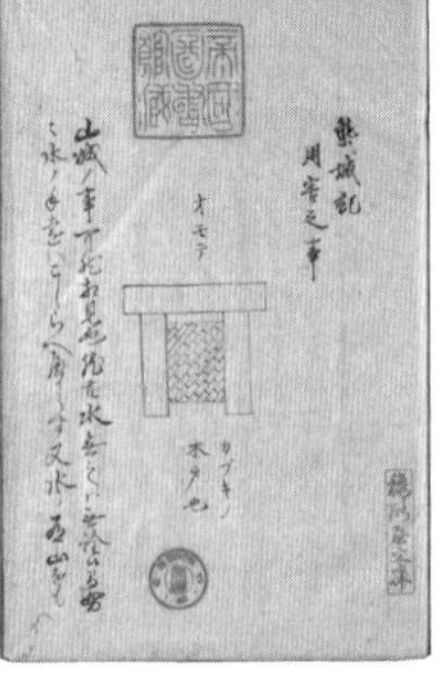
●—『築城記』（写本・国立国会図書館所蔵）

お城アラカルト

戦乱と敦賀町衆

山口　充

現在の福井県は、越前、若狭の二国からなる。

戦国時代には越前の朝倉氏、若狭の武田氏が二国を領しており、二国の国境は越前側の敦賀郡、若狭側の三方郡が接していた。敦賀には越前一之宮の気比神宮と天然の良港敦賀湾があり、古代から太平洋側と日本海側を結ぶ交通の要所であると同時に、日本海側の物産を一手に集積する物流基地でもあった。海運で敦賀に集積された物資は、京・大坂・東海地方へ琵琶湖の水運を経由して運ばれていた。

交通の要衝であった敦賀は、日本海側と太平洋側を結ぶ戦略的、経済的にも重要な位置にあり、日本海側ではもっとも裕福な湊の一つであり、それがために古代より常に戦乱から逃れられない地でもあった。

県内に残る最古の城砦は、大化の改新詔にある古代三関の一つ敦賀の愛発の関である。

孝謙天皇に反旗を翻した藤原仲麻呂一族が天平宝字八年（七六四）に命運が尽きた戦いの場である。仲麻呂が奈良での武力蜂起に失敗し、越前で再起を図るため、敦賀の愛発の関を強行突破しようとしたが、官軍に阻まれ、別路で再突入を試みたが失敗して乱は平定された。乱の翌年に外従八位上敦賀直嶋麻呂が官軍を助けた功により外従五位下に昇進している。助けた功の詳細は記されていないが、敦賀直嶋麻呂をはじめ敦賀を挙げて参戦したのであろう。

源平合戦では平家追討の先陣を切った木曾義仲に追われた平通盛が、養和元年（一一八一）に「つるがの城」に依ったと『吾妻鏡』にある。しかし、このときは敦賀が主戦場とはならず、敦賀衆がこの合戦に関わった記録はない。南北朝の戦いでは、北陸で再起を図るため、南朝方の恒良親王、尊良親王、新田勢が建武三年（一三三六）に敦賀に来ると気比社大宮司等がこれを迎え、気比社勢も供に金ヶ崎城に立て籠もったが、翌年には北朝方の猛攻に耐えきれず陥落した。この戦いで南朝方を全面的に支援した気比の社家ならびに敦賀の町衆は大きな打撃をうけた。

元亀元年（一五七〇）、越前朝倉氏を攻略するため敦賀に侵攻した織田信長は、朝倉氏に加勢した気比社と敦賀の街を焼き払い、敦賀郡司朝倉景恒(かげつね)の居城金ヶ崎城と寺田采女正(うねめのしょう)が守る支城手筒(てづつ)山の攻撃を開始し、わずか一日で気比社の神山手筒山を攻め落とした。

手筒山を守備していた気比の社家の動向については、『気比宮社記』と『若狭守護代記』に興味深い記載がある。『社記』には、社家は、信長の命にしたがわず従軍を拒否したため気比社の神宝が略奪され、諸殿舎を焼討ちされた。社家は兵数百を率いて気比社の神山手筒山で主将寺田采女正と供に戦い多くの殉死者を出したとある。

しかし、『若狭守護代記』では、たった一日で落城したのは「気比ノ社家共二万事内談不可有、表裏計カタシト」と朝倉義景が寺田采女正に命じたと知り、社家中の二万余が城を出て信長に加勢したためとある。この資料の真偽のほどは別として気比の社家中に多くの戦死者があったことは資料等にある。

その後、関ヶ原の合戦では西軍の大谷吉継(よしつぐ)の居城敦賀城が加賀前田氏の攻撃で焼き討ちされている。敦賀は、天下分け目の戦乱が勃発するたびに戦乱に巻き込まれ、気比社とともに盛衰を繰り返してきた。奈良時代に起こった藤原仲麻呂の乱では在地の豪族が官軍側に付き、破格の官位昇進をした。これが歴史上、敦賀が勝者側に与した唯一の例となった。

源平合戦では大きな戦禍を免れている。しかし、南北朝の戦いでは、気比社の社家がそろって南朝方に参戦し、敗れている。続く元亀争乱では気比社は、朝倉軍と供に織田軍と戦い、多くの戦死者を出して惨敗した。朝倉氏が滅亡すると気比社の神山手筒山、神苑気比の松原などが織田方に没収され、社家等も離散の憂き目にあった。

気比社が勝者か敗者かの二者択一で南北朝以降、敗者側につき、そのたびに勢力を削がれてきたのに対し、町衆は戦禍に遇いながらも繁栄を取り戻している。海運を利用した日本海側随一の物流基地、陸路を利用した太平洋側への交通の要衝という敦賀の地勢は、町衆にとって復興のおおきな財産となっていた。江戸時代に北前船が就航した後も北国随一の湊として繁栄した。

古代から近代まで、敦賀はその地勢ゆえに戦乱の渦中に巻き込まれてきたが、物流の拠点として蓄積された有形無形の力を梃子に、町衆によって復興を遂げてきたのである。

若狭

国吉城本丸北西虎口

本丸北西虎口（こぐち）は，鏡石（かがみいし）を配した本丸の大手虎口である．この他，各所に石垣が残っており，戦国末期に大きく改修されたことが判明した．特に山麓居館の石垣は必見と言えよう．

●朝倉氏の侵攻を退けた難攻不落の城

国吉城（くによしじょう）

〔美浜町史跡〕

〔所在地〕美浜町佐柿
〔比　高〕約一五〇メートル
〔分　類〕山城
〔年　代〕一六世紀中頃〜一七世紀前半
〔城　主〕粟屋勝久、木村定光、堀尾吉晴ほか
〔交通アクセス〕JR小浜線「東美浜駅」下車、徒歩約四〇分、または舞鶴若狭自動車道「若狭美浜IC」から五分。

【若越国境を守る境目の城】　国吉城は、越前国と国境を接する若狭国三方郡佐柿の城山（標高一九七・三メートル）に築かれた「境目の城」である。若狭国守護武田氏の重臣、粟屋越中守勝久が弘治二年（一五五六）に南北朝期の古城跡を利用して築城したと伝わる。

城山は、若狭国東部の御岳山から若狭湾に突き出た天王山に連なる山系の中間部に位置し、若狭国内を横断する主要街道である丹後街道が通る二つの峠（腰越坂、椿峠）を眼下に収める要衝の地である。山肌は険峻に立ち上がり、頂上の主郭部から南東（御岳山方面）、北東（腰越坂方面）、北西（椿峠方面）に尾根筋が延び、北側は天然の外堀である広大な機織池が広がっていた。

【国吉城の構造】　城の主要部は、城山頂上の山城部（詰の城）と南側山麓の城主居館で構成され、山城部は、本丸を最高所として北西尾根筋上に五段の曲輪が連なる（連郭曲輪群）。西に派生する尾根上には二ノ丸と伝わる曲輪がある。城主居館は、城山南麓の三つの谷間に段々状に平坦地群が広がる。

本丸（①）は、東西約七〇メートル×南北約三〇メートルを測り、北西と北東に帯曲輪（腰曲輪）をともなう。連郭曲輪群と南東尾側の御岳山とは堀切で分断され、北西と東に虎口、南隅に櫓台が残る。

連郭曲輪群（②〜⑥）は、曲輪間の高低差が大きい。②外周と③の一部には石垣が残る。③と④には虎口跡が確認されており、⑥には上段の曲輪⑤に至る登り土塁が残る。

伝二ノ丸（⑦）は、城主居館と本丸の中間、西に派生する尾根上にある。南側土塁は郭内のほぼ中央で屈曲し、北側土塁と食違に交差して（喰違虎口）、曲輪を二分する。

城主居館跡は、古くから城主と家臣団の屋敷地と伝承されてきた。東谷（⑧）と中央谷（⑨）には段々地形が残り、西谷（⑩）はかつて青蓮寺が所在したと伝わり、「青蓮寺谷」と呼ばれる。

●—国吉城地形測量図（美浜町教育委員会作図）

【『国吉籠城記』の世界】　国吉城の名を轟かせた「国吉籠城戦」は、越前朝倉氏と国吉城主粟屋勝久の争いで、永禄六年（一五六三）から朝倉氏が滅亡する天正元年（一五七三）まで、ほぼ毎年侵攻してくる朝倉勢を国吉城に立て籠もった粟屋勢が撃退し続けた戦いである。合戦の様子は、粟屋方として参戦した地侍、田辺半太夫安次（宗徳入道）によって残された記録を基に、江戸時代を通じて数多く書写されて、軍記『国

●—伝二ノ丸跡（東より）中央に喰違虎口がみえる

吉籠城記』諸本（以下『籠城記』）として現存する。

『籠城記』は、大きく三部で構成される。永禄六年から同十一年の国吉城をめぐる攻防戦、元亀元年（一五七〇）の織田信長の国吉入城と越前攻め、天正十四年春の国吉城主木村常陸介定光による佐柿城下の整備である。当然、粟屋方主観の記述となっており、「若狭国を我が物にしようとする朝倉氏の侵攻を防いだ英雄譚」として完成している。また、軍記物という性格上、記載の内容が全て史実通りとはいえない。合戦場面以外にもさまざまなエピソードで脚色され、軍記物として非常に読み応えのある構成になっている。一方で、合戦場面は非常にリアルな描写で、攻め上る朝倉勢を撃退する戦法や、討死した農民の個人名を記すなど、粟屋方から見た国吉籠城戦の実態も詳細に描写されている。記される年代や変遷も、発掘調査で出土した遺物編年等と概ね合致しており、およその経過を参考として引用することはできよう。その上で、当時の若狭国をめぐる動向を分析すると、「国吉籠城戦の実態」がみえてくる。

【国吉籠城戦の実態】　国吉城が築城されたとされる弘治二年頃、粟屋勝久の主君である若狭国守護武田家で家督争いが生じた。勝久は現当主信豊派であったものの、嫡子義統派に敗れた。新たに当主となった義統ではあったが、勝久以下多くの有力家臣はこれを認めず、半ば独立勢力と化した。

永禄四年、大飯郡砕導山城主で、武田家重臣の逸見駿河守正経が義統に対して反乱を起こすと、勝久は逸見氏に同調する。各地で反発を強める家臣団に対し、義統は縁戚関係にあった朝倉氏の支援を得て領内をまとめようとしたため、朝倉氏介入のきっかけを与えると同時に、さらなる家臣団の反発を招くこととなった。

永禄六年から同十一年にかけて、国吉城に立て籠もる粟屋勢を朝倉勢が攻撃するが、『籠城記』では都合四度の国吉城攻防戦が記される。いずれも、朝倉勢をギリギリまで引き付けて絶妙の頃合いで逆撃を加えるというもので、険峻な地勢をフルに活かした戦いであった。朝倉勢も城攻めばかりではなく、中山の付城や駈倉山の付城を築いて長期戦の態をなし、城周辺で乱暴狼藉を働いたとある。

兵力も少数で、地勢に優れた国吉城に籠城することで何とか互角に戦えた粟屋勢は、城下が荒らされても討って出ることはなかった。城外戦は、永禄六年八月末の籠城準備の時間稼ぎをした若越国境の関峠待ち伏せ戦と、同八年九月の中山の付城夜襲戦のみ記される。同十一年、朝倉勢が国吉城を素通りして小浜に向かい、当時の武田家当主である孫八郎元明を一乗谷に連れ去る場面でも、追い打ちや奪還戦のような描写はない。長年の戦乱で疲弊し、粟屋方から見てもかなり戦況不利な状況が窺える。

【織田信長の国吉入城】　永禄十三年四月二十日、上意に応じない若狭国大飯郡石山城主の武藤上野介友益討伐と称し、足利将軍家を奉じる織田信長が三万の軍勢を率いて京を出陣した。同日、先遣として幕府奉公衆の明智光秀が若狭国熊川に入り、若狭国衆が熊川に参集していること、北近江、越前方面に変化がない事などを将軍側近の細川藤孝宛に知らせており（『三宅家文書』）、侵攻対象が当初から朝倉氏だったことがわかる。

同月二十二日、熊川に入った軍勢は、元号が元亀と改まる翌二十三日、石山城とは正反対に丹後街道を北上して国吉城に入城した。軍勢は二泊三日留まり、信長は勝久と籠城戦に参加した地侍と対面して労い、本丸に登って国吉城の立地を誉め、越前攻めの軍議を開いたという。

同月二十五日、越前国敦賀に乱入した軍勢は、天筒山城を攻め落とし、金ケ崎城を降伏開城させ、いよいよ木ノ芽峠を越えようとした矢先、信長の妹婿で北近江の浅井長政が背後を襲う動きを見せたため、若狭国を経て京に撤退する。国吉城は以降、織田方の最前線として若越国境を守り、勝久は天正元年に信長が越前に侵攻した折に合流し、一乗谷一番乗りを果たしたと『籠城記』は記す。

【その後の国吉城】　勝久はその後、若狭国を治めた織田家重臣の丹羽長秀の寄騎となり、「若狭衆」として活躍する。

天正十年、本能寺の変後の越前国を領する柴田勝家と畿内を勢力下とした羽柴秀吉の対立では、長秀は羽柴陣営に与した。そのため、若狭国が再び戦乱の最前線となったが、主戦場は近江賤ケ岳方面で、翌春には勝家の自刃で終結した。戦後、国吉城は秀吉直臣の木村常陸介定光が城主となった。

定光の後、一時堀尾吉晴が城主となるが、丹羽長重配下の江口氏をへて、再び定光が城主となって城下町を整備したと『籠城記』は伝える。定光の後は、若狭国に浅野氏、木下氏が入り、国吉城にはそれぞれ重臣を配した。慶長五年（一六〇〇）の関ケ原の合戦後、若狭国を与えられた京極高次は、執政の多賀越中守を国吉城に入れた。寛永十一年（一六三四）、京極氏は出雲国松江に転封となり、替わって譜代大名の酒井忠勝が入封した。国吉城は廃城となり、翌年に城址の南に佐柿町奉行所（御茶屋屋敷）が新築されたのである。

【戦国期山城から織豊系城郭へ】　国吉城址は、昭和五十八年（一九八三）に町史跡に指定され、平成十二年（二〇〇〇）から史跡整備にともなう発掘調査が開始されると、数々の新発見が相次いだ。

●—出土した城主居館跡の礎石建物群

●—鏡石が出土した本丸北西虎口

それまでは、朝倉氏を撃退した戦国期山城の姿がそのまま残ると考えられてきたが、城主居館跡から大規模な礎石建物群が確認され、山城部から城主居館跡までの至る箇所から石垣が出土し、本丸に鏡石をともなう虎口跡が確認された。出土遺物や石垣技法の進化から、城は江戸時代以降も使われ、最後は石垣が均一的に破却された「破城」の痕跡が窺えたことから、国吉城は戦国期山城から領国統治する大名の権威を示す城に大きく改修され、最後は破城にあった事が判明したのである。

出土した石垣は、その特徴や分布範囲、築造技法等から大きく三つに分類できる。

Ⅰ類は、人頭大の不定形石材を築石に用いたもので、自然岩盤を取り込む。裏込石量は少なく、石仏や墓石等の転用石がみられる。本丸東虎口前東西石垣や本丸帯曲輪上段石垣、北面堀切など本丸周辺に限定される。

Ⅱ類は、築石は人頭大の横長石が主で、築石を横長に置き、奥行は短い。直線的に築かれ、横目地が通り、鏡石、転用石を含み、裏込石量は少ない。本丸北西虎口や、本丸帯曲輪段下段石垣、城主居館跡石垣など、主要部の広範囲にみられる。

Ⅰ類とⅡ類は、共伴する遺物の年代観から一六世紀後半と判断できる。Ⅱ類は、豊臣政権下で唯一の大名領主であり、領国統治の拠点造りを行える立場にある木村常陸介であろう。Ⅰ類を粟屋期とみるか、木村期の一部とみるかは判断が難しいが、本能寺の変後の織田家臣団の分裂で、対越前柴田勢への備えから粟屋期に着手した可能性は捨てきれない。羽柴方に属した若狭の丹羽長秀は、普請の遅れを取り戻すよう指図しており（『天正十年十月二十一日付　丹羽長秀書状』山庄家文書）、国吉城の石垣化を指すと考えられる。

Ⅲ類は、巨大な横長の築石を奥行き長く積む。隅角部は割石を用いた「算木積」で、裏込石量も多い。城主居館跡最下段南面張出石垣に限定される。京極高次築城の小浜城と同汎の軒丸瓦片が出土したことと、割石を用いた算木積み技法の導入から、京極期の拡張（一七世紀初）とみられる。

なお、出土石垣はすべて上半分を崩して下半分を埋めるという同一手法で破却された状態であった。このことから、一時期に破城を受けたと考えられる。Ⅲ類石垣と佐柿町奉行所石垣は築石の大きさ、石材組成がほぼ同一であることから、酒井忠勝が破却した築石を転用した可能性が高い。

発掘調査により、国吉城の変遷が明らかとなった。これらの成果は、城跡に隣接する若狭国吉城歴史資料館で公開されている。

●—出土した本丸帯曲輪上下段石垣

●—出土した城主居館跡最下段南面石垣

【参考文献】須田悦生『校註若州三潟郡国吉籠城記』（美浜町教育委員会、一九七〇）、美浜町教育委員会『国吉城址史跡調査報告書Ⅰ』（二〇一一）、大野康弘「十六　国吉城」『織豊系城郭とは何か～その成果と課題～』（城郭談話会、二〇一七）、大野康弘「佐柿国吉城址史跡調査二〇年の軌跡」中井均先生退職記念論集刊行会編『城郭研究と考古学　中井均先生退職記念論集』（二〇二一）

（大野康弘）

●朝倉氏が築いた国吉城攻めの拠点

中山の付城

〈所在地〉美浜町佐田・太田
〈比　高〉約九〇メートル
〈分　類〉山城
〈年　代〉一六世紀中〜後期?
〈城　主〉朝倉氏、若狭衆?
〈交通アクセス〉JR小浜線「東美浜駅」下車、県道を東へ、徒歩約一五分で芳春寺。二〇分直登で城跡。

【国吉城を監視する対の城】　中山の付城は、山東地区（美浜町東部）の平野部に東西に延びる独立丘陵の東峰（芳春寺山、中山）頂上部（標高一四五・三メートル）に位置し、国吉城から直線で約二キロという至近の位置に所在する。

軍記『国吉籠城記』諸本（以下『籠城記』）には、永禄七年（一五六四）九月上旬、「……太田村芳春寺に陣取り、其後芳春寺山に向ひ城を構へ居て……」とあり、朝倉勢は麓の芳春寺を本陣とし、後に芳春寺背後の山に付城を築いたことが記されている。翌永禄八年九月末、国吉城に立て籠る粟屋勢が夜襲を仕掛け、狼狽した朝倉勢は越前国へ撤退したという。その翌年、朝倉勢は越前国境に近い駈倉山に付城を築いたとあり、以降『籠城記』には登場しない。一方、『朝倉始末記』には、天正元年（一五七三）四月に「……佐柿の城の北、中山と云ふ所に城を構え……」とある。また、同年八月に織田信長が朝倉氏を攻め滅ぼした後、「……若州粟屋越中所差向ひ候付城共拾ヶ所退散……」（『信長公記』）とあり、天正元年中の付城の存在と織田方により破却された事を記す。いずれにしろ、一六世紀中期後葉の極めて短期間のみ存在した城であり、朝倉系築城術を色濃く残す遺構として評価されている。

【中山の付城の構造】　主郭（①）は、尾根が三方に派生する頂上部に東西約一〇メートル×南北約五〇メートルの長方形を呈する。周囲を人丈程度の折れを持つ土塁で囲み、虎口は北、西、東の三方に開く。

主郭北虎口から延びる土橋状の土塁の先端は二方に分岐し、間は周辺部より高い曲輪状の空間になっている（②）。その外縁となる北尾根筋上にも段々の曲輪状の平坦な空間が続く（③〜⑤）。④、⑤は曲輪としての輪郭は曖昧ではあるが、⑤は北〜東面を削り込んだ痕跡が明確な一方、北〜西面は自然地形に近い。④と⑤を区切る土橋状の堤をともなう堀切も掘削途上の感があり、未完の曲輪普請と思われる。北尾根から東に派生する尾根筋上には、小規模な平坦面が連続する様相が認められ、堀切のような痕跡も確認できる。

主郭東虎口外の空間（⑥）は、②と同様の構造ながら規模が大きく、三方を土塁で囲む。南面に虎口が開き、東面土塁下には細い畝で分断された横堀がある。その外周、逆L字状の平坦な空間が広がる（⑦）。直下は自然の急傾斜で、東尾根筋の斜面下には堀切があり城域を区切っている。

主郭から国吉城方面に伸びる南尾根筋とは幅広な高土塁と直下の堀切で分断されている。なお、平坦な南尾根筋は自然地形の平坦な面が続く（⑧）。

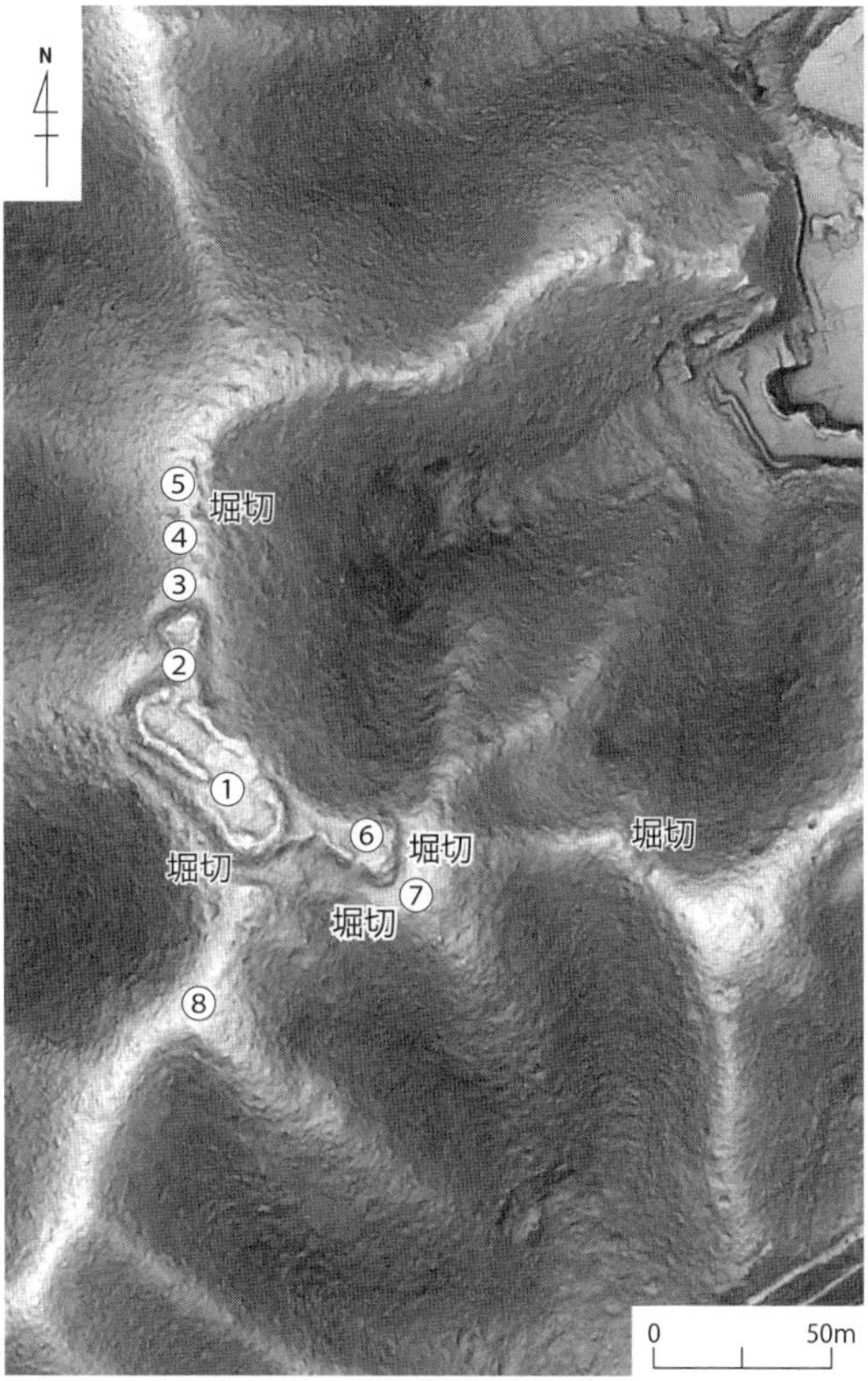

●―中山の付城詳細地形測量図（美浜町教育委員会作図）

【天正十年再利用の可能性】　中山の付城が朝倉氏築城遺構として評価されてきたことは先述したが、主郭を囲う土塁の折れや主郭虎口の単純な平虎口構造に対しての虎口外の備え、国吉城方面に続く南尾根筋の防禦は主郭南面の堀切のみに対し、北および東尾根筋の重厚な曲輪群や外縁堀切の配置は、西（国吉城側）に対するというよりも、東（越前側）や付城の北を通る丹後街道方面を意識した構造に見える。

当時、若越国境を侵す侵攻に備える必要があったのは、

●—主郭を囲む土塁

●—主郭南面の堀切

（一）一五六三年〜七三年の対朝倉氏
（二）一五八二年後半〜八三年前半の対柴田氏
である。（一）では朝倉氏が侵攻の当事者なので、越前側の備えを考慮する必要はない。越前側を意識する必要性があるのは（二）、天正十年の本能寺の変後に勃発する柴田勝家と羽柴秀吉の対立で、羽柴方に属した若狭を領する丹羽長秀の越前柴田勢の侵攻への備えが考えられる。

「賤ヶ岳の合戦」は周知のとおり、北近江の余呉湖周辺が主戦場となったが、秀吉の本拠である京、畿内への最短侵攻ルートとして若狭侵攻の可能性は十分あり、備えは必要だった。当時、長秀自身を含む丹羽勢は秀吉にしたがい北近江に出陣しており、若狭国に残る国吉城主粟屋勝久らに城の普請の遅れを取り戻すよう指図（『天正十年十月二十一日付　丹羽長秀書状』山庄家文書）するなど、手薄な若狭国内の備えとして殊更に城普請を急がせた。国吉城のような既存城郭の石垣化や、若越国境に近接する旧付城群の対越前用陣城への転用などの手段を講じたとみられる。一部未完も、丹羽方の立場に立てば北近江派兵による動員力の低下や、対立が短期終結した事等で説明できる。現存遺構の全てを朝倉氏築城による遺構と考えて良いのか、再検討の余地があるかと思われる。

●—主郭土塁上の城址碑

【参考文献】大森宏『戦国の若狭—人と城—』（一九九六）、中内雅憲「越前朝倉氏の国吉城に対する陣城に関する一考察」『敦賀市立博物館紀要第一三号』（一九九八）、髙田徹「越前朝倉氏築城術の一考察—若狭国吉城付城を中心として—」『中世城郭研究第二七号』（中世城郭研究会、二〇一三）、佐伯哲也『朝倉氏の城郭と合戦』図説日本の城郭シリーズ⑮（戎光祥出版、二〇二一）、中井均『戦国期城館と西国』城郭研究叢書四（高志書院、二〇二一）

（大野康弘）

●国吉城の東方を守る出城

岩出山砦（いわでやまとりで）

〈所在地〉美浜町坂尻・山上
〈比　高〉約七〇メートル
〈分　類〉山城
〈年　代〉一六世紀中〜後期？
〈城　主〉粟屋氏
〈交通アクセス〉JR小浜線「東美浜駅」下車、県道を西へ、徒歩約三〇分。二〇分直登で城跡。

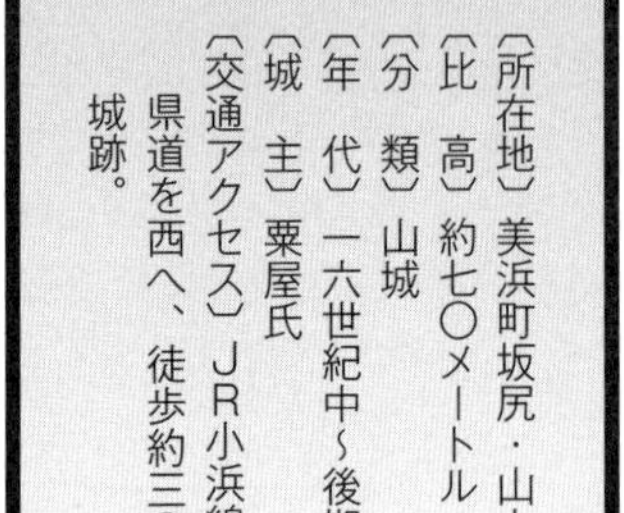

【永禄九年の戦い】　岩出山砦は、国吉城の出城として知られている。

軍記『国吉籠城記』（以下『籠城記』）によれば、永禄九年（一五六六）八月下旬、越前朝倉氏の軍勢がまたも若越国境（じゃくえつこっきょう）を越えて侵攻し、駈倉山（かりくらやま）に付城（つけじろ）を構えた。国吉城主粟屋勝久（あわやかつひさ）の息子、五右衛門勝家（ごえもんかついえ）は五〇〇人を引き連れて岩出山へ馳せ下り、弓、矢、鉄砲、大石などを用意して待ち構えた。しかし、勝久は朝倉勢に分断される恐れから、勝家を呼び戻して国吉城で迎え撃った事が記されるが、これが唯一の登場の場面で、以降は一切登場しない。

【岩出山砦の立地と構造】　国吉城から東に派生し、若狭湾に突き出す標高八九・二一メートルの尾根頂上部に所在する。かつては国吉城とは尾根続きで、その間を若狭国の主要街道である丹後街道（たんごかいどう）が通っており、尾根越えの坂は「腰越坂（こしごえざか）」と呼ばれていた。現在は尾根を切り通した車道が通り、尾根筋が分断されたことで独立した小山のようにみえる。海側の岩壁も、旧国道二七号開削により山肌が削られてコンクリート擁壁となり、遺構も大きく削平されている。

尾根頂上部の平面三角形を呈する主郭（①）は、周囲を高土塁（どるい）で囲み、西面に虎口（こぐち）が開く。主郭の西側から北側（若狭湾側）を囲むように曲輪（②）があるが、北側は大きく削平されており、元の規模は判然としない。しかし、現存空間の広さから主郭と同程度か、主郭より広い空間であったとみられる。現存する部位では、西側の南北に延びる帯状土塁の南端部には、主郭虎口に対して土塁で突き当りを形成して直進を妨げるような虎口がある。虎口外は、二段からなる平面三角形の曲輪段（③）があり、西に派生する尾根筋とは堀切（ほりきり）で分断されている。なお、令和二年（二〇二〇）度に美浜町教育委員会が実施した航空レーザー測量および赤色立体地図作成の結果、肉眼では捉えられていなかった小規模曲輪群が連続して並ぶ痕跡が、東尾根筋上で確認された。

主郭から南に派生する尾根筋は、丹後街道が通る腰越坂をへて国吉城に続いており、国吉城とともに腰越坂を挟撃する立地にあるといえる。一方で、敵が腰越坂から攻め上がる可能性もあることから、主郭とは堀切を隔てて方形状の平坦な曲輪（④）を設ける。ここから堀切を隔てて見上げた時の主郭土塁は圧巻である。曲輪南面は土橋（どばし）をともなう堀切でさらに分断するという厳重な防御ラインを形成している。

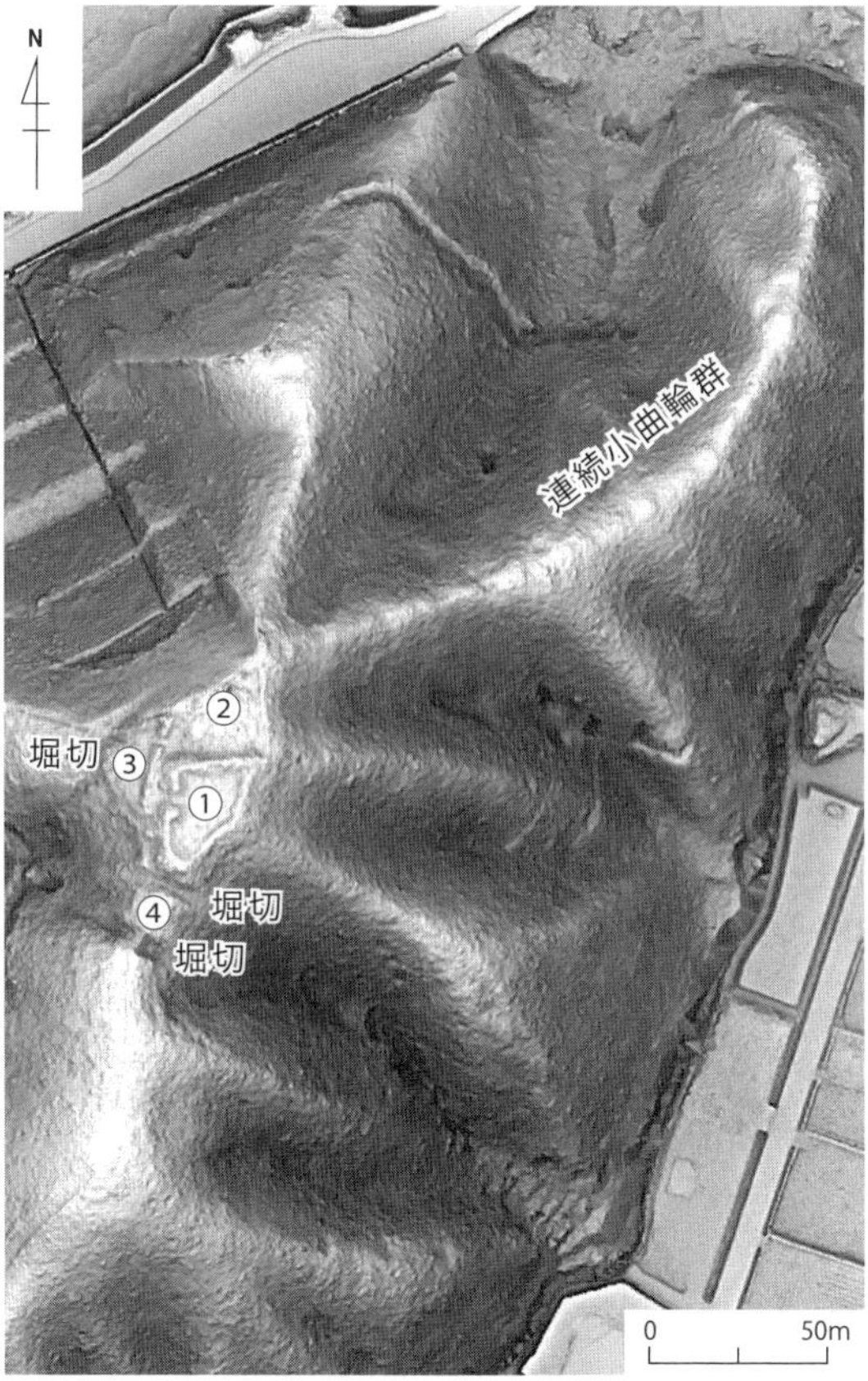

【築城者は誰か？】『籠城記』の記述もあり、国吉城の出城と認識される岩出山砦であるが、主郭を土塁で囲む構造や虎口外に土塁で折れを設ける特徴など、織田家に先行する技法を有する越前朝倉氏が築いた中山の付城や駈倉山城に類似するとの指摘がある。ただ、もし朝倉氏の築城であれば、中山の付城とは異なり、国吉城と尾根続きの至近でこの規模の築城を黙ってみているだろうか。また、『籠城記』にこれを奪ったエピソードを載せるのではないだろうか。『籠城記』は、若狭国を守った自分たちの英雄譚でもあり、駈倉山城にしろ、中山の付城にしろ、朝倉方の築城については記載がある。有人であれ無人であれ朝倉方の城を奪取したのであれば、自分たちの功

●—岩出山砦詳細地形測量図（美浜町教育委員会作図）

●―国吉城から岩出山砦と朝倉氏の付城群を望む

績として強調するのではないだろうか。

構造的特徴からも、尾根頂上部の地形に沿って土塁を廻らして一郭を成す両付城に対し、狭い尾根上を直線的な土塁で区切り複郭化している。両付城の土塁高はおおむね一定高であるのに対し、岩出山砦は高土塁と低土塁を組み合わせており、国吉城伝二ノ丸土塁に近いと思われる。虎口はいずれも西側（国吉城側）に開き、東側を警戒していたことがわかる。丹後街道（腰越坂）側（南側）の二重堀切や越前側（東側）の尾根筋に連なる小曲輪群の痕跡も踏まえれば、やはり当初から国吉城の出城として丹後街道を侵攻する越前勢を警戒する目的で築かれた可能性が高いと考えられる。

そのような意味では、中山の付城同様、天正十年（一五八二）の対越前柴田勢への備えとして現状構造に改修された可能性を指摘しておきたい。広い副郭とコンパクトな主郭の組み合わせは、堂谷山城（どうたにやまじょう）（若狭町）と類似する。堂谷山城もまた、丹後街道を南下する敵勢を警戒するような長大土塁を備え、コンパクトな主郭には石仏の転用石を含む石垣など、天正十年段階の丹羽氏配下での築城（改修）痕跡を残す。

朝倉方の中山の付城や駈倉山城と、粟屋方の岩出山砦の築城技法が類似するという指摘も、織田系に先行する技法を有する朝倉系とみるより、天正十年段階に丹羽長秀指導下で若狭衆の陣城として、永禄期の付城、砦を織田系の技術で改修した結果と解釈する方が納得しやすい。

【参考文献】　大森宏『戦国の若狭―人と城―』（一九九六）、中内雅憲「越前朝倉氏の国吉城に対する陣城に関する一考察」『敦賀市立博物館紀要第一三号』（一九九八）、『平成三十年度春季トピックス展　あなたの近くに城はある総集編図録Ⅰ、Ⅱ』（若狭国吉城歴史資料館、二〇一八）、佐伯哲也『朝倉氏の城郭と合戦』図説日本の城郭シリーズ⑮（戎光祥出版、二〇二一）

（大野康弘）

●―主郭を廻る土塁

●―④郭南面の土橋をともなう堀切

●国吉城を望み、敦賀半島を睨む平山城

狩倉山城（かりくらやまじょう）

〈所在地〉美浜町北田
〈比　高〉約四〇メートル
〈分　類〉平山城
〈年　代〉一六世紀中頃？
〈城　主〉朝倉氏？
〈交通アクセス〉ＪＲ小浜線「東美浜駅」下車、県道を北に国道二七号へ、徒歩約五〇分。一五分直登で城跡。

【二つの「カリクラヤマ」】　山東地区（美浜町東部）には、「カリクラヤマの付城」と呼ばれる城跡は二ヵ所ある。一つは佐田の山城（駈倉山城）で、もう一つは北田の平山城（狩倉山城）である。

軍記『国吉籠城記』（以下『籠城記』）には、「（永禄九年〈一五六六〉八月下旬、朝倉勢は）駈倉山に城郭を構へ、篭居て田畠を荒し、山東山西の堂社仏閣を焼き払ひ……」とあり、その前年に粟屋方の夜襲を受けて放棄した中山の付城に代わる国吉城侵攻の足掛かりとして築城したと伝わる。

【狩倉山城の立地と構造】　狩倉山城は、若越国境の関峠から西に下り、若狭湾岸の今市浜に至る途中、北田付近の標高七〇メートル程度の独立丘陵上に所在する。逆「の」の字状に南面の丹後街道側に一重、他の三方は二重の横堀で囲むが、掻き揚げの土塁は周辺に認められない。

横堀の一重目内、やや円形を呈する主郭（①）は、内部は広いが平坦ではなく、丘陵の凸地形のままで未造成にみえる。外部とは東面の土橋と西面の虎口状空間をへての出入りだったとみられるが、西面横堀には土橋等はなく、木橋等が存在していた可能性がある。

横堀の二重目内、主郭の三方を囲む帯曲輪は、堀切で二つに分割されている。主郭西虎口の外、南側に帯曲輪が伸びる台形状の曲輪（②）と、主郭の北から東を囲む帯曲輪（③）である。②と横堀を隔てた丘陵西尾根から派生する南尾根先端に独立した方形状の曲輪（④）が認められる。③の外部、丘陵東尾根とは二本の土橋で連絡し、東尾根上は広大な平坦面が広がる（⑤）。

【『籠城記』に登場する付城か】　従来、朝倉方の付城の一つと考えられてきた城跡であるが、近年、中山の付城と構造が類似する駈倉山城が確認された事で、二重の横堀や丘陵上の平山城という特徴は、他の朝倉方の付城とは異なる様相を呈する事もあり、『籠城記』に記載される付城とは別城郭という見方もされている。しかし、国吉城を望む西尾根筋に厚く曲輪を展開すること、二重の横

●—狩倉山城詳細地形測量図（美浜町教育委員会作図）

●—狩倉山城を南から望む

●—主郭東面の土橋と横堀

●—主郭西面から横堀を隔てた②郭を望む

堀は主に北側、敦賀半島や北田集落（村）の方角に面し、丹後街道を背にしていることなどから、越前国とは丹後街道を連絡路とする国吉城の付城としての性格と、若狭国東部（特に敦賀半島の若狭湾沿岸か）の制圧拠点としての性格を併せ持った陣城遺構であると解釈することができる。なお、二重横堀をもつ城郭は、越前国内にも存在（福井市・天目山城など）しており、やはり朝倉氏築城の可能性が高い。

【参考文献】大森宏『戦国の若狭—人と城—』（一九九六）、中内雅憲「越前朝倉氏の国吉城に対する陣城に関する一考察」『敦賀市立博物館紀要第一三号』（一九九八）、『平成三十年度春季トピックス展　あなたの近くに城はある総集編図録Ⅰ』（若狭国吉城歴史資料館、二〇一八）、佐伯哲也『越前中世城郭図面集Ⅱ—越前中部編（福井市・越前町・鯖江市）』（桂書房、二〇二〇）、佐伯哲也『朝倉氏の城郭と合戦』図説日本の城郭シリーズ⑮（戎光祥出版、二〇二一）

（大野康弘）

●国吉城を望み、若越国境を睨む山城

駈倉山城（かりくらやまじょう）

【もう一つの「カリクラヤマ」】　山東地区（美浜町東部）には、「カリクラヤマの付城」と呼ばれる城跡は二ヵ所ある。北田の「狩倉山城」と、佐田の「駈倉山城」である。

軍記『国吉籠城記』（以下『籠城記』）には、「（永禄九年〈一五六六〉八月下旬、朝倉勢は）駈倉山に城郭を構へ、篭居て田畠を荒し、山東山西の堂社仏閣を焼き払ひ……」とあるが、北田の城跡は古くから存在が知られ、『籠城記』に登場する「駈倉山の付城」と比定されてきた。近年、佐田の城跡が確認され、周囲を土塁で囲む主郭構造や、土塁で区切られた虎口外の屈曲空間など、朝倉方の付城とされる中山の付城と共通する特徴があることから、こちらの城こそが『籠城記』に登場する付城とする指摘がある。

〔所在地〕美浜町佐田・太田
〔比　高〕約一六〇メートル
〔分　類〕山城
〔年　代〕一六世紀中～後期？
〔城　主〕朝倉氏、若狭衆？
〔交通アクセス〕JR小浜線「東美浜駅」下車、県道を東に織田神社へ、徒歩約二〇分。五〇分直登で城跡。

【駈倉山城の立地と構造】　駈倉山城は、佐田集落の東、若越国境の関峠を望む標高二一二・八㍍の尾根頂上部にあり、西は中山の付城をへて国吉城がよく見え、東は関峠を挟んで朝倉方の境目の城である金山城を見通せる立地にある。

主郭（①）は、東西約七〇㍍×南北約五〇㍍のやや五角形を呈し、かなり広大な空間を有する。周囲を土塁で囲むが、北面と東～南面はひときわ高く、西面は幅広ながら低い。郭内の西～南～東面は土塁内側を低く削っている。東面外周には横堀を廻らすが、他の三方は尾根法面とは切り離し、犬走り状の帯状平坦面を廻らす。北と東に虎口を有し、東虎口外に方形の土塁で囲う出枡形（②）があり、北虎口前面にも折れを持つ土塁を構築して直進できない屈曲した空間を形成している（③）。北虎口外の尾根筋には、数段の半月状平坦面が連続し（④）、離れた位置に城域を示すような浅い横堀と低い土塁が構築され（⑤）、食違いによって土橋と虎口を形成する。半月状小平坦地面は、主郭が所在する尾根頂上部から東に派生する尾根筋にも所々に見受けられる（⑥）。

【対越前柴田勢への備えか】 先述の通り、中山の付城と共通する構造的特徴から、本城を「駈倉山の城郭」とする指摘がある。尾根頂上部の緩い長楕円形を呈した自然地形に合わせつつ、虎口に対して横矢を利かせた土塁を廻らせた中山の付城と、比較的直線的な土塁を多用し、一部は屈曲を設けて横矢を掛ける構造とする駈倉山城は、確かにより先進性を示した構造となっており、元亀年間に北近江に出現する朝倉氏築城の城郭との共通性が指摘されている。ただ、やはり中山の付城の現存遺構と同様に、国吉城を向く西尾根筋より主郭東面にのみ廻らした横堀や北～東～南面のひときわ高い土塁、丹後街道や若越国境を望む北尾根筋や東尾根筋に遺構が多用

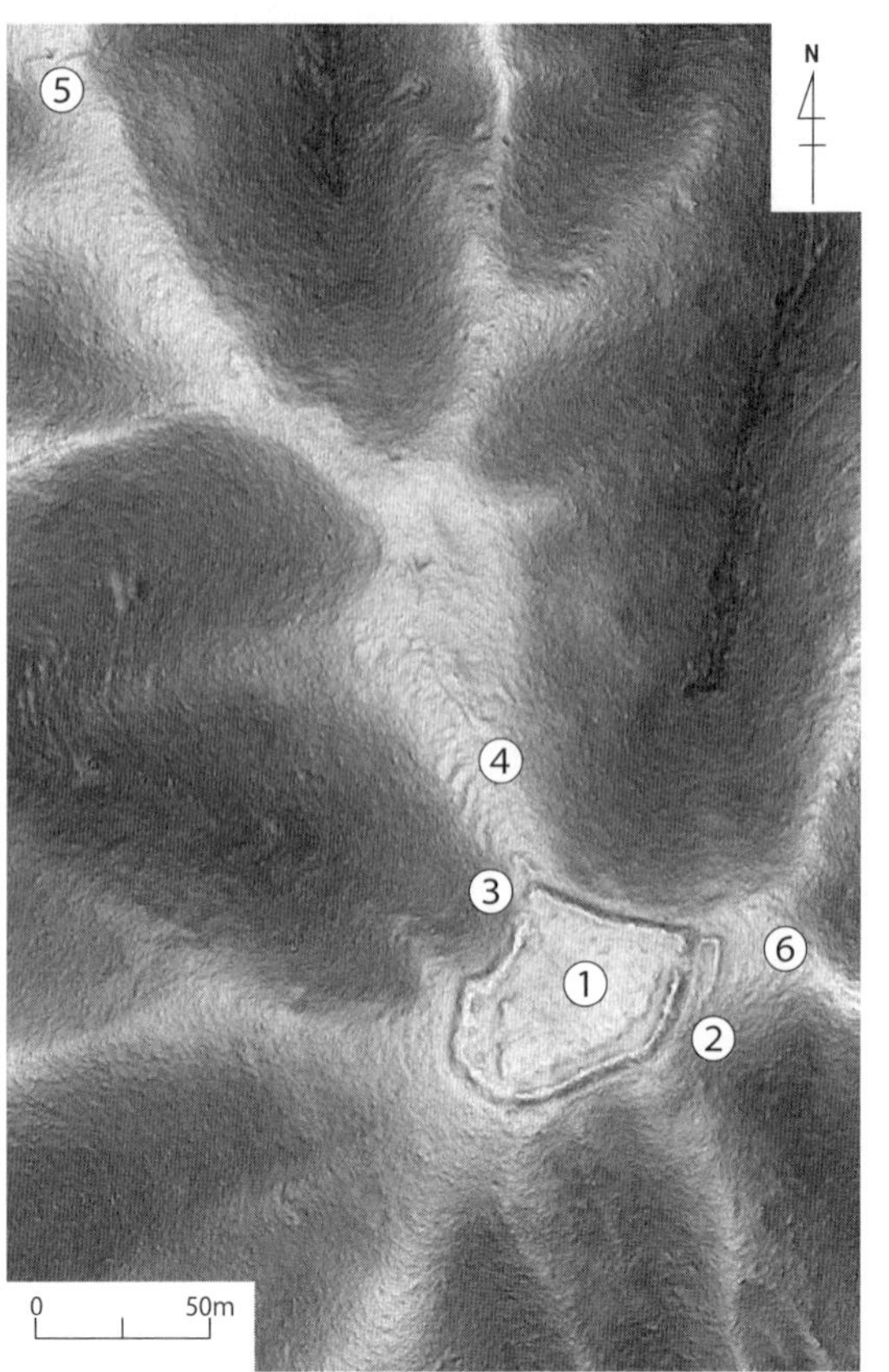

●—駈倉山城詳細地形測量図（美浜町教育委員会作図）

●—駈倉山城を西から望む

されること等、越前国側に対してより防禦を厚くしていることは明白である。

以上の点から、駈倉山城もまた、天正十年（一五八二）段階の対越前柴田勢への備えに改修されたと考える。なお、国吉城と中山の付城、駈倉山城は東西にほぼ直線上に並ぶ立地にあり、互いに見通しが利いて連携した軍事行動が取りやすい。若狭国へ侵攻する朝倉勢にしても、越前柴田勢を警戒する若狭衆にしても、この東西を見通すライン上の尾根を抑えることは戦略上重要であったからこそ、陣城群が築かれたのであろう。

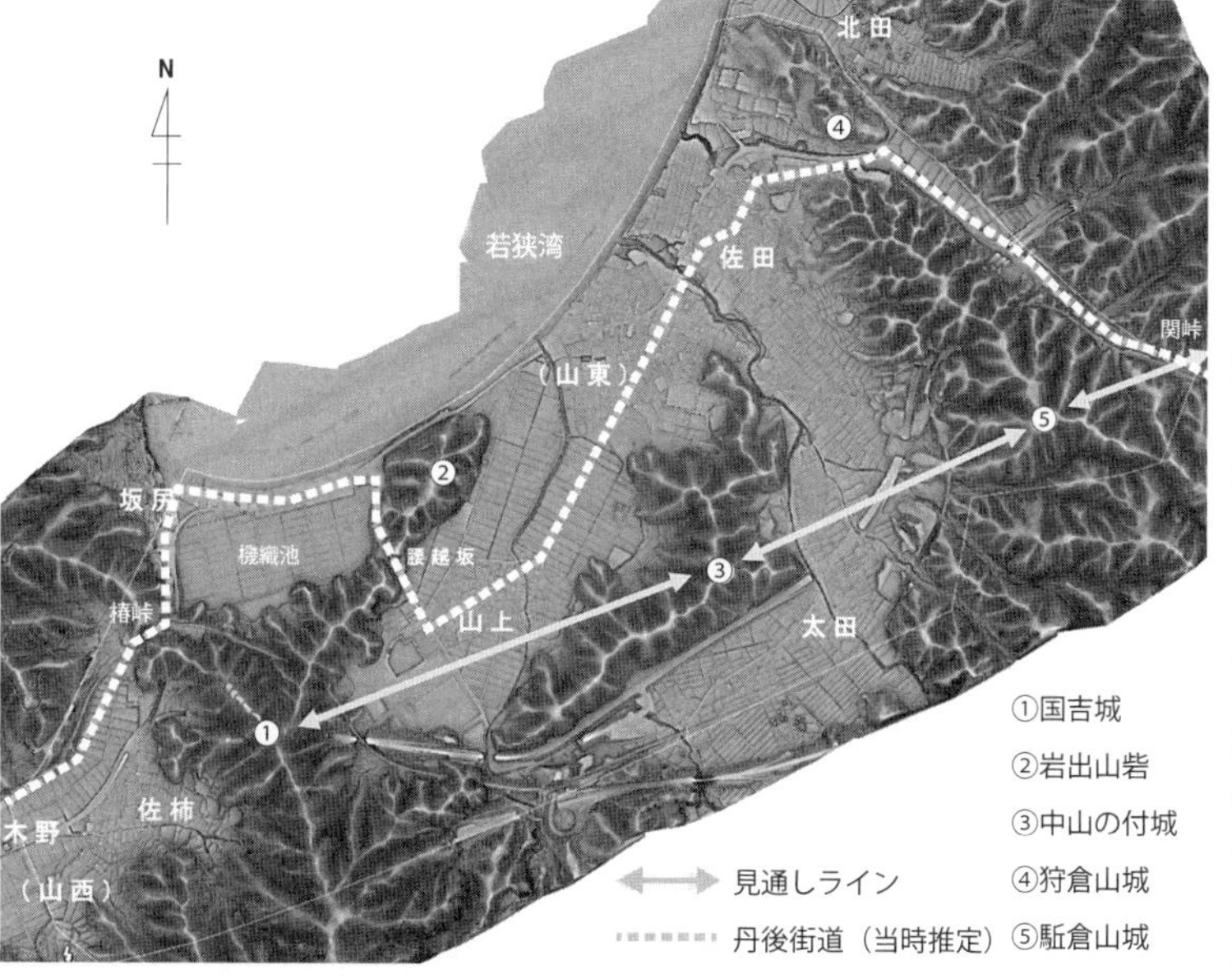

●―国吉籠城戦関連城砦群位置図（美浜町教育委員会作図に加筆）

●―主郭東面土塁

【参考文献】大森宏『戦国の若狭―人と城―』（一九九六）、中内雅憲「越前朝倉氏の国吉城に対する陣城に関する一考察」『敦賀市立博物館紀要　第一三号』（一九九八）、『平成三十年度春季トピックス展　あなたの近くに城はある総集編図録Ⅰ』（若狭国吉城歴史資料館、二〇一八）、佐伯哲也『朝倉氏の城郭と合戦』図説日本の城郭シリーズ⑮（戎光祥出版、二〇二一）、中井均『戦国期城館と西国』城郭研究叢書四（高志書院、二〇二一）

（大野康弘）

●石垣と二つの外枡形状虎口をもつ城

堂谷山城（どうたにやまじょう）

〈所在地〉若狭町気山
〈比　高〉一三〇メートル
〈分　類〉山城
〈年　代〉一六世紀
〈城　主〉不詳（朝倉氏?、丹羽氏?、熊谷氏?）
〈交通アクセス〉ＪＲ小浜線「三方駅」下車、北に向かって徒歩約二〇分で山麓着。または、舞鶴若狭自動車道「若狭三方ＩＣ」から車で五分。

【歴　史】　江戸期の地誌である『若狭国志』では、城主を不詳とする。大森宏は、構造からみて天正十年（一五八二）の本能寺の変後、若狭国を領した丹羽長秀（にわながひで）による築城を推定する。盛永耕三は天正元年以前に朝倉氏によって築かれ、後に丹羽長秀あるいは当地付近を支配していた熊谷氏による改修を考えている。

【城の構造】　堂谷山城は三方五湖（みかたごこ）のうち、三方湖（みかたこ）・菅湖（すがこ）を西に臨む山上に築かれている。東側は雲谷山（くもたにやま）から続く山並みが迫り、合間にＪＲ小浜線・丹後（たんご）街道（国道二七号）が南北方向に伸びている。

頂部にある主郭Ⅰは方形を呈し、周囲に幅の広い土塁（どるい）を巡らしている。注目されるのは、土塁のあちこちに石垣が崩れた状態が認められる点である。元は土塁の外法（そとのり）も内法（うちのり）も石垣であったとみられる。外法では二段もしくは三段に分けて石垣を積んでいるところもある。土塁は高いところでも、二ﾒｰﾄﾙほどで、扁平状である。あえて二・三段に分けて石垣を積むほどの高さではない。土塁が先行して存在していて、後付けで石垣を設けているため、こうした造りになっているのではないか。

【主郭Ⅰ周り】　主郭Ⅰ周りには石垣に用いられた石が転がり、一点ながら石仏も確認できる。石仏は、石垣に用いるために山麓から運び込まれた可能性がある（転用石材）。一方、主郭Ⅰの土塁上には今も山の神が祀られている。廃城後に一帯は信仰の場となり、石仏が持ち込まれている可能性もあるだろう。

主郭Ⅰの虎口は南側にあり、わずかに片側の土塁が前方に突き出す。主郭Ⅰを囲むⅡ郭は城内でもっとも広い曲輪であるが、北側では主郭Ⅰとの間が帯曲輪状になって狭くなる。

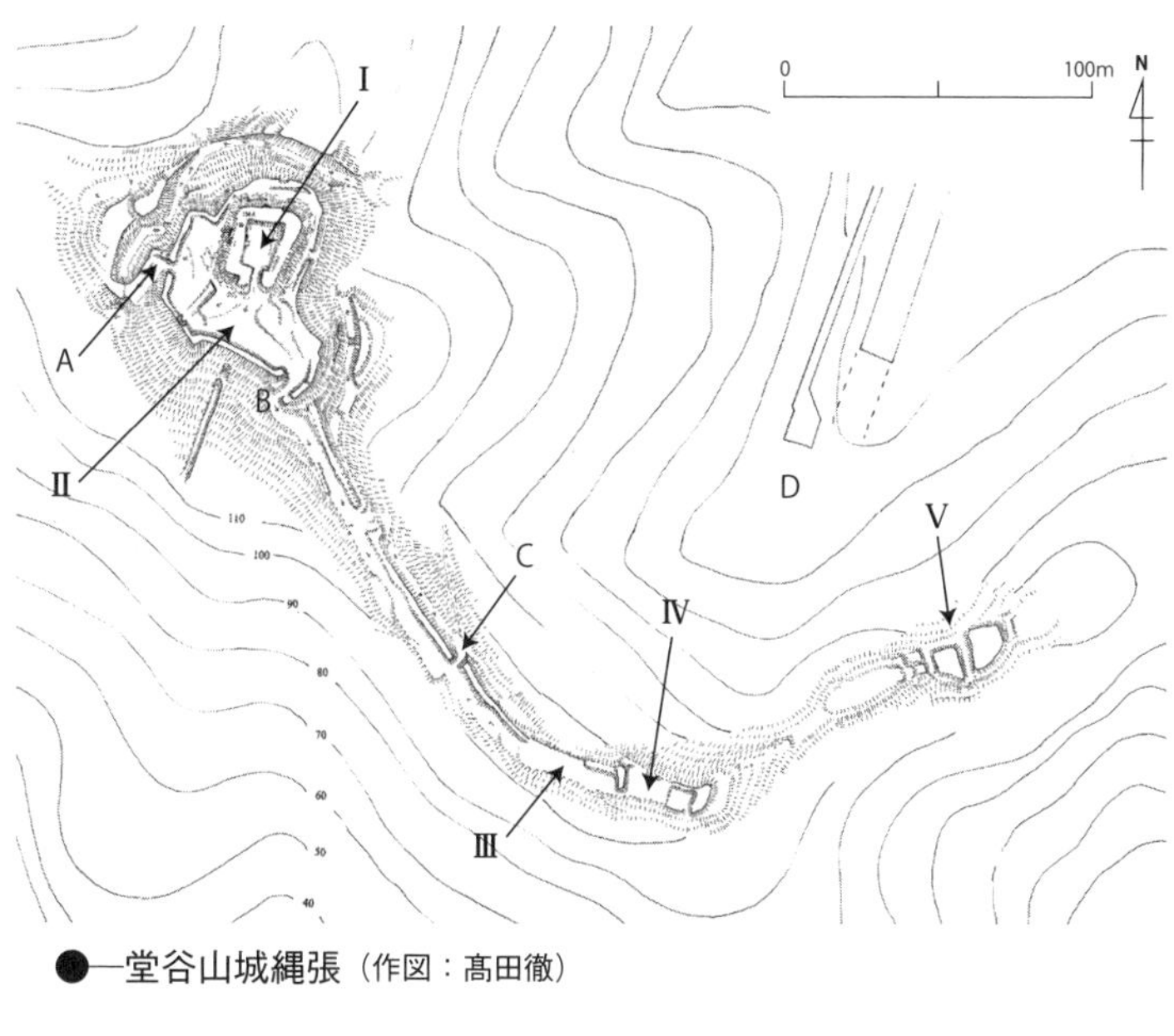

●—堂谷山城縄張（作図：髙田徹）

平坦な部分は少ないが、周囲には高さが一メートルに満たない低い土塁を巡らしている。

【Ⅱ郭】　Ⅱ郭の虎口は、西端のAと南端のBである。虎口Aは、門が想定される土塁開口部の前面にL字形の土塁を張り出させた外枡形状の虎口である。ここから法面を斜めに下り、およそ九〇度折れて土橋を渡らせる造りとなる。

大手とも言えそうな堂々たる造りであるが、土橋から先がどこに繋がっていたのか明瞭ではない。そのまま西へ下ると三方湖畔に出るが、往時は湖が日本海と直接つながっていなかった（江戸期になって水路でつながるようになる）。船で湖水を渡るとしても、湖のどこかで上陸を必要とする。三方湖側ではないとすれば、東側の谷筋から山麓に下る通路があったのだろうか。この点、はっきりしない。

南端の虎口Bも外枡形状となるが、こちらは片側の土塁が大きく前面に張り出した箇所に門が想定できる。門の想定位置からほぼ直角に折れて、細尾根上を下っていく。通路のすぐ東側には、竪土塁が並んで伸びる。通路部分を平坦にするため掘りくぼめた結果、片側が土塁状になったようにもみえる。ただし、この竪土塁の先端にあたるCは、向かい合う土塁と対になり、喰違い虎口を構成する。喰違い虎口が開く先は、北東に広がる谷部である。山上と山麓を結ぶ道は複数存

●—竪土塁の先端部C（手前が喰違い虎口）

●—堂谷山城Ⅱ郭西側の堀切

在したとみられるが、北東の山麓側とつながる通路の存在は確実である。

ちなみにこの谷の奥、高速道路の側面に伸びた舗装道路の終点D付近からが、もっとも城跡に登りやすい（途中に獣除けの柵がある。開けた後は確実に閉めること）。

【Ⅲ・Ⅳ・Ⅴ郭】 Cの東側に続く土塁の先には、Ⅲ・Ⅳ郭がある。いずれも先端に土塁をL字状に設けている。

Ⅳ郭から東側に続く尾根上は、しばらく自然地形が続く。西から二つ目にあたる鞍部Ⅴには、深さ一メートル前後の堀切（ほりきり）が三本並ぶ。堀切の間には、小曲輪が設けられる。

奥まった位置にある主郭Ⅰに比べ、Ⅲ・Ⅳ・Ⅴ郭は丹後街道を直下に見下ろせる位置にある。街道を監視し、押さえるためにはこの位置に曲輪を構えることが求められたのだろう。

ふたたび主郭側に戻ると、Ⅱ郭の西・北・東側には派生する尾根を断ち切る堀切が設けられている。やや長さを有する堀切であるから、横堀とみなすこともできる。北側と西側の堀は共に端部が竪堀となり、Ⅱ郭の北西裾部で合流する。堀底からⅡ郭までは八〜一〇メートル前後の比高差があり、登攀（とうはん）するのは困難である。

Ⅱ郭の塁線は、直角・鈍角状に折れた箇所を有するが、いずれも横矢（よこや）掛かりを意識したものではない。地形に対応させたものと考えられるが、それでも明確な折りを造り出している。Ⅱ郭の北側半分は、主郭Ⅰの広がりに対応させた感がある。虎口についても対称状に配置し、互いが向かい合う位置に設けている。このため主郭Ⅰ内部を通過することなく、東南の虎口から西の虎口へスムースな移動ができるようになっている。

こうした点から、主郭ⅠやⅡ郭が場当たり的ではなく、計画性や規範性をもって築かれていることが窺われる。

【他の城との共通点】　扁平状の土塁によって主郭を方形に囲む類例は、小谷城（滋賀県長浜市）の大嶽（おおづく）や、中島砦（同前）、越前の朝倉氏によって築かれた城郭に共通する。Ⅱ郭の外枡形状虎口は、中山の付城（つけじろ）（福井県美浜町）や駆倉山城（同前）等の、これも朝倉氏に関係する城郭にみることができる。

縄張上の共通性から、堂谷山城は朝倉氏によって築かれた可能性が高いであろう。丹後街道を抑え、小浜方面に進出する拠点として築かれたのではないだろうか。

●—堂谷山城主郭Ⅰ虎口脇の石垣

主郭Ⅰの土塁に設けられた石垣は、かなり多くの石を用いている。山上では見当たらない種類の石も散見されるので、他所からも持ち運んできていると考えられる。構造的に考えると土塁が先行し、後に石垣が設けられたとみられる。ただ個々の石垣の高さは低く、土塁に貼り付けたように石を積んだところもある。このような石垣であるから、織豊系城郭、織豊大名に限定した理解に止めるべきではあるまい。近隣では能登野城（若狭町）にも石垣が用いられていた形跡がある。

主郭Ⅰをはじめとする曲輪の規模から、各虎口から推測される通路部分を差し引くと、建物が建つ範囲はかなり狭くなる。恒常的に維持されていた城郭と言うより、臨時的な陣城（じんじろ）に近い使われ方がなされていたと考えられる。

Ⅱ郭の虎口近くから伸びる竪土塁、その延長の土塁は、類例が織豊系城郭の陣城に認められるものである（鳥取市の太閤ヶ平陣城群など）。ただし堂谷山城では出曲輪との連結に止まり、一定範囲を囲い込むには至らない。また尾根上の片側のみに伸びており、もう片側に対になる土塁がみられない。先述のように土塁よりも通路構築を重視していた状況が見受けられる。若狭国内では特徴的な城郭遺構と言えるが、織豊大名との関りについては慎重に評価すべきであろう。

【参考文献】　大森宏『戦国の若狭—人と城—』（大森睦子、一九九六）、盛永耕三「若狭堂谷山城の立地についての一考察」『中世城郭研究』三〇（二〇一六）、高橋成計『織豊系陣城事典』（戎光祥出版、二〇一七）

（髙田　徹）

●三方五湖を見下ろす熊谷氏の居城

大倉見城（おおぐらみじょう）

〔所在地〕若狭町井崎・東黒田
〔比　高〕二六〇メートル
〔分　類〕山城
〔年　代〕一五～一六世紀
〔城　主〕熊谷氏
〔交通アクセス〕JR小浜線「十村」駅下車、北に向かって徒歩約五分で山麓着。または、舞鶴若狭自動車道「若狭上中IC」から車で五分。

【城の歴史】　永享十二年（一四四〇）以降、若狭守護武田氏に従って三方郡に入部した熊谷氏の居城であると伝わる。『国吉城籠城記（ろうじょうき）』によれば永禄十一年（一五六八）に越前の朝倉氏の攻撃を受けたが、守りを固めて撃退したと記す。

熊谷氏最後の当主とされる直之（なおゆき）は、織田信長・丹羽長秀（にわながひで）、次いで豊臣秀吉に仕えている。後に若狭を離れ、豊臣秀次（ひでつぐ）の重臣となった。文禄四年（一五九五）、秀次の切腹に先立ち自刃したとされる。

【城の構造】　JR十村（とむら）駅の北側約二〇〇メートルの尾根先端に上り口がある。案内板が建てられているので登り口はわかりやすい。獣除けの柵のゲートを開け、登山道を約四〇分上ると主郭Iに到達する。登山道は距離こそ長いが、傾斜はさほどきつくない。道幅も広く、歩きやすい。

なお登り口近くの尾根先端には井崎（いざき）砦がある。しっかりとした曲輪はみられないが、南北にそれぞれ堀切（ほりきり）を設けている。砦跡の表示はないが、注意して歩けば登山道脇に堀切を見上げることができるであろう。

標高二七〇メートルの山上に位置する大倉見城の主郭Iは、休憩施設やトイレ等が設置され、公園化されている。端部の曲輪を除けば、遺構は見やすく、歩きやすい。主郭Iからは北東方向に三方五湖（みかたごこ）、さらに日本海を望むことができる。北から北西方向にかけては高所が続くため、あまり眺望が効かない。東側から南側にかけては、旧三方町域の平野部を一望できる。平野部の東端、山際には丹後街道（国道二七号）が南北に伸びている。

主郭Ⅰは、虎口の位置や構造が不明瞭である。公園化にともなって改変された可能性もあるが、元々はっきりしなかったと考えることもできる。南西隅の三角点が建つ付近は周囲よりも高くなっており、櫓台の痕跡と考えられる。

主郭Ⅰ東側には、城内でももっとも広い曲輪となるⅡ郭がある。主たる建物が建っていたとすれば、Ⅱ郭が有力候補となる。その北側は一段低くなり、通路状となっている。

Ⅱ郭の東には、四～五段程度の段差で分けられた曲輪群Ⅲが続く。曲輪群Ⅲから東へ尾根を下っていくと、尾根続きを遮断する堀切Aがある。堀切Aの西端は小規模な障壁（小さな土塁）によって塞いでいるが、障壁の北側には長く竪堀が伸びる。この竪堀の西側には、やや間隔を開けてもう一本長い竪堀が設けられている。後者の竪堀の西側には曲輪群Ⅳ、二本の竪堀に挟まれた裾部には曲輪群Ⅴがある。いずれも長さにばらつきはあるが、幅はおよそ四～八メートル前後で、相互を二～三メートル前後の段差で区画する。ひな壇状を呈する曲輪群である。

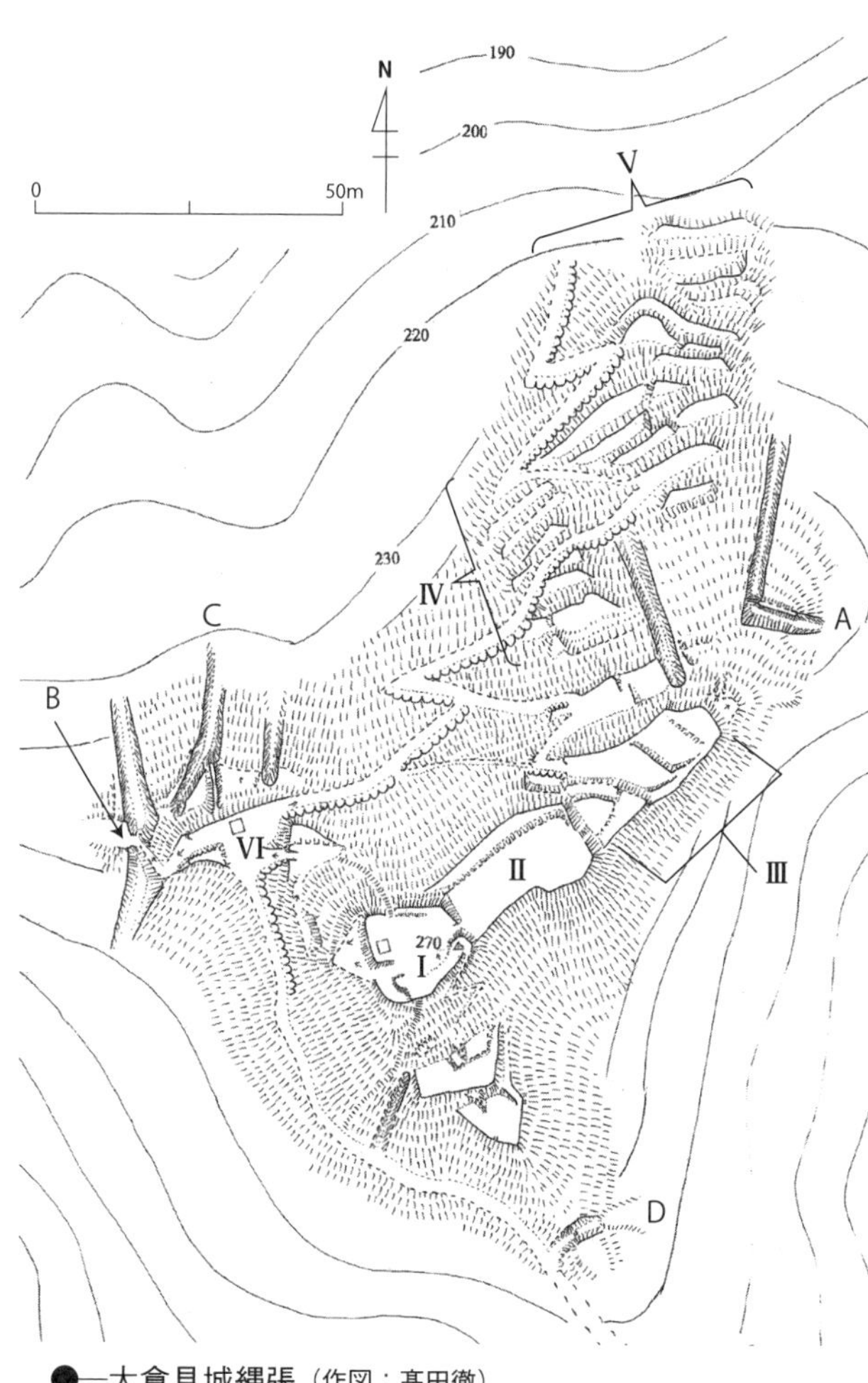

●—大倉見城縄張（作図：高田徹）

現状はジグザクに上がってくる林道が横切っているものの、虎口はおろかそれぞれをつなぐ通路も明瞭ではない。これら曲輪群に続く斜面は自然地形となっている。

竪堀との関連性が考えられるの

●―大倉見城主郭Ⅰ（西側から）

で、明らかな城郭遺構とみなすことができる。林業にともなう造成等とは考え難い。若狭国内では高浜町の砕導山城に類似した、ひな壇状の曲輪群が認められる。その性格ははっきりしないが、竪堀と一体になった遮断施設、駐屯地・仮小屋的な施設が営まれた曲輪等が想定できよう。あるいは、永禄十一年の朝倉氏が来襲した折に地侍層らが籠った場所なのかもしれない。ただし北向きのあまり日の当たらない場所であるから、居住するには不向きであっただろう。

【主郭北西方向の遺構】 ここで方向を転じて主郭Ⅰ北西方向の遺構をみる。現在トイレが建つⅥ郭は、改変が著しい。西端には土塁残欠があり、かつては西側尾根続きを遮断していたと考えられる。土塁残欠の直下には、端部が竪堀となった堀切Bを設けている。堀切Bを渡る土橋は明らかに後世の破壊道である。堀切の内側、北側斜面には間隔をあけて二本の竪堀が設けられている。このうち西側の竪堀Cは堀切B近くから始まり、緩やかに湾曲しつつ、下降している。近接して土塁が設けられており、西側尾根続きからの侵入に備えていたと考えられる。西側には尾根が長く伸び、さらに高所が続くため、選地面で最大の弱点となる場所である。そのため付近の遮断性は強く意識されているのである。結果として、この城でもっとも見ごたえある遺構となっている。

これに比べると主郭南側に伸びる尾根上、つまり現在の登山道側は、それほど強く遮断を意識していない。二段の曲輪を設けた上で、曲輪から離れた位置に堀切Dを一本設けるのみである。

【探訪にあたって】 現在は先述のとおり井崎側からの登山道がつくが、あまりに山麓との距離が長すぎる。当時は西側直下の東黒田、あるいは北側の佐古側から直接上ってくるのが主要道（いわゆる大手）であったと考えられる。

城域は東西約一二〇メートル、南北一七〇メートルにおよぶが、曲輪としての広がりは主郭とその東側に続く曲輪にほぼ限定される。曲輪の面積だけで言えば、それほど広い城郭であったとは言えない。

後の破壊を差し引いても、虎口や曲輪どうしを結ぶ通路ははっきりしない。比高が高い分、過度な防御を求めなかったのかもしれないが、古い時期の遺構を止める可能性もあるだろう。近隣にあって朝倉氏の関与が考えられる堂谷山城の構造とは、大きく相違する。

ひな壇状の平坦地は、評価が難しいけれども、林業にともなう造成等とは考えにくい。すぐに結論を出すことはできないが、例えば遺物が散布しているようならば、その使用階層、遺物自体の使用のありかた等を通じてヒントが得られるかもしれない。

なお北東尾根続きには鞍部を介して標高二一〇メートルの頂部があり、大森宏によって「井崎山城砦群」と命名された遺構が広がる。間隔を開けて尾根上を区画した堀切や平坦地が認められる。ただし樹木が茂り、大倉見城との間には道らしき道がない。途中には断崖地形もあり、山も深いので探訪する際にはくれぐれも注意されたい。

●—Ⅳ郭から堀切Ｂを見る

●—大倉見城　堀切Ａに続く竪堀

【参考文献】大森宏『戦国の若狭—人と城—』（大森睦子、一九九六）、盛永耕三「若狭堂谷山城の立地についての一考察」『中世城郭研究』三〇（二〇一六）

（高田　徹）

●石垣で固めた枡形虎口

賀羅ヶ岳城

〔所在地〕小浜市太良庄
〔比　高〕二九〇メートル
〔分　類〕山城
〔年　代〕一五〜一六世紀末
〔城　主〕山県氏
〔交通アクセス〕ＪＲ小浜線「新平野駅」下車、タクシーにて六〇分、徒歩九〇分。

【素晴らしい眺望】　賀羅ヶ岳城は、宮川保と太良荘を分ける尾根上に位置する。特に太良庄側の眺望は素晴らしく、太良荘を支配するには絶好の選地と言えよう。

守護武田氏の有力被官山県氏の居城として知られている。有力被官でありながら、山県氏は織田信長の将来性と越前進攻を予測し、武田氏を見限る。すなわち永禄十二年（一五六九）一月京都で蜂起した三好三人衆と織田信長との戦いで、若狭衆山県源内・宇野弥七が織田方として戦っている（『信長公記』）。この戦いで源内と弥七は戦死してしまうが、信長越前進攻以前から若狭衆が信長と結びついていたことが判明する。これも守護武田氏が有名無実化していたことを物語っていよう。

【文化人山県秀政】　山県氏最後の当主・下野守秀政は文化面でも活躍しており、永禄十二年六月若狭を訪れた里村紹巴は、「山縣野州（秀政）六日ニめされて、垣屋と云かたハラの他力堂」にて酒宴を張り、秀政から持て成しを受けている。さらに紹巴が後瀬山城を出立し、舟で和田（高浜町）へ向かう時も、秀政が「山かた野州山上（後瀬山城のことと推察される）より見付けられ、樽のねふりをおとろかし給へり」と後瀬山城から樽を鳴らして見送っている（『里村紹巴天橋立紀行』）。守護武田氏そのものが文化人だったため、被官である山県氏も文化的教養が高く、秀政が紹巴を供応接待したのであろう。

【織豊政権武将として活躍】　山県秀政が信長方に付いた結

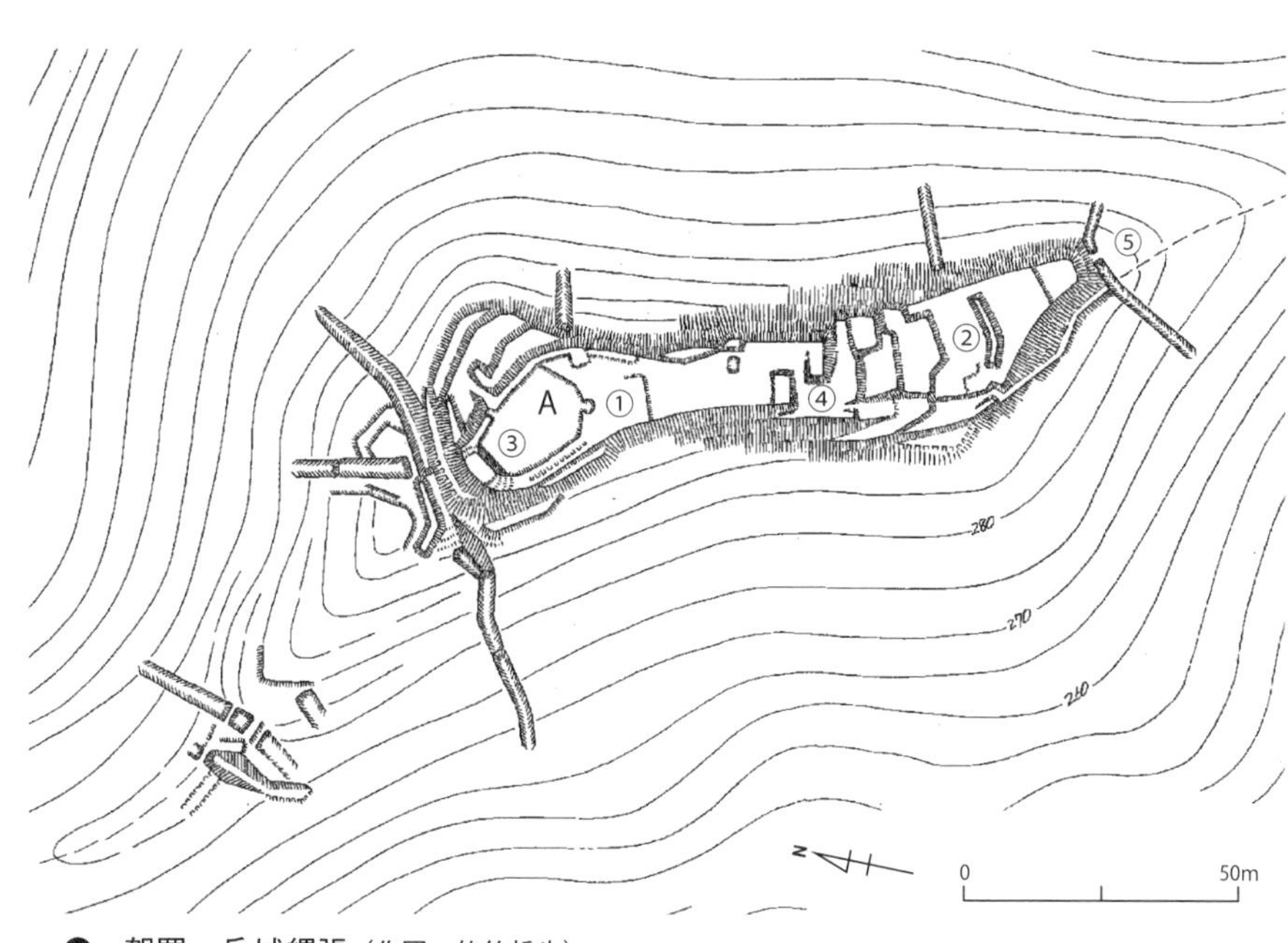

●—賀羅ヶ岳城縄張（作図：佐伯哲也）

果、元亀元年（一五七〇）十月二十二日、反信長方の武田信方等からの攻撃を受ける。『言継卿記』によれば、「若狭武田五郎・武藤・粟屋右京亮等敵ニ成、ガラガラ城（山縣孫三郎持之）責落」とあり、武田信方・武藤友益・粟屋右京亮がガラガラ城（賀羅ヶ岳城の別名）を攻め落としている。この時の賀羅ヶ岳城には山県孫三郎が籠城しているが、この孫三郎なる人物はよくわからない。しかし、二ヵ月後の十二月には早くも秀政が長源寺に制札を下している（長源寺文書）ことから損害は軽微だったと考えられ、あるいは落城は誤報だったかもしれない。

ちなみに粟屋右京亮は、かつて若狭粟屋一族の惣領家だった粟屋元隆の後裔と考えられるが、この頃の粟屋惣領家は、織田方で国吉城主の粟屋勝久に移っていた。右京亮は惣領家の地位を奪還すべく反織田方として行動したのであろう。しかし、反織田方として成功するはずがなく、武藤友益と共に没落する。『信長公記』によれば、天正九年（一五八一）四月、「武藤上野（友益）跡・粟屋右京亮跡三千石、武田孫八郎へ遣はさる」と友益と右京亮の領地が旧若狭守護武田元明に宛行われている。

秀政は天正元年丹羽長秀若狭一国拝領後もそのまま賀羅ヶ岳城に在城し、遠敷郡の一部を支配していたと考えられ、

●—内枡形虎口④石垣
かつては総石垣造りだったと考えられる

●—櫓台③の石垣
城内側のみに石垣を使用する

天正元年（一五七三）遠敷郡谷田寺に、天正八年（一五八〇）同郡妙楽寺に書状を下している。そのためには織田政権に忠誠を誓わねばならず、天正三年信長の越前進攻や天正六年播磨神吉城攻めに従軍している。

賤ヶ嶽合戦を目前に控えた天正十年十月、長秀は若狭の国衆等に居城の普請を命じている（山庄家文書）。その中に秀政の名も見えることから、賀羅ヶ岳城に在城していたのであろう。ちなみに同書状の中で「山県源三郎父子」の名も見える。河村照一は『若狭武田氏と家臣団』の中で、秀政の子・孫ではないかと推定しておられる。

賀羅ヶ岳城は天正十二年長秀によって破却されたとされている。しかし長秀は越前に転封していることから、破却が事実であれば、当時遠敷郡の大半は豊臣家直轄領だったので、豊臣政権によって破却されたと考えられよう。

【城跡へのアプローチ】城跡に登る遊歩道等はまったくない。案内板や説明板も一切設置されていない。目的地まで一時間強のヤブ漕ぎを強いられることになる。

【縄張の概要】主郭はA曲輪で、周囲に塁線土塁をめぐらしている。筆者が訪城したとき、丁度Aの部分に水が溜まり、山頂の沼のような様相を呈していた。訪城が渇水期の二月だったということもあるが、山頂が湧水地点だということを実見することができた。ちなみに井戸は①で、真夏も湧水していることが知られている。

城域の南端近くに一文字土塁②が残る。両端に開口部があり、防御上あまり役に立ちそうにない。北側の尾根続きには、多数の堀切・竪堀を設ける。堀切によって尾根続きを遮断するというよりも、竪堀・土塁も併用して寄せ手の足場を徹底的に潰すという感じである。これに対して南側の尾根続きは、両竪堀⑤による一重の遮断線しか設けていない。さらに枡形虎口④は南側に開口している。この構造から大手道は、南側の尾根続きに存在していたことが判明する。

【注目したい櫓台と枡形虎口】 賀羅ヶ岳城でもっとも注目したいのが、櫓台③と枡形虎口④である。両方とも石垣で固めている。現在石垣は、この二ヵ所でしか確認できず、したがって城内でもっとも重要な施設、もっとも象徴的な施設のみに石垣を導入していることが判明する。この両施設の存在により、賀羅ヶ岳城は、天正年間に改修されたことが推定できる。

●—主郭北側堀切　尾根続きを遮断する

櫓台③は城内側のみに石垣を設けており、実用的というよりも、登城してきた武士等に「見せる」という視覚的効果に重点を置いた用法と言える。

枡形虎口④は、登城してきた武士達が内側も見るため、内外を石垣で固めている。しかも不必要なほどの大石を用いているため、こちらも視覚的効果を狙った用法にもなっている。石垣で固めた枡形虎口ということで、戦国末期の構築を強調することはできるが、間詰め石や裏込石は不十分で、非常に稚拙な積み方となっている。天正十年まで在城が確認できる秀政が、櫓台・枡形虎口・石垣の構築者とするのが妥当であろう。

【まとめ】 賀羅ヶ岳城に残る遺構（櫓台・枡形虎口・石垣）は、若狭国人衆がハイレベルの築城技術を保有していたことを物語ってくれる。永禄末年から若狭衆が織田方だったことも見逃せない。山県氏の城と伝えられる聖嶽城（小浜市）の内枡形虎口にも石垣を用いており、山県氏が石垣を積極的に導入していたことには驚かされる。在地領主・織豊政権の改修の区別を再考する上で、賀羅ヶ岳城は重要な城郭と言えよう。

【参考文献】 大森宏『戦国の若狭　人と城』（一九九六）、『福井県史通史編三』（福井県、一九九四）、河村照一『若狭武田氏と家臣団』（戎光祥出版、二〇二〇）

（佐伯哲也）

●万葉集に謳われた名山に聳える山城

後瀬山城（のちせやまじょう）

〔国史跡〕

【若狭国守護武田氏の居城】　後瀬山城は、大永二年（一五二二）に若狭国守護武田元光が築城したといわれる。それまでの守護館は、近世小浜城が築城された北川河口部北側の西津の平地居館であったと思われる。しかし、当時の若狭武田氏は内憂外患、応仁・文明の乱以降、隣国丹後の一色氏との争いや、有力家臣である逸見氏や粟屋氏の叛乱など、度々の戦乱に疲弊し、元光が家督を継承した頃にはその支配も不安定な状態にあった。中世日本海側の主要湊として繁栄した小浜湊と湊町の安定支配と丹後国や国内の争乱への備えとして、西津から湊町の南方に聳え、丹後街道を足下に睨む後瀬山に拠点を移したと考えられる。

若狭武田氏は、以降は後瀬山城を本城として、元光、

〔所在地〕小浜市伏原、男山、大宮、浅間
〔比　高〕約一五五メートル
〔分　類〕山城
〔年　代〕一六世紀前半～末
〔城　主〕武田氏、丹羽氏、浅野氏、木下氏、京極氏
〔交通アクセス〕JR小浜線「小浜駅」下車、西へ徒歩一〇分。登山道を約三〇分登坂で城跡。

信豊、義統、元明と代を重ねたが、永禄十一年（一五六八）、越前朝倉氏が元明を一乗谷に連れ帰ってしまう。天正元年（一五七三）、織田信長が朝倉氏を滅ぼすと、元明は一乗谷から戻るものの、再び若狭国守護として後瀬山城に入る事は許されずに神宮寺に逼塞し、若狭国支配と後瀬山城は織田家重臣の丹羽長秀に委ねられ、以降も若狭国主の居城として機能した。

関ヶ原の合戦後に若狭国主となった京極高次は、慶長六年（一六〇一）より小浜城の築城を始め、廃城となった。

【後瀬山上の遺構】　後瀬山は、小浜湾を北に望む標高一六八・五メートル程の山であるが、小浜湾から望む山容は秀麗で、古くは『万葉集』の坂上大嬢と大伴家持の贈答歌をはじ

め、多くの歌人に後瀬山を題材にした歌が詠まれ、その名は古くから知られてきた。

後瀬山頂上部に三段の主郭（本丸）を配し、北方に下る主要尾根筋に段々状に曲輪を配置する連郭式（れんかくしき）縄張を呈する。

稜線上の曲輪は、尾根頂上部の主郭と、その下段で複数の曲輪で構成される中腹曲輪群、稜線北方で分岐して八幡神社側に下る尾根筋の小曲輪群と三群のまとまりがあり、間は堀切（ほりきり）で区切られる。

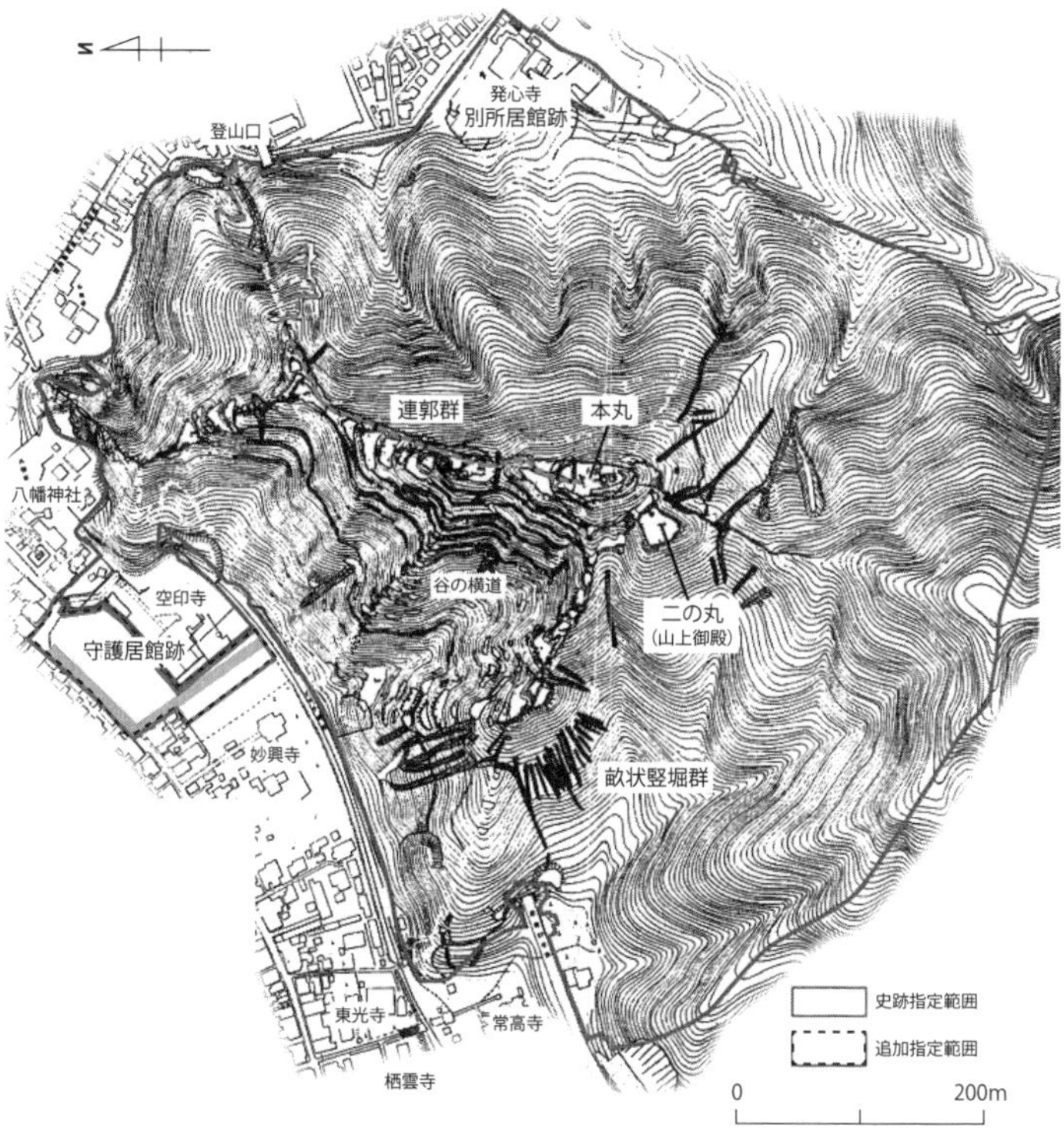

●—後瀬山城地形測量図（小浜市教育委員会作図）

●—小浜湾から後瀬山城を望む

●—主郭上段に鎮座する愛宕神社

●—石垣造りの主郭上段および中段を北から望む

主郭は三段からなり、上段は最後の城主である京極高次の正室、常高院（じょうこういん）が創建した愛宕（あたご）神社の境内となっており、社殿西側を保護するように石垣が取り巻く。ただし、この石垣は愛宕神社創建時（一六一五）に主郭石垣の残石を用いて築かれたものとされる。上段および中段の中心に石段が通り、その両際面をはじめとする曲輪外周には石垣痕跡が確認できる。一部には「鏡石（かがみいし）」とみられる巨石が配され、築石および隅部は大型の自然石を用いる。石段は愛宕神社創建時のものとみられるが、石垣は後瀬山城段階の遺構で丹羽氏以降の築造であろう。山上部の石垣は、この主郭の上二段に限られる。

主郭の南方は、尾根筋と堀切（ほりきり）や竪堀（たてぼり）で分断するほか、下方に独立したやや方形の曲輪があり、南面に土塁（どるい）を廻らして主郭背後を守る。郭内では、昭和六十二年度（一九八七）に実施された発掘調査で礎石建物の存在が確認され、山上御殿の存在が明らかとなった。玄関遺構と考えられる石敷遺構をともない、出土した丸瓦はコビキBの特徴を持つ。土塁に連続する形で、内面を石積みにより化粧された盛土造成の築山遺構も確認された。なお、礎石建物の出土状況や敷地と土塁の盛土状況から、曲輪は二時期に渡り造成された事も明らかとなった。

主要尾根筋から西方に派生する稜線上にも曲輪群が連続し、先端の北斜面には畝状（うねじょう）竪堀群が展開する。主要尾根筋の北斜面の小さい尾根筋にも小曲輪が連続し、北斜面の谷間を横断する横道がみられる。

【後瀬山麓の守護館】 後瀬山の北麓には、守護館が所在する。武田元光は、後瀬山北麓の日蓮宗長源寺を移転させ、守護館としたとされる。守護館～若狭国主居館期をへて、江戸時代には小浜藩主酒井氏の菩提寺である空印寺が置かれた。現在も広大な寺域を誇り、酒井氏歴代の墓も残る。一部に館土塁の痕跡も認められる。近年まで隣接して小浜小学校が所在していた。

●—守護館跡にある整備イメージ図

平成十八年（二〇〇六）度から七次に渡る発掘調査が実施され、その結果、守護館西側と北側を区画する堀跡や石垣、掘立柱建物、礎石建物、土蔵状遺構等が確認された。館の規模は、上底約一〇〇メートル、下底約一四〇メートルの台形状を呈し、南北約一三〇メートルを測る。共伴する遺物の年代等から、およそ先述の歴史に合致する守護館の変遷が明らかとなった。現在、遺構は埋め戻され、広大な空地と説明板がその痕跡を示している。

【史跡指定と今後の整備】 昭和六十三年（一九八三）に小浜市の史跡に、平成九年（一九九七）に国の史跡に指定された。続いて『史跡後瀬山城跡保存管理計画』が策定され、同十二年に『史跡後瀬山城跡環境整備基本計画Ⅰ』を定めた。同計画に基づき、同十四～十七年度に鉄道の枕木を使った登山道や総合案内板、ベンチ、遺構説明看板の整備が行われた。

小浜小学校の移転後、守護館跡の発掘調査を経て、同二十八年に守護館跡が追加指定され、令和三年（二〇二一）に『史跡後瀬山城跡整備基本計画』が策定された。本計画では、今後の後瀬山城全域の保存活用、整備方針が示されており、長期展望での整備に期待も高まる。将来は、若狭国を代表する山城としてさらに評価を高めるだろう。

【参考文献】小浜市教育委員会『後瀬山城—若狭武田氏居城の調査—』（一九八九）、大森宏『戦国の若狭—人と城—』（一九九六）、小浜市教育委員会『若狭武田氏館跡関連遺跡発掘調査報告書』（二〇一四）、小浜市教育委員会『史跡後瀬山城跡整備基本計画』（二〇二一）、小浜市教育委員会『史跡後瀬山城跡—若狭守護城館跡—パンフレット』

（大野康弘）

●武田氏ナンバー2の城

新保山城（しんぼやまじょう）

〔小浜市史跡〕

〔所在地〕小浜市新保
〔比　高〕二四〇メートル
〔分　類〕山城
〔年　代〕一五～一六世紀末
〔城　主〕粟屋氏・武田信方
〔交通アクセス〕ＪＲ小浜線「新平野駅」下車、タクシーにて三〇分、徒歩四〇分。

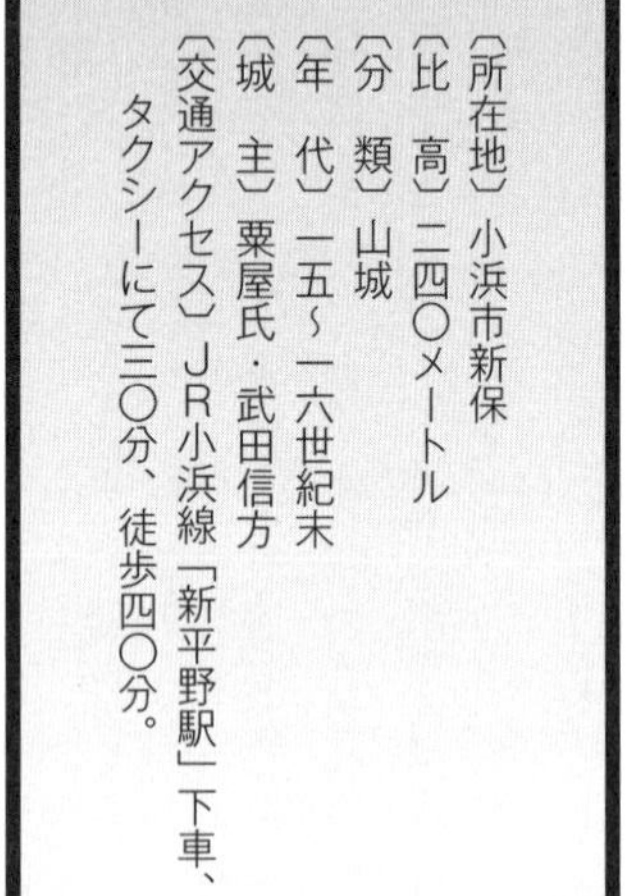

【若狭有数の穀倉地帯】 新保山城が位置する宮川保は室町幕府御料保として知られており、若狭有数の穀倉地帯だった。穀倉地帯の美田を見下ろす新保山山頂に位置する新保山城は、まさに宮川保を支配するために築城されたといえよう。

【守護武田氏一族の居城】 新保山城主としては、一六世紀前半頃に宮川保の代官を務めた守護武田家被官粟屋氏が認められる。しかし新保山城に現存する遺構は明らかに一六世紀後半であり、粟屋氏時代のものではない。

一六世紀中～後半に在城していたのは、守護一族である。六代守護信豊の弟・信高が天文十年（一五四一）頃から在城したと考えられる。信高の妻が幕臣細川藤孝の姉ということから、武田宗家の中でも重鎮だったと推定される。その信高が弘治二年（一五五六）三六歳の若さで死去すると、信豊は城主として子の彦五郎信方を送り込む。要衝新保山城の城主には、どうしても一族を置く必要があったのであろう。

武田宗家が衰退し守護として機能しなくなると、信方はその代行的な存在となり、若狭国衆の盟主として行動する。それは永禄九年（一五六六）熊谷統直起請文（大成寺文書）に「信方様江大小事共ニ得御意、聊以不可存疎略之事」とあることからも察せられる。

信方が守護家に対して反対的な行動を示していたことは、永禄十一年（一五六八）七月武田信方宛朝倉義景書状や、年未詳一色藤長宛朝倉義景書状からも察せられる。両書状とも義景が信方へ命じている内容の書状だが、本来ならば、義景が守護武田元明に命令し、そして元明が信方に命令するのだが、そこに当時の守護元明の存在はまったく述べられていない。元明は有名無実の存在だったのであり、信方が守護代行のような存在だったことが判明するのである。

【反織田方として行動】 ほぼ織田方として固まった若狭国衆だが、信方や武藤友益は数少ない反織田方として行動する。

叛骨的な態度を取り続けた信方を、元亀元年（一五七〇）六月織田信長は足利義昭近江高島郡動座（敬意を払って座席を離れること）を名目に、信方に参陣するよう要請している。信長は反対勢力を単に力攻めするのではなく、室町将軍の権威を利用して服従させようとしていたのである。

結果的に信方は参陣しなかったらしく、同年十月信方は若狭織田勢の代表格である山県秀政の賀羅ヶ岳城を攻め落とし、翌十一月には近江在陣中の朝倉義景に陣中見舞いを送っている。それは朝倉方に付いたことを意味しており、大半が織田方についた若狭国衆の中において、特異な存在だったといえよう。逆に朝倉氏から見れば、数少ない若狭国衆の同盟軍であり、元亀三年三月近江出陣にあたり朝倉奉行衆は信方にも「無御油断御用意肝要候」と出陣の用意をするよう要請している。

織田信長に抵抗しても長続きするはずがなく、まず石山城主武藤友益が脱落する。元亀三年十月十二日武田信方宛朝倉義景書状に「武藤逆心」とあるので、友益は織田方に寝返ったのであろう。それでも信方は同年十一月に近江大嶽城に在陣する義景に陣中見舞い品を届けている（元亀三年十一月二十五日武田信方宛朝倉義景書状）ので、孤立無援となっても信長に抵抗していたのである。

しかし天正元年（一五七三）八月に朝倉氏が滅亡しても信方が抵抗を続けたとは考えられず、遠からず没落したと考えられる。新保山城は天正十二年長秀によって破却されたとされているが、やはり廃城は天正元年頃としたい。

【城跡へのアプローチ】 城跡に登る遊歩道等はまったくない。案内板や説明板も一切設置されていない。目的地まで一時間弱のヤブ漕ぎを強いられることになる。地形図を読み取り、独力で山中を歩ける人のみに訪城をお勧めする。

【大規模な遺構】 整備はされていないが、それが却って幸いし、遺構の保存状態は良好で、大規模な山城を堪能することができる。主郭はA曲輪。それにB曲輪が接続している。A・B曲輪が山上の主要曲輪群で、前後は堀切①・②で遮断する。堀切の上幅は一六〜二〇メートルもある巨大なもので、若狭有数の有力国人の居城だったことを物語る。特に堀切①の大切岸は、ヤブ漕ぎしながら登ってきた苦労を解消してくれる

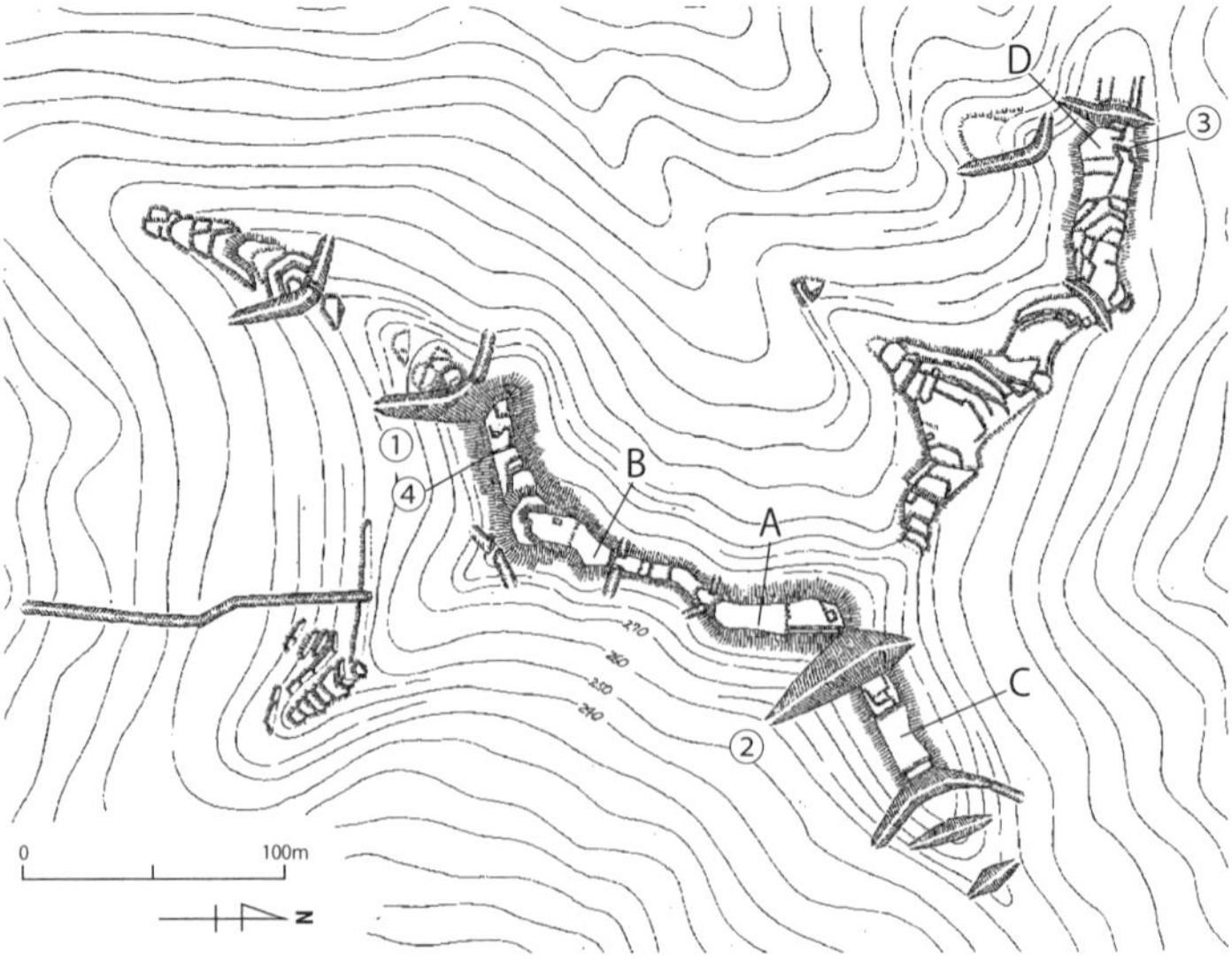

●—新保山城縄張（2019年調査測量　作図：佐伯哲也）

ビューポイントでもある。C曲輪以北の三重堀切も見どころである。

【主郭に残る礎石】 注目したいのは、主郭Aに残る礎石群である。地表面観察で確認できるのは三個だが、線上に並ぶため、礎石であることは確実である。大きさは四〇センチ前後。このような険しい山上で、しかも狭い主郭に礎石建物が存在していたことに驚かされる。偶然なのかどうかわからないが、武藤友益の居城石山城にも礎石建物の存在が確認されている。反骨精神旺盛な武将は、居城にも他とは違った建物を導入していたということであろうか。竪穴④は現在は涸れているが井戸だったと考えられる。山上居住には必要不可欠の施設である。

●—堀切②　主郭A背後を完全に遮断する

【枡形虎口の存在】 もう一点注目したいのが、D曲輪の枡形虎口③である。この虎口の存在により、新保山城が戦国末期

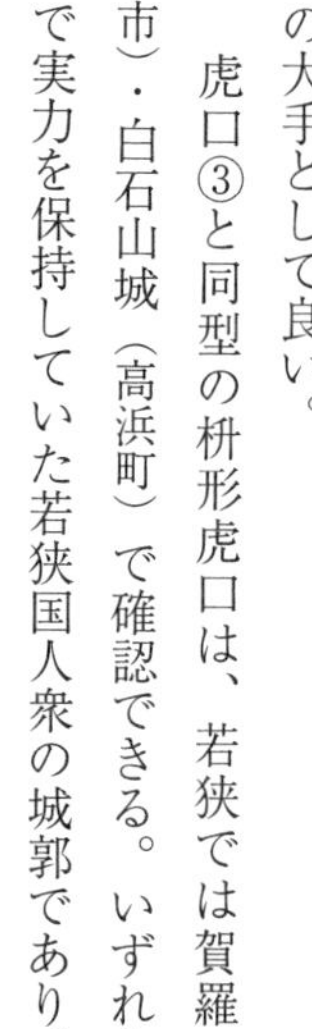

まで使用されたことが判明する。城域の末端に存在することから新保山城最末期の遺構と考えられ、虎口③方向が最末期の大手として良い。

虎口③と同型の枡形虎口は、若狭では賀羅ヶ岳城（小浜市）・白石山城（高浜町）で確認できる。いずれも天正十年まで実力を保持していた若狭国人衆の城郭であり、石垣で構築されている。これに対して虎口③は土造りの虎口である。恐らく新保山城は天正元年に廃城になったと考えられるため、土造りなのであろう。とすれば、賀羅ヶ岳城・白石山城の虎口は、天正元年以降の構築と推定することができよう。

守護一族武田信方の実力を物語ってくれる城郭として、新保山城は重要である。そして若狭国人衆の築城レベルの高さを物語る城郭としても新保山城は重要である。今後は散策道を設ける等の軽微な整備で、ほぼ現状維持で保存されていくことを切望する。

●—主郭Aの礎石　三個確認できる

●—大手である南側尾根続きを遮断する堀切

【参考文献】『福井県立一乗谷朝倉氏遺跡資料館古文書調査資料一　朝倉氏五代の発給文書』（福井県立一乗谷朝倉氏遺跡資料館、二〇〇四）、大森宏『戦国の若狭　人と城』（一九九六）

（佐伯哲也）

●見事な陣城遺構

大塩城

〔小浜市史跡〕

〔所在地〕小浜市口田縄
〔比　高〕四〇メートル
〔分　類〕山城
〔年　代〕一五～一六世紀末
〔城　主〕大塩氏
〔交通アクセス〕ＪＲ小浜線「小浜駅」下車、タクシーにて三〇分、徒歩二〇分。

南川
小浜市総合運動場
222
162
大光寺
大塩城
奥田縄川
0
500m

【山岳信仰の地に築城】　山麓に若狭と丹波を繋ぐ重要な街道だった周山街道が通る交通の要衝である。さらに尾根突端には岩座と思われる遺跡も残っており、古くから山岳信仰の対象として注目されてきた山と言える。つまり地域のシンボル的な山に選地しているわけであり、在地土豪が領地を支配するに相応しい山といえる。

【城主・城歴】　大塩城に関する一次史料は存在しない。守護武田氏の被官大塩氏の居城と伝えられており、代々長門守を名乗ったという。若狭とのかかわりは文明年間からと考えられ、「親元日記別録」文明五年（一四七三）九月二十九日の条に「武田被官大塩三河入道借物三千疋令事に利々倍々、縣門跡領及二万疋責取之」とある。すなわち武田被官の大塩三河入道が三千疋の銭を借し、利息を「倍々」にして青蓮院門跡領の税二万疋を責取ったのである。現在の悪徳金融業者も顔負けの暴利と言えよう。このとき大塩氏はまだ長門守を名乗っておらず、三河守の次代の大塩吉次から長門守を名乗ったとされている。

大塩氏は永禄五年（一五六二）五月二十日湯岡城（小浜市）主南部宮斉との合戦で敗れ、大塩城は南部氏に焼かれたという。この合戦の詳細は不明だが、この頃の武田氏は信豊と義統の親子争いがあり、それに関連する内乱だったと推定される。焼かれたことにより大塩城は廃城になったとされている。しかし、遺構はそれより確実に新しく、廃城年代は再考を要する。

【城跡へのアプローチ】　城跡に関する案内板は国道一六二号線には設置されているが、現地には設置されておらず、若干わかりづらい。しかし山麓の大光寺裏側から、城跡に鎮座する愛宕神社まで整備された参道が伸びているため、比較的簡単に登城することができる。また大光寺には駐車場も整備されているので、マイカー利用者にはありがたい。

【朝倉氏の築城か】　現在城跡に小祠が鎮座しており、このため若干遺構は破壊されているが、保存状態はおおむね良好である。

　大塩城とされているのがⅠ地区の城郭である。縄張図を見ても明らかなように、今まで紹介してきた若狭国衆の城郭とは異なっており、若狭国外の勢力によって構築されたと考えられる。曲輪のほぼ周囲に塁線土塁をめぐらし、櫓台で防御力を増強した明確な虎口を設けている。低い切岸をめぐらすものの、横堀はめぐらしていない。この構造は永禄七年（一五六四）に朝倉氏が構築した中山の付城（美浜町）と酷似している。中山の付城の虎口は櫓台で武装しているが、ほぼストレートに入る。これに対して大塩城の虎口①は屈曲して入っており、技術的な進歩を見ることができる。したがって、永禄十一年後瀬山城を管理下に置いた朝倉氏が、同年頃に周山街道を押さえるために構築した陣城と推定することができよう。

　朝倉氏縄張技術の特徴を示すいっぽう、朝倉氏では考えられない縄張も存在する。それが虎口②で、現在でも石積みが残っている。若狭中世城郭では、このような部分的な石積みは、案外多く残っていることが判明している。筆者も十三ヶ所の城で小規模な石積みを確認している（小浜城は除く）。これに対して朝倉氏は、国吉城周辺で陣城を四城築城しているが、石積みは皆無である。越前や近江も同様で、朝倉氏は城郭に石積みをほとんど用いていない。

　このような事例にもとづけば、虎口②は大塩氏が構築した可能性が高いと言わざるを得ない。この仮説が正しければ、かつてあった大塩氏の城郭を、主要部（A・B曲輪）のみを朝倉氏が改修し、C・D曲輪は大塩氏時代の遺構という仮説が成立しよう。A・B曲輪が塁線土塁をめぐらして朝倉氏城郭の特徴を示すいっぽう、C・D曲輪はめぐらさないのも、これで納得がいく。

【尾根先端に残る遺構】　Ⅰ地区の北側約一五〇メートルのⅡ地区にも城郭遺構が残っている。こちらは虎口も明確でなく、塁線土塁も巡っていない。Ⅰ地区の縄張とは明らかに異質であり、若狭国衆の城郭として良い。つまりⅡ地区は大塩氏の城郭と思われるのである。朝倉氏は大塩城を全面的に改修するのではなく、Ⅱ地区は改修せず、Ⅰ地区の主要部分のみ改修したのである。その方が短期間で改修でき、工事費も大幅に削減することができたのであろう。

Ⅲ地区は、若干削平され、巨石が林立していることから、岩座と推定される。西側山麓を「神の森」と称していることからも、その可能性が強い。ただし、先端尾根に竪堀③を設けていることから、Ⅱ地区の城域として取り込まれていたと推定される。

【障子堀の考え方】最後に述べておきたいのは、Ⅰ地区の堀切④である。土橋を数本設けていることから、地元では障子堀と称している。しかし土橋を多数設けるということは、敵兵の通行も可能にしてしまい、遮断を目的とした堀切の機

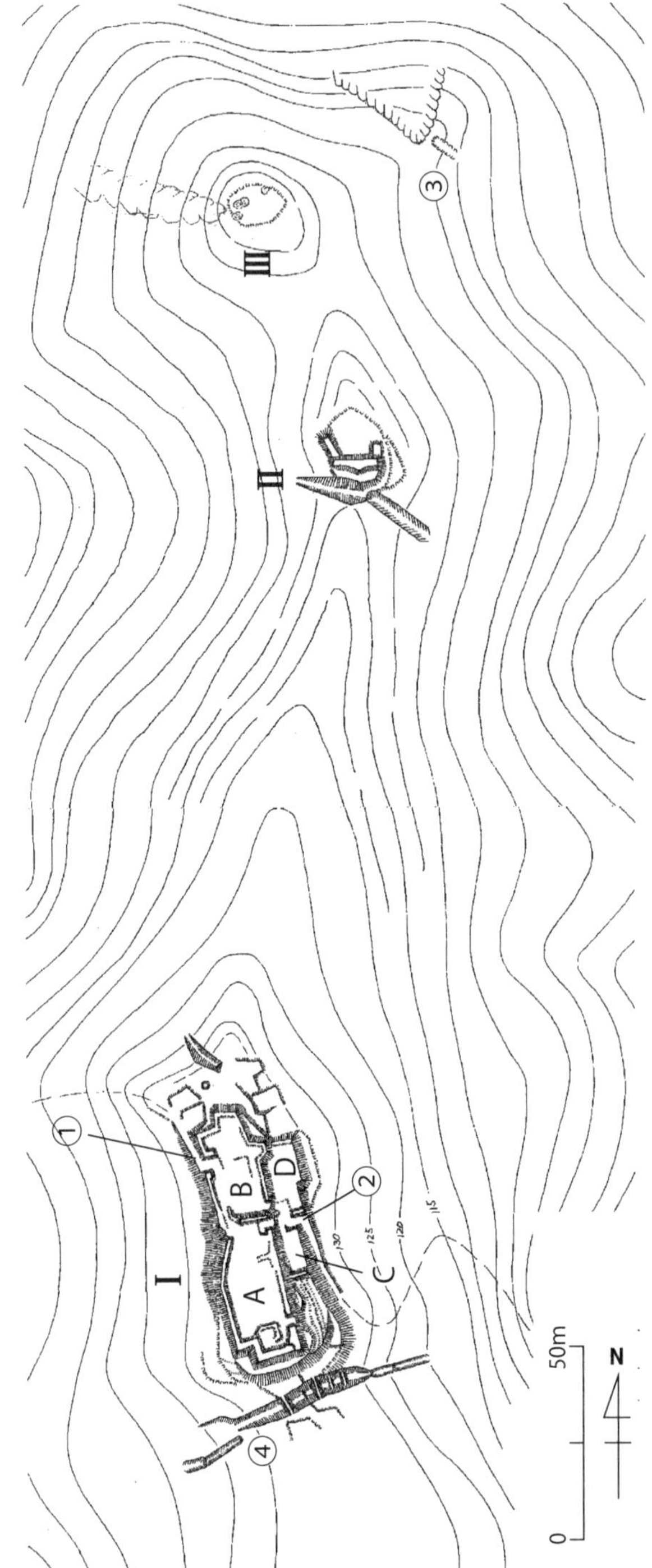

●大塩城縄張（作図：佐伯哲也）

能を低下させることになる。城郭遺構としては、不自然と言える。

　現地を仔細に観察すると多数のワイヤーロープが散乱しており、かつて索道を用いて木の伐採を行っていたことが確認できる。つまり伐採した木を、堀切の対岸（索道の基地）に渡すために土橋を設けたということが推定されないだろうか。しかし確証はなく、仮説の範疇とさせていただきたい。城跡に残る土木構造物全てを城郭遺構とするのではなく、近現代の造作も視野に入れて考えることも重要な作業と言えよう。

　従来は大塩氏の城郭とされてきた。しかし遺構からは、朝倉氏の陣城として主要部を改修している可能性が高いことが判明した。同時代史料が極端に少ない戦国期において、縄張りを研究することの重要性を、大塩城は物語ってくれているのである。

【参考文献】大森宏『戦国の若狭　人と城』（一九九六）

（佐伯哲也）

●—虎口①　土塁で構築した明確な虎口

●—堀切④　南側尾根続きを遮断する

●—B曲輪北端切岸　鋭く切り立つ

●小浜湾を臨む小浜藩主歴代の居城

小浜城(おばまじょう)〔福井県史跡〕

〔所在地〕小浜市城内
〔比　高〕――
〔分　類〕平城（海城）
〔年　代〕一七世紀初頭～明治初頭
〔城　主〕京極氏、酒井氏歴代
〔交通アクセス〕ＪＲ小浜線「小浜駅」下車、国道一六二号を北へ徒歩約一五分。

【小浜湾を臨む海城】　慶長五年（一六〇〇）、関ヶ原合戦の前哨戦となった大津籠城(おおつろうじょうせん)戦は、西軍から寝返り東軍に属した城主京極高次(きょうごくたかつぐ)が居城の大津城に立て籠もり、関ヶ原に向かう毛利元康(もとやす)、立花宗成(むねしげ)ら九州勢を主力とする西軍一万五〇〇〇を足止めした戦いである。

関ヶ原の決戦日と同じ九月十五日に降伏開城し、高次は高野山(こうやさん)に入った。しかし、九州勢を大津城に釘付けにしたことで決戦に間に合わせなかったという戦功により、若狭一国八万五〇〇〇石を拝領することとなった。

先の若狭国主で、西軍に属して改易となった木下勝俊(かつとし)の後を受けて小浜に入った高次は翌同六年から、それまで若狭国支配の拠点であった後瀬山城(のちせやまじょう)に代わり、旧若狭国守護館があった西津(にしづ)の南、北川(きたがわ)と南川(みなみがわ)の河口部に広がる三角州に新たな居城の築城を開始した。

しかし、京極氏二代のうちでは完成をみず、京極忠高(ただたか)は出雲国松江に転封となり、寛永十一年（一六三四）に徳川譜代の重臣で、幕府老中を務める酒井忠勝(ただかつ)が武蔵国川越一〇万石から、若狭一国と越前国敦賀郡(えちぜんのくにつるがぐん)、近江国高島郡(おうみのくにたかしまぐん)のうち一一万五〇〇〇石で加増入封する。忠勝は築城を引き継ぎ、翌年には本丸に三重の天守が落成した。築城自体は、正保二年（一六四五）の本丸多門櫓の落成で一応の完成をみる。

【小浜城の縄張】　北川と南川を天然の外堀とし、西側は若狭湾に面する三角州の中央を本丸として、水堀を隔てた外周に二の丸、三の丸、北の丸、西の丸が本丸を囲むように配置さ

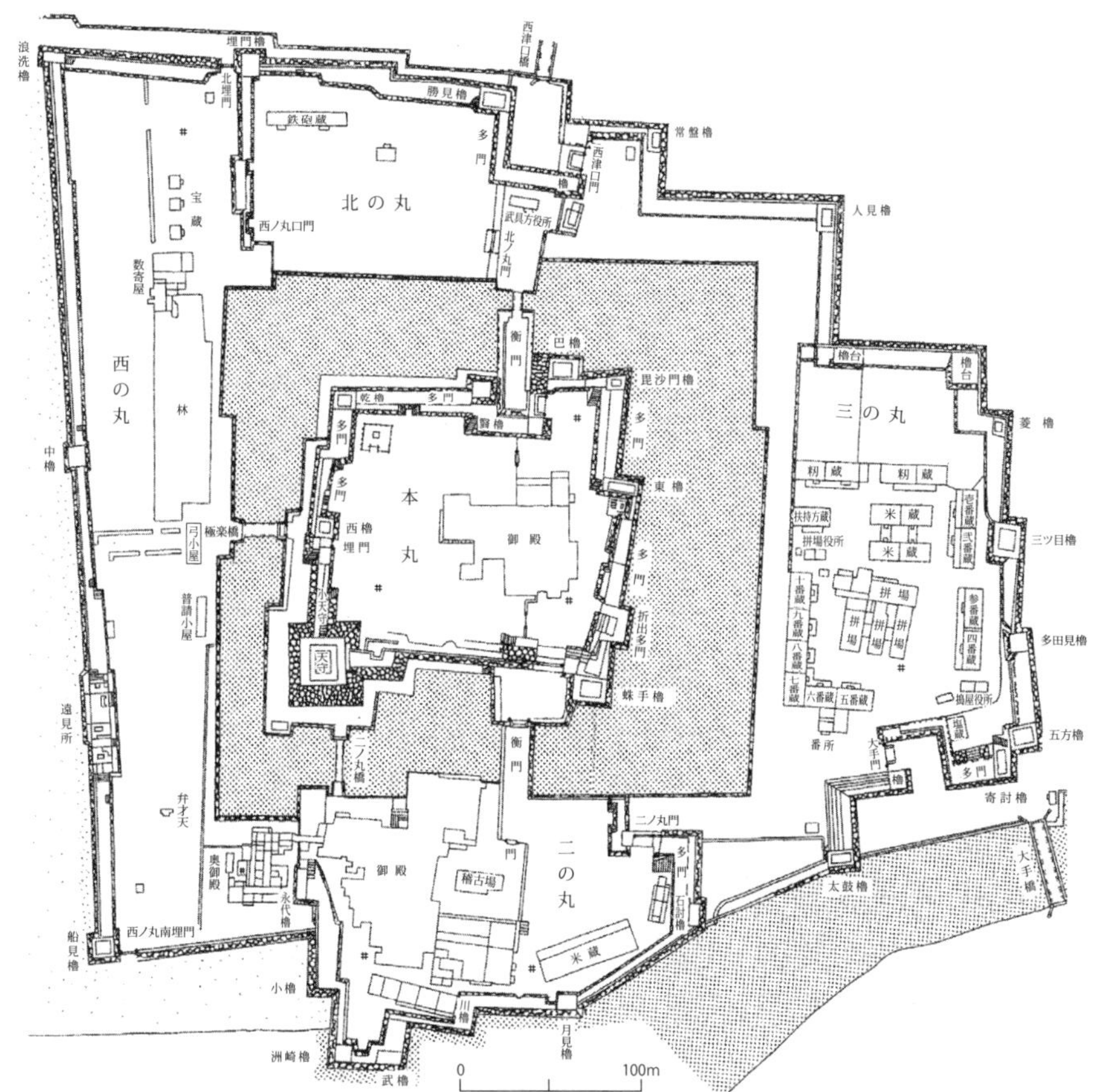

●—江戸時代後期小浜城絵図（小浜市教育委員会作図）

れた輪郭式縄張を呈する。京極期を示す寛永十二年頃の小浜城絵図には、二の丸と西の丸の間に「舟入」が描かれ、若狭湾から本丸近くまで直接船での出入りが可能となっていたが、正保二年の絵図には描かれておらず、二の丸と西の丸は地続きになっている。

小浜藩主酒井氏歴代の居城となった小浜城は、外堀東西一五七間×南北一三〇間の規模を有し、櫓は二五軒、多門櫓五軒を数える。

本丸は、東西五五間×南北六〇間を測る。西南隅に三重天守が聳え、北面に小天守を有する。南面の本丸大手は外枡形、北面の本丸搦手は内枡形構造で、西面には埋門を備える。

埋門の外は犬走り状の腰曲輪が天守下南面まで伸び、西面に極楽橋、南面に二の丸橋が架かる。郭内は櫓と多門櫓で囲み、公的空間としての本丸御殿が建っていた。

●—城跡北側の多田川越しに本丸跡を望む

二の丸は、本丸大手門外の南面に位置し、南川に面する。櫓と多門櫓で囲む郭内には、藩主の日常的空間である表御殿と奥御殿が建っていた。東側に二の丸門枡形があり三の丸に通じる。

三の丸は、本丸東〜北面に位置し、南面の南川に大手橋が架かり、大手門が開く。北側は北川に面して西津口橋が架かり、西津口門が開く。東面は幾重の折れを持つ石垣があり、それぞれの隅部には櫓が建つ。郭内は主に蔵屋敷となっていた。

北の丸は、本丸搦手門外にあり、北川に面する。三の丸と接する東面は北の丸門で仕切り、西側の西の丸とは仕切石垣で西の丸口門が区切る。郭内には鉄砲蔵や武具方役所が置かれた。

西の丸は、本丸西面に面し、北の丸と二の丸を結ぶ。林や数寄屋(すきや)、宝蔵、弓小屋、普請(ふしん)小屋などが建っていた。

城の規模に比しても櫓や多門櫓の数は圧巻で、近江国彦根の井伊(いい)家とともに京を守り西国を睨む、まさに幕閣に連なる徳川譜代大名の威容を示す城郭であったといえる。

【小浜城の近現代史】 酒井家は江戸時代を通じて小浜藩主の地位にあり、第一四代藩主酒井忠禄(ただとし)の時に明治維新を迎えた。

明治三年(一八七〇)、町民の城内通行が許可され、楼門、櫓の破壊願書が出された。翌同四年、城内二の丸に大阪鎮台第一分営の建築中、失火で天守を除く城内の大半が焼失した。翌同五年、本丸東側石垣が撤去され、翌同六年の廃城令で廃城が決定、翌同七年には天守が解体された。翌同八年に本丸跡に藩祖酒井忠勝を祀る小浜神社が創建された。

城跡は以降、市街地化が進んで堀は埋められ、石垣の大半も撤去された。その後も風水害や多田川の河川改修等もあって城域も削られ、現在では小浜神社が建つ本丸西半分のみが旧状を留めるのみであるが、天守台を中心とした石垣は状態よく現存する。

昭和三十一年（一九五六）、県の史跡に指定された。近年は、周辺部で発掘調査が度々実施されており、住宅地となっている本丸周辺部では、地下に石垣遺構が各所に現存していることが確認されている。令和二年（二〇二〇）度に三の丸跡の小浜簡易裁判所内で実施された調査では、大手門に続く石垣遺構が出土し、ほぼ未加工の花崗岩を用いた京極期に遡る遺構が確認された事は記憶に新しい。

【参考文献】『若狭小浜城跡』（小浜城跡発掘調査団、一九八四）、小浜市教育委員会『若狭小浜城Ⅱ』（二〇〇二）、『令和二年度　小浜城跡発掘調査　現地説明会資料』（福井県立埋蔵文化財センター、二〇二〇）

（大野康弘）

●—南から天守台を望む

●—北から本丸西面石垣と小天守台、天守台を望む

●—本丸跡に鎮座する小浜神社

小村城（こむらじょう）

●里山に静かに佇む武田有力被官の城

〔所在地〕小浜市上田（かみた）
〔比　高〕約一四二メートル
〔分　類〕山城
〔年　代〕一六世紀
〔城　主〕粟屋氏か（青井右京亮、粟屋刑部）　※考古…未発掘
〔交通アクセス〕JR「小浜駅」から小浜市あいあいバス／あいあいタクシー「上田」停留所下車、南へ（川を越える方向）約二〇〇メートル。専用駐車場なし。

【城の位置と訪城】　読者のみなさんは小村城（こむら）というお城を聞いたことがあるだろうか。うん？　小浜城じゃないよね？　大丈夫ですよ。それが普通です。小浜市街地より南西方面におよそ一〇キロ以上離れた中名田（なかなた）という地区の真ん中の地点にある、里山の山上にひっそりと存在する山城跡である。どちらかというとメジャーではなくマイナーであるその村のお城に、是非ともみなさんに訪れて頂きたいため、まずは位置の確認と行き方について触れることにしよう。

小浜市街地から南川を横目に走る国道一六二号線を南に進み、中名田児童館前交差点（「ふるさと文化財の森センター」施設を目印に）を西へ折れ小屋（おや）方面の県道二二三号線に入って、南川を渡り今度は田村川に沿って道のりに約三キロ先に進んでいくと、中名田小学校がみえてくる。県道から遠方の田村川岸沿いに見える山上が城跡である（お城といっても目に映るのは普通の山なり）。

この周辺は上田（かみた）の持田集落になり、上田バス停を左折し川を渡っておよそ二〇〇メートル先に小村城登城口の小さな看板がある。自動車で赴かれたのであれば、看板の前は現在、空き地となっているのでそこに停めさせて頂こう。（※私有地である。中名田公民館に確認し所有者より停めても良いとのありがたいご返答を筆者は頂戴している）。現在、バスは小浜駅より発着している。本数は多くはないので時刻表など事前に下調べしていただきたい。

登城する準備が整えたならば、看板より続いている山方向

の道へと進み獣害防護柵を越え（通った後はしっかりと閉めてください）、地元では行者山と呼ばれている比高約一四二メートルの頂を目指し、さぁいざ登ろう！

【城の構造】　登城道は特に道標はないが、分かりづらいが人が通った跡道は残っているので前へと上へと進んで行く。山頂付近になると、石段で上がる道が見えてくる。腰曲輪を通過し登りきると、建物が一棟建っている平面構造空間（①）が広がる。ここが山頂だ。その建物は、鎮座する愛宕神社と大峰山（和歌山県・修験道）が一つの祠に合祀されている。以前は地区の若者が大峰山にお詣りをしていたそうだが途絶えており、現在は地区の者が修験者の服装でお祀りをしていると地元の方より伺った。

さて、平面は削平されているものの礎石は見られない。また、端の周囲に土居は見られないが、法面には石垣の残存が見られる。四方所々に残されているので、かつては全周にめぐらされていたようであるが、城機能が働いていた時期ではなく、愛宕神社が創建された江戸時代に築かれた可能性が高い。一番のポイントは何といってもここから望める風景だ。登ってきた方向の東方面の眼下に望める景色は、中名田地区の集落や県道がバッチリみえる。遠望では国道より折れた地点付近の深野城も望め、狼煙も見える位置になる。ここに城

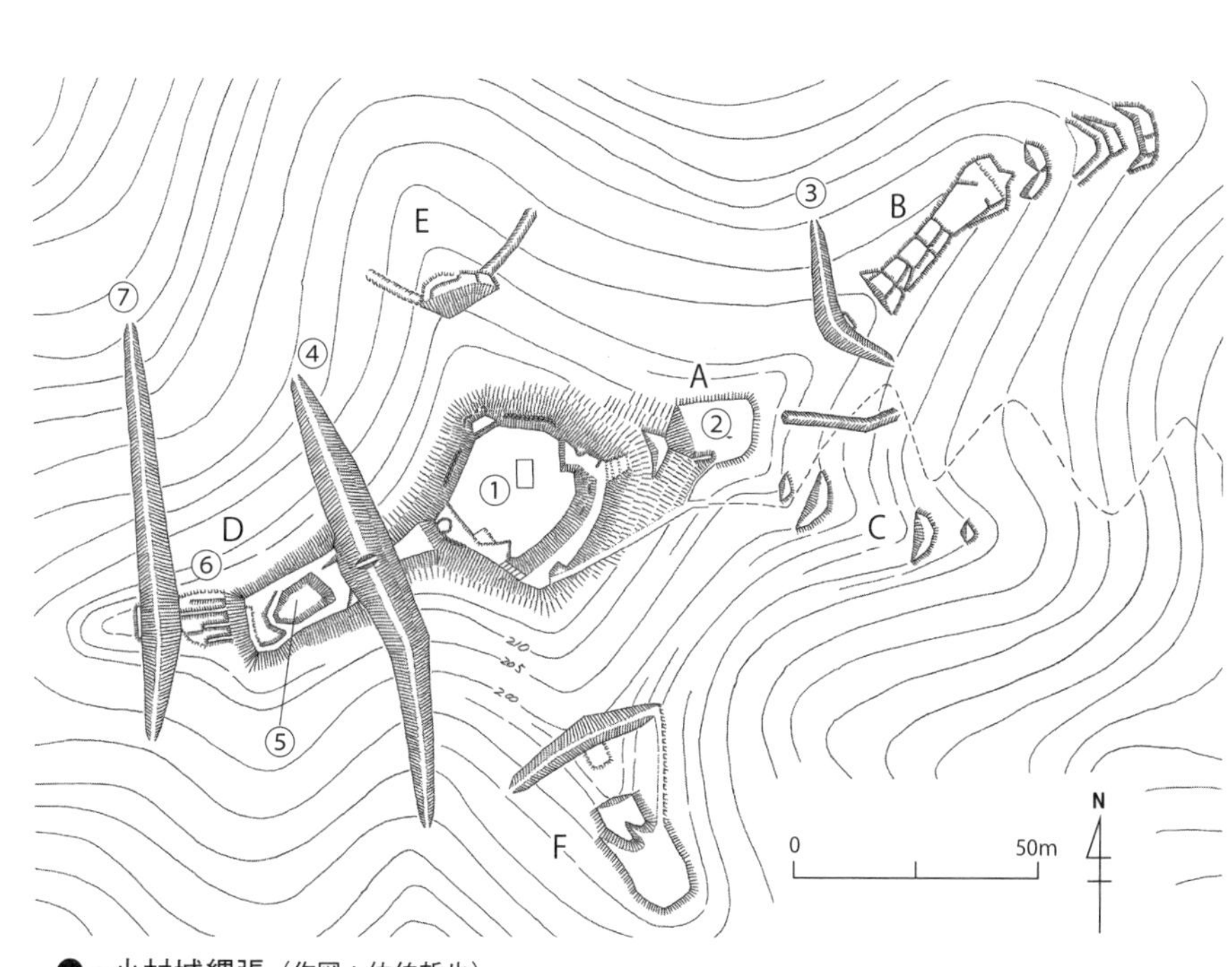

●—小村城縄張（作図：佐伯哲也）

●—小村城 遠景

●—主曲輪より中名田地区を望む

が築かれたことが一目瞭然であろう。目線を下方向に移すと、切岸で施された段差があり、その下には帯曲輪が敷設され、北西部分の法面は切り欠きのように手前に凹んでいることが分かる。これは鬼門除けのためであろうか。帯曲輪を含んだ平面構造は上部からみて、ほぼ三〇メートルの正方形となっている。

●—似つかわしくない立派な大堀切④

反対方向の南西に目を向けると、微差の段差となっており石で囲まれた円形の窪みが確認できる。水溜の機能を持ち合わせていたのか、機能性は不明である。

次に、全体の城構成について、山頂の曲輪を中心に東西南北の各尾根上に曲輪や堀切等が配置され、この曲輪を中心に守られていることが読み取れる。このような構造と機能配置から山頂の曲輪（①）が主曲輪の位置づけとすることでよいだろう。

東の尾根（A）には、帯曲輪下降におよそ東西一五メートル×南北一〇メートルの方形の曲輪（②）がある。きっちりと削平されており周囲を囲んだ土居はみられない。そして、登城道が通る南側には法面から延びる土居が構えられていることから、こちらに虎口があったのだろう。なお、主曲輪方面は高さ五メートルの切岸の壁となっており簡単に登ることはできない。この曲輪には十二分に建物が建てられ兵を駐屯できる空間となっている。東方面から攻め寄せてくる敵兵に対する防御の曲輪であることは間違いなく、たくましく想像するに、主曲輪と隔たりある場にて警備隊長が守る最後の砦的防御施設だったのであろうか。その下降の尾根はさらに北東方面（B）と南東方面（C）に分かれ、北東の下にはくの字の堀切（③）があってしっかりと尾根を遮断している。そしてさらに下ると、不明瞭な区画であるが曲輪群が連続する。そのまま降ると地表の田村川に出る。一方、南東の方には間隔をあけた半月状の小曲輪が点在し守りを固めている。今度は主曲輪より西方向の尾根（D）を見てみよう。特徴的と言えば、石で囲まれた窪みより緩やかな下降先にある上端幅一〇メートル以上で高さ八メートルの立派な堀切（④）。それにつながる等高線に垂直方向に延びた長大な竪掘であり、まさしく圧巻である。それを超えた先は最長で五メートル幅を持つ分厚い土居で囲まれた曲輪（⑤）が形成されている。つづけての驚きだ。さらに下るとなだらかな斜面なのだが、微妙な畝状のような凸凹（⑥）がみられ、その先には長大な竪掘付きの上端幅七、八メートルで高さ六メートルの堀切（⑦）が再び登場し、ここが城域の最端のようだ。

しかしながら、畝状竪掘群風の遺構は溝の深さも浅く長さも短いので防御としての効果が有効的とは思えない。

この堀切（⑦）は後で増築されたのかもしれない。それと、しっかりとした土居の曲輪の構築はここしかないので、もしかしたら、これも後で改築されたのかもしれない。もう一度遺構を概要すると、主曲輪―巨大堀切―土居囲繞曲輪―連続竪掘？―巨大堀切という構えで、先ほどみた東方面（A）とはまた一風雰囲気が異なった城遺構の景色がみられるのだ。間に挟まれた曲輪にはとても大切なものを守る必要があったかのようでもある。主曲輪から延びる北方面（E）および南方面（F）の尾根にもしっかりと堀切等で守っている。

このように織豊系機能がみられない中世末期時代の遺構を残している国人級の城になるのだが、小浜の中心地より離れた奥まったところに、城規模には似つかわしくない防御施設が構えられ、圧倒される跡地が良好にひっそりと残されていることを嬉しく思うとともに、名もなき城にも関わらず破壊されることなく、後世にこのまま静かに佇みながら伝え残してほしいと願う。是非ともみなさんにこっそりと訪れて楽しんでいただきたい。

【伝承の歴史】 城とこの地域の中世時代の歴史背景を簡単にご紹介し終わりにしたい。

城がつくられた時や人といった歴史はわからないことが常であるが、当該の城もその一つである。

築城者は不明で、『若狭郡県志』によると、城主は青井右京亮、一説に粟屋刑部と記すが、武田被官に青井姓はみられないので、他誌で粟屋を青屋との誤記もみられることから青井＝粟屋とみる見解もあるようだ。また、永正年間には名田庄の守護代官として粟屋右京亮元隆が入っている。このことから、この地域一帯を治めていたのは粟屋氏であったことは間違いなさそうである。

【参考文献等】 大森宏『戦国の若狭―人と城―』（文生書院、一九九六）、福井県小浜市教委『若狭の中世城館』（一九七九）、小浜市史（〇〇〇〇）、杉本泰俊『若狭の歴史と文化―中山寺との関連から―』（杉本泰俊、二〇一三）、牧田近俊『若狭郡県志』（『小浜市史』史料編 第一巻より、一九七一）

（浅倉尚滴）

●佐分利川上流域を治めた武藤氏の城

石山城

〔所在地〕おおい町石山
〔比　高〕約一〇〇メートル
〔分　類〕山城
〔年　代〕一六世紀中～後半
〔城　主〕武藤氏
〔交通アクセス〕舞鶴若狭自動車道「大飯高浜IC」から車で約五分で登山口、徒歩約二〇分で城跡。

【武藤上野介友益と石山城】　石山城は、若狭国守護武田氏の有力被官で、大飯郡を東西に流れる佐分利川の上流域、佐分利谷一七ヶ村を支配した武藤上野介友益の居城である。武藤氏は、同じく佐分利川の下流域を本貫地とする幕府奉公衆の本郷氏とは度々境界をめぐり争い、高浜の逸見駿河守とも諍いを起こすなど、大飯郡内で活発に行動した武闘派であった。

　石山城と武藤友益の名を世に広めたのは『信長公記』であろう。永禄十三年（一五七〇）四月二十日、織田信長率いる三万の軍勢は、京を出陣して琵琶湖西岸を北上して若狭国に至る。この進軍は、越前朝倉氏を討伐するための出陣であり、この後は熊川をへて佐柿の国吉城を本陣として敦賀に侵攻するが、信長の妹婿である北近江の浅井長政が朝倉方に寝返ったことにより、軍勢は撤退に追い込まれる（金ヶ崎の退き口）。『信長公記』によれば、同年（四月二十三日に元亀に改元、元亀元年となる）に明智光秀と丹羽長秀両人が若州に差し遣わされ、武藤上野から母親を人質に取り、城を破却させ、五月六日に針畑越えで帰京して信長に言上したとある。武藤上野とは友益のことであり、破却された城は居城の石山城を指すとされる。

【石山城の立地と構造】　石山城は、若狭湾に注ぐ佐分利川の上流、石山集落の南に広がる山系の先端、標高一九〇・五メートルの山上に築かれた。城からは佐分利谷一円が見渡せる。頂上部に位置する「主郭」は、くの字状に三つの郭が並

●—石山城詳細地形測量図（おおい町教育委員会作図に一部加筆）

●—石山城を北東から望む

ぶ。北側がもっとも広く、くの字の屈曲部に位置する「郭」は一段高く、北面は岩盤に覆われた土塁状の高台となっている。「南郭」は台形状を呈し、尾根伝いに下がる東南面下にも小郭をともなう。東南および南に派生する尾根筋とは、それぞれ二重の堀切で分断される。

主郭から北東に延びる主要尾根筋には、主郭から連続する「郭群」が並ぶ。主郭から二つの小郭を挟んだ「二の郭」は、連続する郭群の中でひと際長く広い。なお、郭群の先端もさらに郭が続いていたが、舞鶴若狭自動車道建設にともない大きく削平されてしまい現存しない。

城の遺構は、さらに広がりを見せる。主郭北側に派生する尾根筋上にも、北東尾根筋の郭群より小規模ではあるが連続する郭群が展開するほか、主郭から西に派生する尾根上でも郭群と見られる平場が点在する。二の郭から大きく下がって東に派生する尾根筋には三重の連続堀切があり、尾根先端部に二段の

●―二の郭から発掘調査中の主郭を望む

●―南郭東南下の堀切

郭群が確認されている。

頂上部の主郭から派生する尾根筋の各所に堀切や郭群を配置しており、現存遺構だけでも戦乱に明け暮れた武藤氏の重厚な備えを今に伝えている。

【石山城の発掘調査と今後の活用】　平成期に実施された発掘調査は、主に道路建設工事にともなう調査であったため、道路計画範囲で削平予定範囲の全面発掘が実施されている。

先述の舞鶴若狭自動車道建設にともなう調査は、平成十一年（一九九九）から同十三年に福井県教育庁埋蔵文化財調査センターが実施した。主要尾根筋先端部に位置する方形を呈する郭から礎石建物が検出されたが、ほぼ郭いっぱいに建物が建っていたことが明らかとなった。また、先端郭から派生する三つの尾根筋上では連続する小郭群が確認され、これら尾根筋とは堀切や畝状竪堀群（うねじょうたてぼりぐん）で分断されていたことも判明した。また、麓に近い谷筋の平坦地からも礎石建物群が検出された。これら礎石建物群にともなう出土遺物は、おおむね一六世紀半ばから後半に位置付けられるもので、山上に人の居住していたことと、『信長公記』の時期と合致することも確認された。平成十九年（二〇〇七）には、県道坂本高浜線改良工事にともなう発掘調査を同センターが実施し、郭群が確認された。

いっぽう、令和元年度（二〇一九）からは、おおい町が主体となって石山城跡の範囲と構造を知り、将来的な保存活用を図るための発掘調査に着手している。これは、石山城を有する佐分利地区の地元有志を中心に「佐分利の歴史・文化を学ぶ会」が設立され、石山城跡の保存活用の機運が高まったことが大きい。

初年度は、詳細地形測量図（赤色立体地図）作成と、北西尾根筋上の郭群の確認調査が行われ、一五の郭が確認された。同二年度からは主郭の調査を実施しており、礎石建物群が各郭で確認されている。

調査は、令和四年度まで計画されており、調査報告書刊行の後に史跡指定や遊歩道等の整備を進める予定という。

【参考文献】大森宏『戦国の若狭―人と城―』（一九九六）、『福井県埋蔵文化財調査報告第八三集　石山城跡―近畿自動車道敦賀線本線工事に伴う調査―』（福井県教育庁埋蔵文化財調査センター、二〇〇五）、『令和二年度秋季企画展　石山城跡発掘調査成果展資料』（おおい町立郷土史料館、二〇二〇）、赤澤徳明「若狭の石山城と本郷氏の山城」中井均先生退職記念論集刊行会編『城郭研究と考古学　中井均先生退職記念論集』（二〇二一）、川嶋清人「大飯郡石山城と武藤氏―石山城跡調査事業―」『第二回国吉城歴史講座資料』（若狭国吉城歴史資料館、二〇二一）

（大野康弘）

●若狭随一の石垣を持つ中世城郭

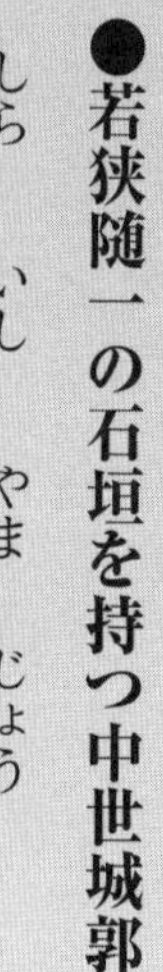

白石山城

〔所在地〕高浜町馬居寺
〔比　高〕一五〇メートル
〔分　類〕山城
〔年　代〕一六世紀
〔城　主〕粟屋右衛門太夫
〔交通アクセス〕JR小浜線「若狭和田駅」下車、タクシーにて三〇分、徒歩三〇分。

若狭湾
266
青戸入江
237
27
JR小浜線　若狭和田駅
白石山城
0
1000m

若狭

【海運を押さえる要衝】　城跡が位置する尾根の突端に、若狭と丹後を繋ぐ重要な街道だった丹後街道が走る交通の要衝である。さらに中世の良港だった青戸の入江の末端部に面しており、海運を押さえるための機能も果たしていたと考えられる。

城主は粟屋右衛門太夫とされている。この白石山城が位置する大飯郡は、若狭西部最大の国人で、しかも守護武田一門衆でもあった逸見氏の所領であった。この地に粟屋氏が入り込むスキなどまったくなかったのだが、永禄四年（一五六一）守護義統軍に逸見氏が敗れると所領の一部が没収され、逸見氏を監視するために粟屋氏が築城したとも考えられる。したがって築城は永禄四年以降と推定されよう。

【里村紹巴と連歌を興行】　永禄十二年（一五六九）六月十五日、小浜を舟で出発して和田（白石山城北麓）に到着した里村紹巴は、「粟屋小次郎殿館より、北のふもとの一宅にかりの宿を定めぬ」と和田周辺に宿をとり、翌日小次郎から歓待を受けている。この「粟屋小次郎殿館」とは、白石山城の居館だった可能性が高い。翌十七日連歌興行を行い、紹巴は小次郎の連歌を高く評価している（天橋立紀行）。

【織田方として行動】　若狭守護武田氏が没落すると、多くの若狭国衆が織田方に付いたように小次郎も織田方に付く。そして元亀元年（一五七〇）浅井氏の造反により織田信長の越前進攻はいったん頓挫するが、それでも小次郎は織田方に止まっている。すなわち元亀元年十一月二十四日本郷治部少

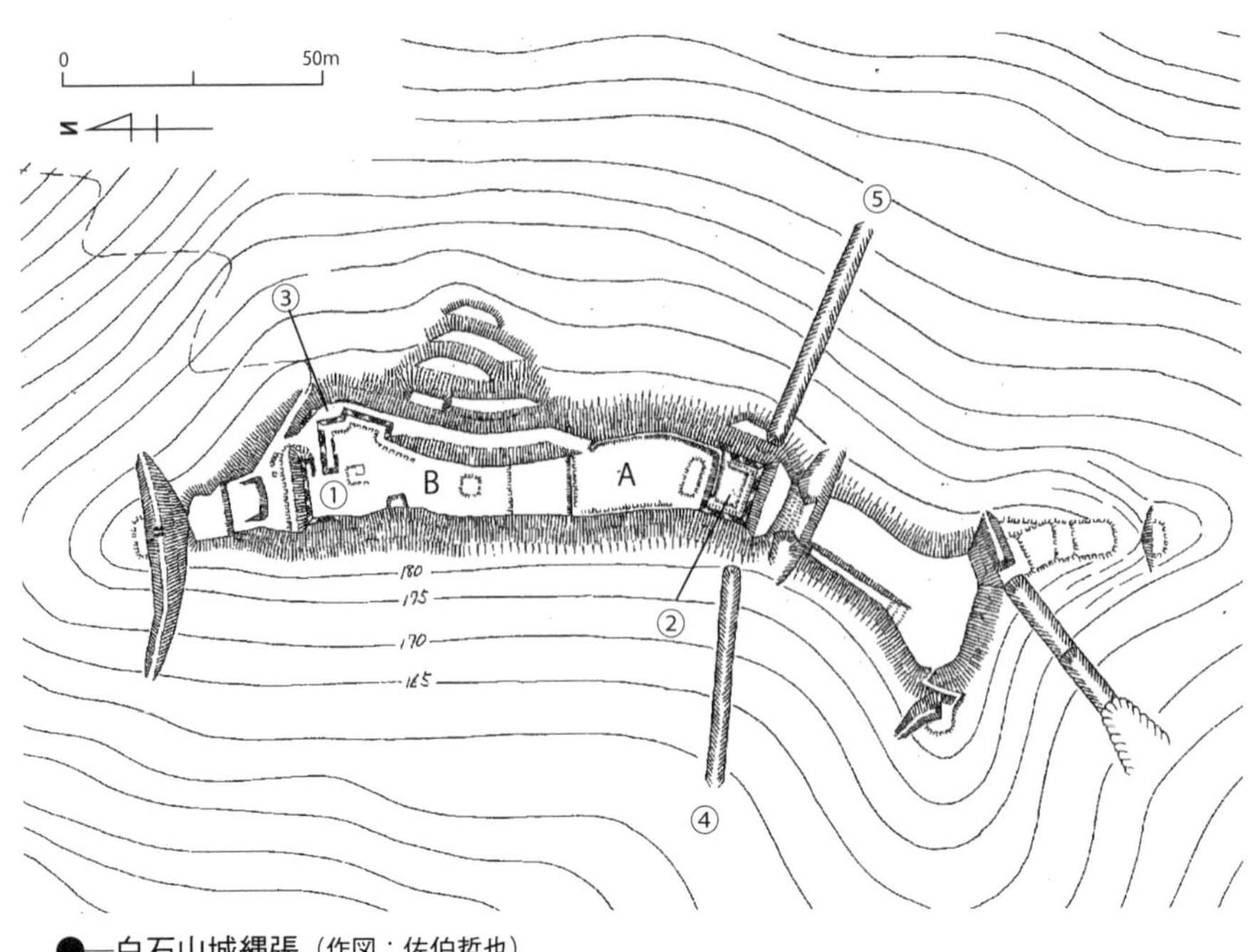

●—白石山城縄張（作図：佐伯哲也）

輔（信富）宛て織田信長書状には「粟屋小次郎無別条之由、忠節候」とあり、小次郎が織田方だったことが判明する。賤ヶ嶽合戦が翌年に迫った天正十年（一五八二）十月、丹羽長秀は「粟屋右衛門太夫」等若狭国衆に近江海津への出陣を命じている（山庄家文書）。これが後年の小次郎と考えてよい。つまり天正十年まで長秀は若狭国衆を自分の与力として扱っていたのである。当然国衆達の領地支配・居城も認めていたと考えられる。したがって小次郎も白石山城に在城していたのであろう。

その後の小次郎と白石山城の詳細は不明である。天正十一年（一五八三）四月丹羽長秀越前転封後、若狭大飯郡には堀尾吉晴が入り、さらに天正十三年六月に山内一豊が入るが、小次郎の実績は見いだせない。若狭の国人達が他に所領を与えられて移封したのと同様に、小次郎も移封されたのであろうか。一説に天正十二年（一五八四）頃丹羽長秀によって破却されたと伝えるが、確証はない。

【城跡へのルート】 城跡に関する案内板・説明板は現地に設置されておらず、若干わかりづらい。しかし山麓の馬居寺から伸びる林道が、城跡の手前約二〇〇メートルまできているので、比較的簡単に登城することができる。さらに林道終点に五〜六台駐車できるスペースがあるので、マイカー利用者にはありがたい。

【見事な石垣】　本城最大の特徴であり見どころは、なんといっても石垣である。現在石垣は、枡形虎口①周辺と櫓台②周辺に残存している。使用範囲は広く、残存状況も良好である。さらに未整備のため、四～五〇〇年の風雪に耐えてきた中世城郭の雰囲気満点の石垣であり、近年整備されすぎの石垣にウンザリしている城郭ファン必見の石垣と言えよう。

●―内枡形虎口①石垣　かつては総石垣造りだったと考えられる

【バイパスを併設した枡形虎口①】　石垣で固めた枡形虎口①は、構造的には新保山城や賀羅ケ岳城と同じである。しかしバイパスとも言うべきルート③が設けられており、横矢折れが二ヵ所も設けられている。通常時は虎口①から入りB曲輪から主郭Aに進んだと考えられるが、合戦時は門を固く閉ざして敵兵をルート③に通したのであろう。そうすると敵兵はB曲輪からの長時間横矢攻撃に晒されることになる。計画的な通路設定であり、バイパスを設定していない新保山城や賀羅ケ岳城から技術的に進歩した構造と言える。

　注目したい点が二点ある。一点目は虎口①の南側に一メートル大の巨石が転在している点である。かつての石垣の石材と考えられるが、他の石材は五〇センチ程度なので、虎口というもっとも目に付く場所という点からも、明らかに視覚効果を狙った演出と言える。

　二点目は、虎口①と③地点の石垣の残存状況が違っている点である。明らかに虎口①の残存状況は悪い。櫓台②を含めた残存石垣の角度は、ほぼ七〇度前後、石材は五〇センチ前後なので、同一人物が同一時代に構築した石垣がそのまま残存していると考えられる。なのに、なぜこのように残存状況に差が生じるのか、今後の重要課題と言える。

【石垣で固めた櫓台②】　櫓台②は三方を石垣で固めた櫓台である。しかし北面に石垣はなく、土塁を設けていることから、石垣天端いっぱいに櫓が建っていたわけでもなさそうである。仮に建物が建っていたとしたら、北面にも石垣が必要

●―櫓台西面石垣　原形を良く残している

●―通路③石垣　城内で最も残存度良好な石垣である

となる。ただし、裏込石も認められるため、重量構造物の存在は指摘できそうである。

注目したい点は二点ある。一点目は、やはり石垣の残存状況が違っている点である。登城者がもっとも見やすい北面の残存状況が悪く、ほとんど見えない西面が良好となっている。なぜこのような差異が生じたのか、重要な考察事項といえる。なお、櫓台には巨石を使用しておらず、「見せる」という効果はあまり期待していなかったようである。つまり機能重視の石垣と言える。

二点目は、両側の竪堀④・⑤である。石垣の櫓台を設けて完全に尾根続きを遮断した結果、敵軍は両斜面を迂回しようとする。それを阻止するために竪堀を設けたのである。つまり櫓台②と竪堀④・⑤の構築者・構築年代は同じなのである。石垣構築者も竪堀を重要防御施設として用いていたことを示す重要な事例と言えよう。

石垣は裏込石をともなうものの、高さは四メートル以下であり、隅角は長短の比が揃わない算木積となっている。やはり天正年間の石垣と言えよう。

虎口に付属する計画的なルート設定により、賀羅ヶ岳城等より一歩進んだ城郭ということが推定できた。常識的な判断をすれば豊臣政権武将による改修となるが、在地国人でも構築可能な縄張・石垣と言える。構築者の推定あるいは石垣残存状況の差異については、今後の課題とさせていただきたい。

【参考文献】大森宏『戦国の若狭　人と城』（私家版、一九九六）

（佐伯哲也）

お城アラカルト

籠城時の陣中見舞い品

佐伯哲也

元亀三年（一五七二）八月、越前朝倉氏最後の当主義景は、北近江の浅井長政を救援すべく、自ら一万五〇〇〇の大軍を率いて大嶽城（滋賀県）に入城する。当初義景は浅井氏の居城小谷城（滋賀県）に入城する予定だったが、小谷城の構造があまりにも低レベルだったので、小谷城よりさらに高い大嶽城に移ったのは、有名な話である。

この大嶽籠城は、同年十二月まで続き、なんと四ヵ月間の籠城生活となる。この籠城生活は、越前朝倉氏の当主自らが籠城していることもあって、さまざまな方面から、さまざまな陣中見舞い品が届けられた。中には現在も贈答品として使用されているものもあり、非常に興味深い。今一度、陣中見舞い品を見てみよう。

記録に残る陣中見舞い品は、塩硝・蒲鉾・昆布・小鯛・大般若巻・青銅百疋・酒である。塩硝は鉄砲の火薬、青銅百疋は戦費、酒は万国共通の贈答品と言える。大般若巻は不安と恐怖に慄く戦場にあって、心のよりどころを求めた品であろう。

面白いのは蒲鉾・昆布・小鯛である。蒲鉾・昆布は北陸の名産であり、特に富山では現在でも結婚式等祝いの席の引き出物として多用されている。また小鯛は「小鯛の笹漬け」の名で現在も若狭小浜地方の名産として販売されている。現在の名産はすでに戦国時代から贈答品として扱われていたことが判明し、面白い。

もう一点注目したいのは、生モノを保存する手段がほとんど無かった籠城期間中での陣中見舞い品ということである。蒲鉾・小鯛は、昆布や酢で締めているので、一週間程度は保存可能である。恐らく届けるのに丸一日はかかったであろう。それから食べるのである。従って陣中見舞い品は保存可能な蒲鉾・小鯛が必然的に選定されたのである。保存可能な郷土料理の陣中見舞い品は、長期籠城生活において、なによりの御馳走だったのであろう。

お城アラカルト

トイレの落とし物ものがたり

いなもと　かおり

いきなり不躾な話なのだが、筆者は時々トイレの中に落とし物をすることがある。絶望の中で救出するのだが、そんな「おっちょこちょい」はいつの時代にもいたようだ。

日本で初めて考古学的に確認されたトイレ遺構は一乗谷朝倉氏遺跡にある。報告書によると、確認された穴は、〇・五メートルから一メートルほどの深さがあり、四方の壁に河原石が埋め込まれていた。そのような石積施設は、麓の武家屋敷跡で数多く見つかっていたが、これらがトイレだと判明したのは昭和五十五年（一九八〇）のことだったという。発掘調査では、町屋の裏庭に位置するＳＦ１６１７と呼ばれる掘り込みから、トイレの痕跡を示す金隠しや床を渡す板材などが見つかり解明に至ったわけだが、面白い点はそれだけではない。

当然ながら、この当時のトイレはボタンを押せば水が流れるような現代のものとは異なり、汲み取り式となる。それゆえ排泄物だけではなく落とした物もそのまま土の中に眠っているというわけだ。このトイレ遺構から見つかった出土遺物は、先述の板材の他に、甕や壺、鉢、碗、銭、灯明皿、将棋の「飛車」の駒、櫛、下駄、毛抜きなど、当時の暮らしぶりが感じられるものも確認できた。銭や駒、櫛は着物の袖からうっかりトイレに落としてしまう、そんな情景が浮かんでこないだろうか。筆者には、落とし主の絶望した表情まで想像できる。下駄についてはお酒を楽しんだ持ち主が酔っ払い、見事穴にシュートする姿までイメージさせる。なんだ昔の人も現代の人も変わりないではないか。

一乗谷の武家屋敷には、このような石積施設が三〇〇基以上見つかっている。すべてがトイレ遺構ではないにしろ「トイレの落とし物ものがたり」が、あと数百もあると考えるだけでニヤけてしまうものだ。まるで小説集を読んでいるかのようではないだろうか。

【参考文献】福井県立一乗谷朝倉氏遺跡資料館編『特別史跡一乗谷朝倉氏遺跡発掘調査報告一七』（二〇二〇）、水野和雄「戦国時代城下町「一乗谷」のトイレ」『月刊文化財』三五〇号（第一法規出版、一九九二）、大田区立郷土博物館編『トイレの考古学』（東京美術、一九九七）

執筆者略歴

浅倉尚滴（あさくら　しょうてき）	1980年生まれ	北陸城郭研究会
石川美咲（いしかわ　みさき）	1991年生まれ	福井県立一乗谷朝倉氏遺跡資料館
石田雄士（いしだ　ゆうし）	1983年生まれ	米原市教育委員会
いなもとかおり	1988年生まれ	城マニア・観光ライター
大野康弘（おおの　やすひろ）	1970年生まれ	若狭国吉城歴史資料館館長
奥村香子（おくむら　きょうこ）	1984年生まれ	敦賀市教育委員会
角　明浩（かど　あきひろ）	1978年生まれ	坂井市教育委員会 みくに龍翔館
加藤茂森（かとう　しげもり）	1953年生まれ	元永平寺町教育委員会
河村健史（かわむら　けんじ）	1965年生まれ	福井県立若狭歴史博物館
久保好史（くぼ　よしふみ）	1985年生まれ	北陸城郭研究会
佐伯哲也（さえき　てつや）	1963年生まれ	別掲
佐々木伸治（ささき　しんじ）	1968年生まれ	大野市教育委員会
新谷和之（しんや　かずゆき）	1985年生まれ	近畿大学文芸学部 准教授
髙田　徹（たかだ　とおる）	1965年生まれ	城郭資料研究会
堤　徹也（つつみ　てつや）	1979年生まれ	坂井市役所
深川義之（ふかがわ　よしゆき）	1976年生まれ	鯖江市教育委員会
寳珍伸一郎（ほうちん　しんいちろう）	1964年生まれ	勝山市役所
八巻孝夫（やまき　たかお）	1948年生まれ	中世城郭研究会 代表
山口　充（やまぐち　みつる）	1949年生まれ	別掲

編者略歴

山口　充

一九四六年、栃木県に生まれる

一九七一年、明治大学文学部史学地理学科卒業

元若越城の会会長

〔主要編著書〕

『日本城郭大系』二巻、別巻（新人物往来社、一九八〇、八一年）

佐伯哲也

一九六三年、富山県に生まれる

一九八二年、関西電力入社、現在に至る

北陸城郭研究会会長、富山の中世を語る会代表

〔主要著書〕

『越中中世城郭図面集Ⅰ～Ⅲ』（桂書房、二〇一一～二〇一三年）、『越前中世城郭図面集Ⅰ～Ⅲ』（桂書房、二〇一九～二〇二一年）、『戦国の北陸動乱と城郭』（戎光祥出版、二〇一七年）、『朝倉氏の城郭と合戦』（戎光祥出版、二〇二一年）

北陸の名城を歩く　福井編

二〇二二年（令和四）七月一日　第一刷発行

編　者　山口（やまぐち）　充（みつる）
　　　　佐伯（さえき）哲也（てつや）

発行者　吉川道郎

発行所　株式会社　吉川弘文館

郵便番号一一三―〇〇三三
東京都文京区本郷七丁目二番八号
電話〇三―三八一三―九一五一（代）
振替口座〇〇一〇〇―五―二四四番
http://www.yoshikawa-k.co.jp/

組版・製作＝有限会社 秋耕社
印刷＝株式会社 平文社
製本＝ナショナル製本協同組合
装幀＝河村　誠

ISBN978-4-642-08413-0

佐伯哲也編
北陸の名城を歩く　富山編
A5判・二八〇頁・原色口絵四頁／予価二五〇〇円
〈続　刊〉

向井裕和編
北陸の名城を歩く　石川編
A5判／予価二五〇〇円
〈続　刊〉

◎既　刊

飯村　均・室野秀文編
六県の名城一二五を紹介。A5判・平均二九四頁

東北の名城を歩く　北東北編　青森・岩手・秋田　二五〇〇円

東北の名城を歩く　南東北編　宮城・福島・山形　二五〇〇円

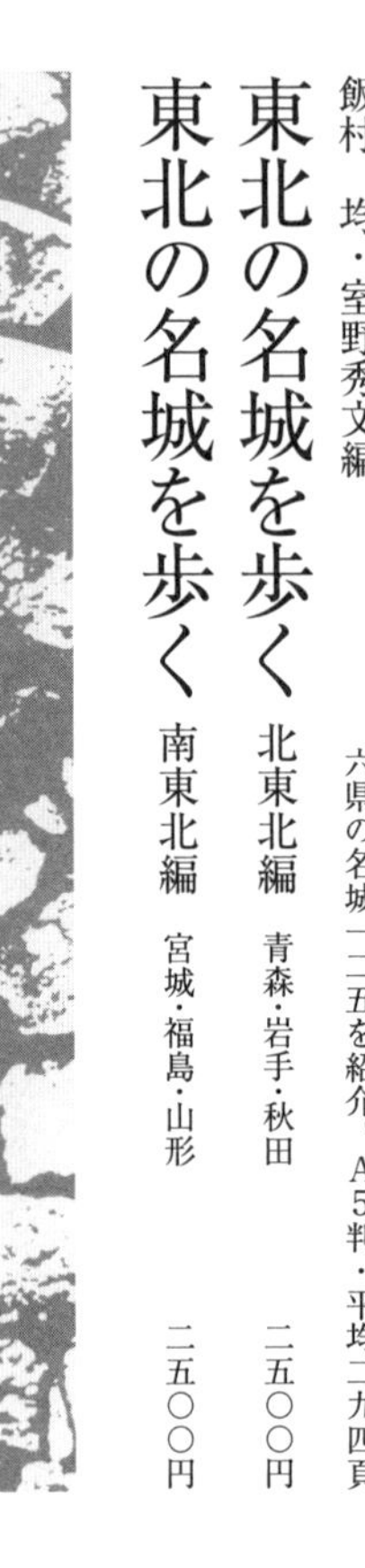

吉川弘文館
（価格は税別）

飯村　均・室野秀文編

続・東北の名城を歩く　北東北編

六県の名城一二六を紹介。Ａ５判・平均二八四頁

青森・岩手・秋田　二五〇〇円

続・東北の名城を歩く　南東北編

宮城・福島・山形　二五〇〇円

峰岸純夫・齋藤慎一編

関東の名城を歩く　北関東編

一都六県の名城一二八を紹介。Ａ５判・平均三一四頁

茨城・栃木・群馬　二二〇〇円

関東の名城を歩く　南関東編

埼玉・千葉・東京・神奈川　二三〇〇円

福原圭一・水澤幸一編

甲信越の名城を歩く　新潟編

名城五九を上・中・下越と佐渡に分け紹介。Ａ５判・二六〇頁　二五〇〇円

山下孝司・平山　優編

甲信越の名城を歩く　山梨編

名城六一を国中五地域と郡内に分け紹介。Ａ５判・二九二頁　二五〇〇円

中澤克昭・河西克造編

甲信越の名城を歩く　長野編

名城五九を北信・東信・中信・南信に分け紹介。Ａ５判・三一二頁　二五〇〇円

吉川弘文館

（価格は税別）